本书是国家社会科学基金项目《健全农业生态环境补偿制度研究——基于生产功能与生态功能的视角》（项目批准号：09XJY006）的最终研究成果

Jianquan Nongye

Shengtai Huanjing

Buchang Zhidu Yanjiu

健全农业生态环境
补偿制度研究

基于生产功能与生态功能的视角

李晓燕 / 著

中国财经出版传媒集团

经济科学出版社
Economic Science Press

图书在版编目（CIP）数据

健全农业生态环境补偿制度研究：基于生产功能
与生态功能的视角/李晓燕著 . —北京：经济科学
出版社，2016.11
　ISBN 978 - 7 - 5141 - 7474 - 8

　Ⅰ.①健…　Ⅱ.①李…　Ⅲ.①农业生态 - 生态
环境 - 补偿机制 - 研究 - 中国　Ⅳ.①S181

中国版本图书馆 CIP 数据核字（2016）第 282090 号

责任编辑：李　雪
责任校对：郑淑艳
责任印制：邱　天

健全农业生态环境补偿制度研究
——基于生产功能与生态功能的视角
李晓燕　著
经济科学出版社出版、发行　新华书店经销
社址：北京市海淀区阜成路甲 28 号　邮编：100142
总编部电话：010 - 88191217　发行部电话：010 - 88191522
网址：www. esp. com. cn
电子邮件：esp@ esp. com. cn
天猫网店：经济科学出版社旗舰店
网址：http://jjkxcbs. tmall. com
北京汉德鼎印刷有限公司印刷
三河市华玉装订厂装订
710 × 1000　16 开　16 印张　220000 字
2016 年 11 月第 1 版　2016 年 11 月第 1 次印刷
ISBN 978 - 7 - 5141 - 7474 - 8　定价：50.00 元
（图书出现印装问题，本社负责调换。电话：010 - 88191510）
（版权所有　侵权必究　举报电话：010 - 88191586
电子邮箱：dbts@ esp. com. cn）

序

我国生态文明发展战略的提出，既是我国环境保护与可持续发展战略实施的延续、创新与提升，又是中国特色社会主义现代化建设、全面小康社会建设、发展方式转变的丰富与完善。目前，生态文明战略进入全面实施阶段，各行各业都在积极地践行生态文明理念。农业是国民经济的基础产业，农业生态系统覆盖了全球陆地表面的 28%～37%，是全球最重要的生态系统之一。农业生态环境保护和可持续发展是生态文明战略的重要组成部分。

农业生态环境问题在中国尤为突出。2013 年全国废水中化学需氧量排放量（COD），农业源排放占比高达 47.9%，2015 年农业超过工业成为中国最大的面源污染产业。不仅如此，农业生态环境破坏的恶果已经从农业生产阶段蔓延到农产品深加工阶段，直至食品消费阶段，农业生态系统还通过生物地球化学循环直接影响人居环境，农业生态环境问题已经成为食品安全、饮水安全、水土流失、植被破坏、环境污染等社会热点问题的重要根源。农业生态环境问题需要从制度建设与顶层设计的高度加以系统解决和协调解决，需要以农业生态环境补偿的"补偿"式发展，推动农业生产效率提升与生态环境损害下降。

党和政府高度重视农业生态环境保护，在我国 7 个基本国策中，有环境保护、水土保持、节约资源和合理利用土地、保护耕地等 4 个与农业生态环境保护相关。近年来，随着农业生态环境问题愈演愈烈，我国又相继出台了一系列建立健全农业生态环境补偿制度的政策措施。系统梳理我国现有的农业生态环境补偿的政策和方法，吸收和借鉴国外农业生态环境补偿的先进理念和经验，发挥我国有为政府和高效率治理的独特优势，建立健全农业生态环境补偿制度，是当前中国农业面临的重要课题。

作者李晓燕是我的博士弟子，她一直从事区域经济发展和环境经济研究，在科研工作中踏实认真、勤于思索、大胆创新，坚持理论联系实际。她是国内较早研究低碳农业的青年学者，于 2010 年出版其第一本学术专著《低碳农业发展研究——以四川为例》。时隔六年，她的第二本学术专著《健全农业生态环境补偿制度研究——基于生产功能与生态功能的视角》即将面世。

该书首先在系统研究现有文献、政策、项目报告的基础上，从现实尺度上反思我国农业生态环境恶化的制度根源，认为对农业生态环境的功能定位不准是补偿机制低效的重要原因；并从理论上深度剖析了农业生态环境的双重功能和补偿的双重"失灵"，从发展维度上提出，根据中国特色农业现代化道路下统筹农业发展、农业生态环境保护、农民增收的要求，新形势下必须加强政府与市场有效结合、区域差异化补偿、重视发展权补偿；据此提出以多中心治理下机制协调为主的健全农业生态环境补偿制度的新思路。其次，立足对若干农业生态环境补偿项目的长期观察和系统性研究，在总结实践经验的基础上，从市场补偿角度，构建了以阶梯式生态溢价为工具的农业生态环境内生价格补偿机制，探讨了品牌诱导、复合激励、风险分担等内生价格补偿的实现机制。同时，从政府补偿角度，提出优化政府主导型农业生态环境补偿机制的三个重点方向，即建立完善环境友好型农业技术的研发推广机制、建立完善农业生态系统服务价值的实现机制、建立完善接续替代产业的区域差异化培育机制。最后，该书基于若干实地调研，提出支持农业生态环境多方治理和市场化补偿取向的政策创新方向，即针对补偿资金使用效率低下问题，创新财政补偿资金绩效评价体系；针对"项目工程"补偿缺乏政策长期性和稳定性问题，创新"项目捆绑"补偿方式。这些研究成果具有很强的实践价值和学术价值。

　　该书着力于对农业生态环境遭受破坏原因的深层剖析和农业生态环境补偿制度完善的研究，有相当的深度和难度。但作者凭借多年来理论知识的积累和学术品格，深入实地调研，孜孜以求，大胆探索，取得了丰硕的成果。作为她的导师，对她在学术研究道路上的这种坚持不懈和勤奋努力，感到由衷的欣慰。这本著作也是李晓燕副教授学术生涯的新起点，希望她继续秉承"努力为地方经济做一点切实贡献"的师门精神，在绿色农业的学术道路上继续努力，不断进取，取得更大的成就。

四川大学教授、博士生导师
邓　玲
2016 年 10 月 21 日于川大花园

目　　录

第一章

导　　论

一、研究的背景和意义

（一）研究背景

农业是三次产业中与自然界联系最密切的产业，农业生态系统是自然环境、生物资源和人类生产活动复合而成的大系统，是全球最重要的生态系统之一。从生态功能来看，1950 年之后的 30 年中，大量土地已经被开垦为农田，开垦的土地面积超过了 1700～1850 年这 150 年开垦的总和[①]。今天，农业生态系统覆盖了全球陆地表面的 28%～37%，其中 70% 为草场、30% 为农作物。相比流域、湿地等生态系统，单位面积农业生态系统的生态服务价值相对较低，农业生态环境补偿的发展滞后于流域生态补偿和湿地生态补偿。这预示着，在不久的将来，农业生态环境补偿有可能在全球范围内迎来爆发式的发展浪潮[②]。从生产功能来看，20 世纪至今，现

---

① Millennium Ecosystem Assessment 2005. *Ecosystems and Human Well-being：Synthesis* ［M］. Washington DC：Island Press，2005：2.

② John Porter，Robert Costanza，Harpinder Sandhu，Lene Sigsgaard，Steve Wratten. *The Value of Producing Food，Energy，and Ecosystem Services within an Agro - Ecosystem* ［J］. Ambio，2009（38）：186 - 193.

代农业是人类已践行过的、有潜力消除饥饿的农业最高形式①，在全球范围内喂养了超过 60 亿人口（其中有 8 亿营养不良）②，今后 50 年世界人口总量有望达到 90 亿，全球粮食需求量还将加倍③。然而，据联合国千年生态系统评估（MEA）报告显示，全球性的生态系统服务正呈现出退化的趋势，其中 60% 的生态系统服务在过去 50 年已经处于退化或不可持续利用的状态④。而承载 60 亿人口的现代农业也产生了大量外部成本⑤，包括水、空气、土壤、生物多样性、自然景观、人的健康的破坏等。更大的挑战在于，要在保持现有农业生态环境损失规模的基础上，提高农业系统生产率以满足日益增长的人口消费需求⑥。展望未来，当人类的足迹跨越农业文明、工业文明、迈向生态文明时，农业也要从农业文明的农业，跨越工业文明的农业，迈向生态文明的农业。生态文明的农业必定是生产产品与生态服务协同发展的农业，农业生态环境补偿不仅需要"补偿"式发展，更有望转变成农业生态服务，继而成长为生态文明下农业的新经济形态。

农业的生态环境问题在中国更为突出。2014 年中国以占世界 8.7% 的耕地养育着世界上 19.2% 的人口。到 2033 年人口还要再增加 2 亿，达到峰值 15 亿左右⑦，而耕地面积可能会进一步缩减。这就迫使中国必须在农

---

① Giovanni Federico. *Feeding the World*：*An Economic History of Agriculture*，1800 – 2000［M］. Princeton：Princeton University Press，2005.

② United Nations. *Millennium Development Goals*：*Report* 2005［M］. New York：United Nations，2005.

③ David Pimentel，Anne Wilson. *World Population*，*Agriculture*，*and Malnutrition*［J］. World Watch，2004（17）：22 – 25.

④ Millennium Ecosystem Assessment 2005. *Ecosystems and Human Well-being*：*Synthesis*［M］. Washington DC：Island Press，2005：6.

⑤ Erin M. Tegtmeier，Michael D. Duffy. *External Costs of Agricultural Production in the United States*［J］. International Journal of Agricultural Sustainability，2004（2）：1 – 20.

⑥ Robertson，G. P.，Swinton，S. M.. *Reconciling agricultural productivity and environmental integrity*：*a grand challenge for agriculture*［J］. Frontiers in Ecology and the Environment，2005（3）：38 – 46.

⑦ 国家人口发展战略研究课题组. 国家人口发展战略研究报告［M］. 北京：中国人口出版社，2007.

业生产效率上不断挖掘潜力。自 2004～2014 年中国粮食生产实现新中国成立以来的首次 11 年连增，2014 年全国粮食总产量达到 60709.9 万吨[①]，重要农产品已由长期短缺向总量平衡、丰年有余的历史跨越。然而，在农业生产效率和重要农产品产出提升的同时，农业生态环境成本也急剧上升。2014 年中国以占世界 8.7% 的耕地消耗了全球 35% 的氮肥，滥用化肥不仅农产品氮氧化物残留恶化生态，还直接加剧了空气和水体污染[②]。此外，农业生态环境问题还集中表现为耕地数量减少且肥力衰退、农业用水紧缺且污染严重、农业生产污染加剧、水土流失严重等方面。2013 年，全国废水中化学需氧量排放量（COD），工业源、农业源、城镇生活源、集中式污染治理措施排放占比分别 13.6%、47.9%、37.8%、0.7%，农业已超过工业成为我国最大的面源污染产业。不仅如此，农业还通过供应链直接联系人们的餐桌，农业生态系统还通过生物地球化学循环直接影响人们的人居环境，农业事实上与人们的生活质量密切相关，食品安全、饮水安全、水土流失、植被破坏、环境污染等社会热点问题的根源之一都在农业生态环境问题。可以说，农业生态资源的过度使用、农业生态环境的过度污染，已严重影响到农业生态系统的可持续发展、农业产业的可持续发展、人和社会的可持续发展。正如 2013 年习近平总书记在海南考察时所强调："良好生态环境是最公平的公共产品，是最普惠的民生福祉"[③]。农业生态环境问题需要从制度建设与顶层设计的高度加以系统解决和协调解决。

党和政府高度重视农业生态环境保护，在我国 7 个基本国策中，有环境保护、水土保持、节约资源和合理利用土地、保护耕地等 4 个与农业生态环境保护相关。近年来，随着农业生态环境问题愈演愈烈，我国又相继

---

① 国家统计局. 国家统计局关于 2014 年粮食产量的公告［EB/OL］. 中华人民共和国国家统计局网站，2014-12-4，http：//www.stats.gov.cn/tjsj/zxfb/201412/t20141204_648275.html.
② 中国耕地不到世界 9% 耗掉全球化肥三分之一［N］. 广州日报，2014-11-13.
③ 中国林业科学研究院. 良好生态环境是最公平的公共产品和最普惠的民生福祉——深入学习贯彻习近平总书记关于生态文明建设重大战略思想［N］. 中国绿色时报，2014-10-9.

出台了一系列建立健全农业生态环境补偿制度的政策措施。2008 年，党的十七届三中全会通过的《中共中央关于推进农村改革发展若干重大问题决定》强调，"健全农业生态环境补偿制度是发达国家的普遍做法，符合世界贸易组织农业协议绿箱政策"，"要从我国国情出发，建立稳定的补偿资金来源渠道，明确补偿环节、补偿主体、补偿标准和补偿办法，形成有效的激励机制"①。此外，我国又先后实施了生态农业试点示范县、农村沼气、秸秆还田、测土配方施肥、湿地和生物资源保护、渔业资源环境保护和草原保护等相关项目和工程，不断加强对农业生态系统可持续性的补偿，同时逐渐开展对农业生态服务供给的补偿，取得了较好的实践效果。因此，系统梳理我国现有的农业生态环境补偿的政策和方法，吸收和借鉴国外农业生态环境补偿的先进理念和经验，发挥我国有为政府和高效率治理的独特优势，建立健全农业生态环境补偿制度，是当前中国农业面临的重要课题。

（二）研究意义

促进农业生产与农业生态环境全面、协调、可持续发展是中国特色农业现代化道路的一贯立场和重大创新。早在 20 世纪 80 年代，我国就从国家战略层面上高度重视农业生态环境保护，相继实施了以法律法规为主的强制性补偿制度、引入经济激励的补偿制度和政府主体的补偿制度（程默，2006）。然而，遗憾的是，这些制度措施并没有根本扭转农业生态退化、环境恶化的总体趋势，不仅如此，农业生态环境破坏的恶果已经从农业生产阶段蔓延到农产品深加工阶段直至食品消费阶段，形成农业生产现代化、环境政策体系化与农业生态环境持续恶化并存的中国"悖论"，并造成食品安全、社会责任等一系列后续影响。

究其原因是多方面的，其中最根本的原因是我们一直将农业生态环境简单地纳入生态公共服务的范畴、归结于环境损害问题、片面地推行政府

---

① 中共中央关于推进农村改革发展若干重大问题决定［M］. 北京：人民出版社，2008.

主体的补偿机制和政策路线，从而造成补偿主体利益错位、补偿机制不畅、补偿效率不高、补偿的可持续性不强。我们应该看到，农业生态环境不同于一般的自然生态环境，它既有生态功能，又有生产功能；既是公共产品，又是农业的基本生产条件；既存在政府失灵，又存在市场失灵。农业生态环境功能的双重属性决定了不同的补偿机制，作为生态公共品，应形成以政府为主、多方利益主体参与的补偿机制；作为农产品的投入要素之一，应形成环境成本内部化的市场价格补偿机制。而农业生态环境补偿中存在的双重"失灵"则需要建立动态、弹性的治理结构，以政府与市场有效结合来加以克服和矫正。

党的十八届三中全会指出，"实行资源有偿使用制度和生态补偿制度，改革生态环境保护管理体制"。2015 年，中央"1 号文件"对加强农业生态治理做出专门部署，提出"把创新体制机制作为防治农业面源污染的强大动力，逐步推进政府购买服务和第三方治理，探索建立农业面源污染防治的生态补偿机制"①。在中国特色农业现代化道路下，农业生态环境保护还要与农业发展、农民增收有机统筹起来，这就要求进一步健全农业生态环境补偿制度，构建多方主体参与，政府市场互补，市场供求、农民增收与生态保护相协调的农业生态环境补偿制度与政策体系。

本书拟在十八届三中全会精神的指导下，以广义农业中的种植业（农作物栽培，包括大田作物和园艺作物的生产）、林业（林木的培育和采伐）为例，以农业生态环境补偿制度为研究对象，采取定性和定量、理论分析和实证研究相结合的方法，对农业生态环境双重功能、补偿中的双重"失灵"等进行探索性的研究，提出健全农业生态补偿制度的新思路，探讨市场补偿机制的构建、政府主导型补偿机制的优化和政策创新，以期对我国完善农业生态环境补偿制度提供一定的理论依据和现实参考。

---

① 农业部新闻办公室．农业部关于打好农业面源污染防治攻坚战的实施意见［EB/OL］．中国农业信息网 http：//www. agri. cn/V20/ZX/nyyw/201504/t20150413_4524372. htm，2015 - 4 - 13.

二、研究思路、框架和方法

（一）研究思路和框架

本书在系统研究现有文献、政策、项目报告的基础上，从现实尺度上反思我国农业生态环境恶化的制度根源，认为对农业生态环境的功能定位不准是补偿机制低效的重要原因；并从理论深度上剖析农业生态环境的双重功能和补偿的双重"失灵"，从发展维度上提出中国特色农业现代化道路下统筹农业发展、农业生态环境保护、农民增收的要求，新形势下政府与市场有效结合、区域差异化补偿、重视发展权补偿的发展要求；据此提出以多中心治理下机制协调为主的健全农业生态环境补偿制度的新思路。

本书立足对若干农业生态环境补偿项目的长期观察和阶段性研究成果，总结实践经验，从市场补偿角度，构建了以阶梯式生态溢价为工具的农业生态环境内生价格补偿机制，探讨了品牌诱导、复合激励、风险分担等内生价格补偿的实现机制。同时，本书立足农业生态环境服务的前期研究，从政府补偿角度，提出优化政府主导型农业生态环境补偿机制的三个重点方向，即建立完善环境友好型农业技术的研发推广机制、建立完善农业生态系统服务价值的实现机制、建立完善接续替代产业的区域差异化培育机制。最后，本书基于若干实地调研，提出支持农业生态环境多方治理和市场化补偿取向的政策创新方向，即针对补偿资金使用效率低下问题，创新财政补偿资金绩效评价体系；针对"项目工程"补偿缺乏政策长期性和稳定性问题，创新"项目捆绑"补偿方式。研究思路框架如图 1-1 所示。

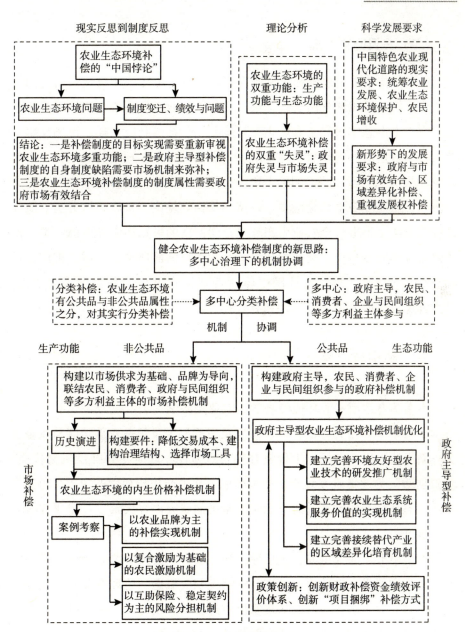

图 1-1 研究思路框架

（二）主要研究方法

本书坚持系统论思维和案例研究路线，通过定性分析与定量研究的有机结合，综合运用调查法、统计法、文献法、数学模型法、逻辑思维法进行研究。本书总体研究了农业生态环境恶化、补偿制度变迁、市场化生态补偿机制演进的宏观趋势，理论演绎了农业生态环境双重功能与补偿中的双重"失灵"，运用资源环境经济学、农业经济学、新制度经济学、公共经济学、微观经济学、金融学、政策学等相关理论，采取归纳分析、演绎推理等方法，提出健全农业生态环境补偿制度的思路和实施保障。本书课题组重视实践参与性，全面参与多个补偿项目的前期论证、试点推广、经验总结，充分调查研究各补偿主体（特别是农民）的利益诉求与建议，以增强课题研究成果的科学性和有效性。

三、结构与内容

本书综合运用资源环境经济学、农业经济学、新制度经济学、公共经济学、政策学等相关理论，以"现实反思到制度反思—双重功能与双重失灵—新思路提出—市场内生价格补偿实现机制—政府主导补偿机制优化、政策创新"为逻辑研究线索，初步形成了从生产功能和生态功能视角健全农业生态环境补偿制度的研究思路。本书的研究内容大致以逻辑研究线索成章展开。

本书由七个部分组成，包括导论和正文，正文按照"总—分"结构展开。总论主要界定农业生态环境补偿制度相关概念、述评有关研究及基础理论，对农业生态环境问题从现实反思过渡到制度反思，在分析农业生态环境生产和生态"双重功能"、补偿中市场与政府"双重失灵"的基础上，结合新形势下的发展要求，提出健全农业生态环境补偿制度的新思路——多中心治理下的机制协调。分论主要从市场补偿角度，探讨农业生态环境内生价格补偿的制度框架与实现机制；从政府主导型补偿角度，探讨补偿机制优化的重点；基于支持农业生态环境多方治理和市场化补偿取向，提出政策创新方向。

本书基本的结构安排和主要内容如下：

第一章 导论。首先对研究"健全农业生态环境补偿制度"这一选题的背景和意义进行了论述，其次介绍研究的逻辑线索、基本框架和主要研究方法，接着简要梳理了本书写作结构和对应章节的脉络，然后陈述了本书的主要观点，最后对可能存在的创新之处进行了概括性的总结，对需要进一步研究的问题进行了概述。

第二章 内涵界定、研究述评和理论基础。本章首先辨析了农业生态、农业环境和农业生态环境，制度、机制和体制等几组概念，探讨了农业生态环境补偿及其制度的内涵，并对农业生态环境补偿中的关键概念，即"输血型"补偿和"造血型"补偿、接续替代产业进行了阐述。其次述评了国内外农业生态环境补偿及其制度的相关研究、主要观点及基础理论。

第三章 农业生态环境补偿的中国"悖论"。对现有农业生态环境补偿制度的反思是完善该制度必不可少的环节。本章从农业生态环境的现实反思过渡到制度反思，首先列举了近年来农业生态环境存在的主要问题，其次对农业发展、环境保护力度与农业生态环境污染进行效应分析，探讨环境保护政策实施与农业污染之间的动态关系，借以说明环境保护政策的有效程度；然后回顾了我国农业生态环境补偿的制度变迁，总结分析现有制度的绩效与问题，最后提出从现实反思到制度反思后的结论。

第四章 功能再定位、发展要求与补偿制度的健全。本章首先从功能观出发，分析了农业生态环境生产与生态"双重功能"的内涵、冲突与协调，提出以农业生态环境补偿来统筹双重功能。然后再从双重功能出发，运用外部性、公共选择等理论，对农业生态环境补偿中的市场与政府"双重失灵"进行表象与原因分析，提出以政府与市场有效结合来克服和矫正失灵。最后在此基础上，结合中国特色农业现代化道路下统筹农业发展、农业生态环境保护、农民增收的要求，新形势下政府与市场有效结合、区域差异化补偿、重视发展权补偿的发展要求，提出健全农业生态环境补偿制度的新思路——多中心治理下的机制协调。

第五章　农业生态环境的市场内生价格补偿——制度框架与实现机制。本章回顾了市场化生态补偿机制的历史演进，分析了市场化生态补偿机制构建的三大要点。在区分农业生态服务中市场化与非市场化成分后，提出农业生态环境内生价格补偿模型。并借此分析了美国"农场—机构"计划、社区支持农业、预售制农业等案例，提出内生价格补偿的实现机制。

第六章　政府主导型农业生态环境补偿机制优化——基于生态公共品的视角。本章结合农业生态环境补偿制度现状和实地调研情况，按照新形势下健全农业生态环境补偿制度的新思路，提出优化政府主导型农业生态环境补偿机制的三个重点方向：建立完善环境友好型农业技术的研发推广机制；以低碳农业碳交易为例，建立完善农业生态系统服务价值的实现机制；以四川省为例，建立完善接续替代产业的区域差异化培育机制。

第七章　健全农业生态环境补偿制度的政策创新。本章立足于四川省广元市旺苍县、成都市郫县唐昌镇、南充市蓬安县、浙江省杭州市浦阳镇、甘肃省平凉市华亭县等地的调研，提出支持农业生态环境多方治理和市场化补偿取向的政策创新方向：针对补偿资金使用效率低下问题，创新财政补偿资金绩效评价体系；针对"项目工程"补偿缺乏政策长期性和稳定性问题，创新"项目捆绑"补偿方式。

四、主要观点

本书根据章节脉络，提出主要观点如下：

（1）本书在深入剖析农业生态环境补偿丰富内涵和分析农业生态环境现状的基础上，探寻农业生态退化、环境恶化的制度原因。本书认为，农业生态环境持续恶化的重要原因之一是，我们一直将农业生态环境简单地纳入生态公共服务的范畴、片面地推行政府主体的补偿机制和政策路线，从而造成补偿主体利益错位、补偿机制不畅、补偿效率不高、补偿的可持续性不强。农业生态环境不同于一般的自然生态环境,它既有生态功能,又有生产功能;既是公共产品,又是农业的基本生产条件;既存在政府失灵,又存在市场失灵。在中国特色农业现代化道路下,农业生态环境保护要与农业发展、农民增收有机统筹起来,这就要求进一步健全农业生态环境补偿制度,构建多方主体参与,政府市场互补,市场供求、农民增收与生态保护相协调的农业生态环境补偿机制与政策体系。

(2)本书对国内外有关农业生态环境补偿制度的部分研究进行了述评,针对其不足之处确定本书研究空间。本书初步认为所参阅文献有以下不足:一是对农业生态环境的功能的认识不够充分。多数研究侧重生态功能,从生态公共品的角度,探讨以政府为主导的自上而下的农业生态环境补偿模式,忽略了生产功能以及由此形成的市场化补偿机制。二是多数研究对农业生态环境的市场化补偿机制要么限于理念引入,要么限于具体实践经验,极少从理论上演绎市场补偿机理、构建市场补偿机制。三是现有研究虽然提出了政府主导型补偿模式和市场化补偿理念,但没有明确界定两类补偿方式在农业生态环境问题中的边界。

(3)本书对农业生态环境问题从现实反思到制度反思,分析总结出健全农业生态环境补偿制度的几点启示。一是补偿制度的目标实现需要重新审视农业生态环境多重功能。补偿的政策目标是维护农业生态系统和实现农业可持续发展,只一味地对农民给予补贴,为了环保而环保,无法实现这一目标。必须在投入补贴的同时,赋予农民发展的权利和机会,把农民的发展和农业生态环境生产功能、生态功能结合起来,才能真正调动农民的积极性。二是政府主导型补偿机制的自身制度缺陷需要市场机制来弥补。制度缺陷导致我国农业生态补偿实施过程中存在着大量低效率的行为,这也是我国环境保护和污染治理投入逐年增加而效率不高的原因之一。有必要在政府主导型农业生态环境补偿机制中引入市场机制,通过市场调节促进生态服务的外部性内部化。三是农业生态环境补偿制度的制度属性需要政府和市场有效结合。补偿的实质是建立利益相关者之间的利益分配和协调关系,通过这种稳定的关系来促进农业生态环境保护。其制度的属性是一种稳定的可持续性的利益联结，所需要的补偿机制是政府主导型补偿机制和市场补偿机制有效结合，让补偿由"短期"变"长期"、由"输血"变"造血"、由"被动"变"主动"。

（4）本书从农业生态环境"双重功能"和补偿中的"双重失灵"入手，结合中国特色农业现代化道路下统筹农业发展、农业生态环境保护、农民增收的要求，新形势下政府与市场有效结合、区域差异化补偿、重视发展权补偿的发展要求，提出健全农业生态环境补偿制度的基本路径，即秉承一般意义上农业生态环境补偿制度的基本内容和实施层次，同时拓展制度完善的新思路。本书认为，一般意义上补偿制度的基本内容包括确定补偿原则、明确补偿主体和补偿对象、合理选择补偿方式。而实施层次包括两个方面：一是农业资源开发过程中开发使用资源、污染破坏生态环境的企业或个人，对于因资源开发而导致当地经济和个人利益受损的地方政府及个人的补偿，即"资源开发的获益方→因资源开发的生态利益受损方"。二是为了恢复、维持和增强农业生态系统的生态效益功能，农民或涉农企业减少资源开发，改变农业生产方式，通过自身利益的让渡使农业生态环境得到改善，受益者应该对该农民或涉农企业（生态环境服务功能提供者）支付相应的费用，即"农业生态环境改善的受益者→农业生态环境服务功能提供者"。新形势下健全农业生态环境补偿制度的新思路是多中心治理下的机制协调，包括从市场补偿的角度，构建内生价格补偿机制；从政府补偿的角度，优化政府主导型补偿机制，并进行支持农业生态环境多方治理和市场化补偿取向的政策创新。

（5）本书在分析农业生态保护者利益损失和权益获得的基础上，针对在不同时间段呈现出不同的补偿诉求，提出农业生态环境补偿制度阶段性实施的重点。本书认为，多中心治理下的机制协调必须是动态的、灵活调整的过程，以近期、中期和远期来区分时间阶段，农业生态环境补偿制度的实施重点分别是：近期给予受补偿方经济补偿，即以国家重点补偿项目的政策补贴、财政转移支付等为主，直接给予资金补助增加收益；中期给予受补偿方发展权补偿，即培养农业生产地的生态保护者自我发展能力；远期的实施重点是生态补偿项目之后的接续发展，即支持当地实施产业转型战略，因地制宜培育多元的接续产业。

（6）本书从制度结构的角度分析庇古税、科斯型生态有偿服务、庇古型生态有偿服务的优势与不足，提出从降低交易成本、建构治理结构、选择市场工具三方面构建市场化的生态补偿机制，并构建了以阶梯式生态溢价为工具的农业生态环境内生价格补偿机制，探讨了品牌诱导、复合激励、风险分担等内生价格补偿的实现机制。本书提出，品牌诱导机制是通过农业品牌及价格信号，诱导农业生产者的绿色生产决策与行为、农产品消费者的绿色消费决策与行为，达到补偿收益的价格实现。复合激励机制是通过基本收购价、市场销售利润提成、期末按股分红的短期三次分利制度，以及股票期权的长期激励制度，激励农业生产者保护农业生态环境，提升绿色生产的能力。风险分担机制是通过农业商业保险、农业互助保险、长期稳定契约，在增加生态农业的长期投入与资产专用性的同时，提高农业生产者的抗风险能力。

（7）本书以技术支撑、生态价值实现、区域差异化补偿三个农业生态环境补偿中的薄弱环节为突破口，提出优化政府主导型农业生态环境补偿机制的三个重点方向。一是建立完善环境友好型农业技术的研发推广机制，实现技术补偿，突破补偿中最薄弱的技术环节。二是建立完善农业生态系统服务价值的实现机制，实现受补偿地区生态效益、经济效益、社会效益的和谐统一。以低碳农业碳交易为例，探讨以农民利益共享机制、农民合作组织订单机制、农业产业链为基础，形成农业碳汇交易机制和区域低碳农业品牌机制。三是建立完善接续替代产业的区域差异化培育机制，因地制宜选择新型农业模式，增强受偿地区的自我发展能力，实现生态环境保护和农业经济可持续发展。以四川省成都平原近郊地区、丘陵粮食基地为研究空间，探索不同区域农业生态环境补偿中替代产业发展模式与途径，以及政府主导下区域差异化培育机制的形成。

（8）本书立足于实地调研，提出支持农业生态环境多方治理和市场化补偿取向的政策创新方向。本书指出，缺少财政补偿资金绩效评价体系是补偿资金使用效率低下的主要原因之一，以"项目工程"为依托开展生态补偿导致生态政策缺乏长期性和稳定性，这两方面正是健全农业生态环境补偿制度首先需要突破的"瓶颈"。首先，针对补偿资金使用效率低下问题，创新财政补偿资金绩效评价体系。具体设计了绩效评价流程和评价指标集，并提出制度完善的建议，分别是实施项目分类分级管理，加强项目立项论证研究；加强专项资金监管，提高资金支出绩效；加强项目实施过程监管，实行"宽进严出"的结项制度。其次，针对"项目工程"补偿缺乏政策长期性和稳定性问题，创新"项目捆绑"补偿方式。以四川省广元市旺苍县为例，探索农业生态环境补偿项目与易地扶贫项目"有效结合、捆绑推进"的途径，探索贫困地区实施农业生态环境补偿项目的新模式。

五、可能创新点

本书试图在以下几个方面有所创新：

（1）本书尝试性地构建农业发展、环保力度与农业生态环境污染的效应分析机理，用以探讨环境保护政策实施与农业污染之间的动态关系，衡量环境保护政策的有效程度。本书首先选择农业产值（包含农林牧渔业）作为衡量农业发展的指标；选择国家环境污染治理投资总额作为衡量环境保护力度的指标；对比分析 2011～2013 年环境统计年报中污染源的数据之后，选择废水主要污染物之一的化学需氧量排放量（COD），作为衡量农业生态环境污染的指标。然后，基于 2004～2013 年 10 年间的面板数据，重点选择两个层次进行分析：一是总体变化趋势，包括农业产值、环境污染治理投资总额、化学需氧量排放量的变化趋势；环境污染治理投资总额占国内生产总值比重的变化趋势；二是绩效变化趋势，包括每一单位 COD 所耗费的环境污染治理投资金额的变化趋势。最后得到初步结论，我国环保资金逐年增加，农业生态补偿制度也基本上建立，可是农业生态环境污染仍然严重，环保工作和相应的补偿制度取得了很好的效果，但效率并不高。

（2）本书从理论深度上剖析农业生态环境的双重功能和补偿的双重"失灵"，从发展维度上分析新形势下政府与市场有效结合、区域差异化补偿、重视发展权补偿的要求，据此提出以多中心治理下机制协调为主的健全农业生态环境补偿制度的新思路。本书提出，多中心治理下的机制协调包含四个层次：一是协调农业生态环境的生产功能和生态功能，协同市场补偿机制和政府主导型补偿机制，将二者纳入统一的机制框架，以克服农业生态环境补偿中的市场失灵与政府失灵。二是农业生态环境问题涉及政府、民间组织、消费者、农民、企业等多方利益主体，并有公共品和非公共品属性之分，应以多中心的公共经济理论为基础，实行"多中心分类补偿"。三是实行"多中心分类补偿"，需要科学划分农业生态环境问题的公共品和非公共品属性，有效界定政府主导型补偿与市场化补偿的合理边界。四是机制协调包括从市场补偿的角度，构建内生价格补偿机制；从政府补偿的角度，优化政府主导型补偿机制，并进行支持农业生态环境多方治理和市场化补偿取向的政策创新。本书进一步探讨了新思路实施保障的三个方面：确保补偿主体政府和市场"双轮"驱动、明确补偿中的利益损失和权益获得、确定补偿制度阶段性实施的重点。

（3）本书总结了根据生态服务的具体内容及产品性质确定生态补偿制度结构的技术路线，探索性地结合"比较制度分析"学派的"市场增进论"，建构了生态补偿制度结构市场增进的技术路线。本书提出，生态补偿的制度结构并不是一成不变的，而是动态发展的。尤其是在发展中国家，产权配置不明晰、市场经济不发达、制度机制不健全，市场化的生态补偿需要政府（或社会组织）的有限参与，其作用是有效降低交易成本，使生态服务的市场交易得以建立并可持续运行。在项目开发阶段，政府可能以项目组织者或直接参与者的身份出现，垫付项目的启动资金，推动项目各方的信息交流，组织生态有偿服务项目的科学研究、经济可行性分析、支付方案与合同设计，并以政府信用担保生态服务与资金支付的持续进行。在项目实施阶段，政府的角色就退居为法规制定者和监管者，负责制度必要的法律或规章，确保生态有偿服务及其交易趋于规范，并为生态有偿服务的成效提供权威的第三方评估。在项目深入实施阶段，政府政策应倾向于完善法律规章，矫正市场缺陷，确保生态有偿服务项目的健康运行。

（4）本书根据国内外最新研究进展，严格细分了农业生态服务中的市场成分与非市场成分，探索性地提出了以阶梯式生态溢价为工具的农业生态环境内生价格补偿模型。本书认为，内生价格补偿模型模拟的是一个以农业生产者和农产品消费者为市场主体、以包括农产品在内的农业生态服务为交易内容、政府和社会组织有限参与的准科斯型生态服务交易市场。它具有两大特征：一是生态补偿的内生性。包括经济层面的内生性，内生价格补偿总体上是基于价格信号的农业生态服务市场的自发调节，是一种补偿收益的价格实现；也包括生态层面的内生性，它是对多项农业生态系统服务的"集合"补偿，也是对市场化农业生态系统服务和非市场化农业生态系统服务的综合补偿，可以有效解决生态补偿中维护生态系统有机整体的问题。二是以基于价格的市场工具为中心。农业生产除了减少环境代价、提供生态系统服务外，还要支持快速增长的人口消费需求，因此基于价格的市场工具最适应农业发展的特点。在内生价格补偿中，基于价格的市场工具主要表现为阶梯式的生态溢价，相当于农业生产者对自愿交易的消费者收取类似生态税的生态服务费，并不会绝对抑制农产品消费。

（5）本书在借鉴农业技术现有研发推广体系的基础上，建立完善环境友好型农业技术的研发推广机制。本书提出，在技术研发方面，地方政府应长期坚持自主研发，短期加强和国内其他省区建立技术合作计划，联合开发或者通过购买等方式直接使用该技术，以降低农业生态环境补偿中的技术成本。在技术推广方面，立足于整合、巩固、提升现有政府主导的农技推广体系资源，形成以公益性为取向的农业技术推广基础网络，成立农业技术扩散载体中介机构，建立以经营性为取向、多元灵活的环境友好型农业技术推广体系。

（6）本书以低碳农业碳交易为例，提出政府主导下低碳农业实现生态价值的经济途径，建立完善农业生态系统服务价值的实现机制。本书指出，以农民利益共享机制、农民合作组织订单机制、农业产业链为基础，建立农业碳汇交易机制和区域低碳农业品牌机制，是实现农业生态系统服务价值的关键途径。"企业—碳交易机构—农村专业合作组织—农户"的农业碳汇交易机制其作用机理有三个层次：一是"企业—碳交易机构"。加入碳交易机构的企业自愿并从法律上联合承诺，通过减排或购买补偿项目的碳减排指标，完成其定量或超额的温室气体排放目标。二是"碳交易机构—农村专业合作组织"。合作组织将农民组织起来，帮助有意愿实施低碳农业技术的农民签订合同，将其减排的温室气体指标集合在碳交易机构出售，再将利润按签订的合同返给农民。三是"农村专业合作组织—农户"。合作组织通过订单机制与愿意提供碳汇量的农民签署合同，再通过农民利益共享机制将碳交易收入返给农民。区域低碳农业品牌机制把种养殖基地（专合组织成员）、国际市场（品牌与份额）、科研（技术支撑）、龙头企业（商品化处理）等各项资源整合起来，形成完整的符合国际标准的产、供、销、研一条龙的低碳农业产业链，创建符合国际绿色标准、具有市场竞争力的低碳农业品牌。

（7）本书以问题为导向，立足实地调研，试图在财政补偿资金绩效评价体系和"项目捆绑"补偿方式两个方面进行政策创新。本书提出以"绩效自评 + 书面评审 + 现场评价"复合形式开展财政补偿资金绩效评价，初步设计出评价流程的六个步骤，即"成立绩效评价小组—确定绩效评价指标体系—绩效自评—书面评审—现场评价—总结评价结论"。依据"绩效导向，突出结果"的评价思路，结合农业生态环境补偿专项资金特点及实施情况，制定了涵盖前期工作、实施过程、项目绩效等 3 项一级指标、10 项二级指标、21 项三级指标的绩效评价指标体系。针对调研发现的问题，提出完善制度的建议，包括实施项目分类分级管理，加强项目立项论证研究；加强专项资金监管，提高资金支出绩效；加强项目实施过程监管，实行"宽进严出"的结项制度。此外，本书提出将农业生态环境补偿项目与国家和地方政府重点项目"有效结合、捆绑推进"，可以使农业生态补偿更有力、更有效、更稳定，同时取得多个项目共赢的良好效益。

第二章

内涵界定、研究述评和理论基础

农业生态环境补偿的实质是建立利益相关者之间的利益分配和协调关系，通过这种稳定的关系来促进农业生态环境保护，这对于环保领域是一个全新的理论和实践命题。相关理论研究和文献梳理是展开科学研究的前提，本章对几组概念进行了辨析，述评了国内外相关研究、主要观点及基础理论。

第一节　内涵界定

农业生态环境是农业生产顺利开展的物质基础，农业生态环境的好坏直接影响农业生产是否可持续。生态补偿是促进农业生产者采用有利于生态环境的农业生产方式，实现农业生态环境和农业经济可持续发展的重要手段。

一、农业生态、农业环境和农业生态环境

从生态学和环境学的学科内涵角度，生态和环境是不同的概念，因此农业生态和农业环境也应有所区分，二者面临的问题有所不同，政策层面

尤其是技术层面的解决方法也不同。

农业生态，可以理解为农业生态系统，它是指一定地理空间范围内农业生产活动所覆盖的生命系统，该系统主要由人类、动物、植物、微生物等生命体复合而成。农业生态出现的问题，主要指农业生态资源开发利用不科学不合理而出现的问题，比如森林资源滥砍滥伐，采伐量超过生长量；草原资源受到气候变化、矿产开采、农业开垦、基础设施建设等方面的影响，草场退化、生态失衡；生物物种资源数量、种类逐步减少等。

农业环境，是以无生命的自然因素为主体的环境系统[①]，是指一定农业地域内影响农业生物生存和发展的各种天然的和经过人工改造的自然因素的总和，包括农业生产过程中的光热、温度、气候、水、土壤等要素。农业环境是人类赖以生存的自然环境中的一个重要组成部分，属中国法定环境范畴。农业环境问题，主要是指每一种环境要素在不同时空、不同发展阶段都存在的质量问题，例如过度施用化肥、农药造成的土壤污染，畜禽粪便带来的水体污染，秸秆燃烧造成的大气污染，塑料农用残膜带来的污染等。

农业生态环境是农业生态系统和农业环境系统相互影响相互制约而形成的复合系统，它是指农业生产对象（包括各种栽培植物、林木、牲畜、家禽和鱼类等）正常生长繁殖所需要的各种环境要素（包括气候因素、水体因素、土壤因素、地形因素、生物因素等自然因素和人为的社会环境因素）的综合整体。农业生态环境是农业生产活动赖以存在的基础和条件，是可持续农业生产的保证。生态和环境两者如果良性互动、永续循环、和谐共生，那么农业生产效率就会提高，农业可持续性也会增强。尤其在大力推进现代农业的背景下，农业生态环境和谐共生、协调平衡，是实现农业可持续发展的自然基础。

---

① 陈家骥，陈小权. 中国农业生态与环境 [J]. 山西农经，1997（8）.

二、机制、体制与制度

机制、体制与制度这三个概念在理论和实践中经常用到，从广义上讲三者都属于制度范畴，其关系密切又互相区别。

"机制"原指机器的构造和运作原理，现在已广泛应用于自然现象和社会现象，① 借指事物内部各组成部分之间的结构、功能及其相互联系，尤其是相互牵制相互协调的互动关系。如市场机制、竞争机制、用人机制等。在任何一个系统中，机制都起着基础性的、根本的作用。如果经济系统或者社会系统具备良好的机制，那么即使外部条件发生改变，系统内部也能快速地自发性地做出反应，及时进行调整，以便维护系统的稳定，实现既定目标。

"体制"是指国家机关、企事业单位在机制设置、领导隶属关系和管理权限划分等方面的体系、制度、方法、形式等的总称。② 体制是制度形之于外的具体表现和实施形式，是管理经济、政治、文化等社会生活各个方面事务的规范体系③。尤其是国家基本制度，必须由体制准确地、强制地表现、执行、反馈和完善。基本制度涉及国之根本，需要保持相对稳定性和单一性，而体制可以具有灵活性和多样性。

"制度"通常是指社会制度，是指建立在一定社会生产力发展水平基础上，反映该社会的价值判断和价值取向，由行为主体（国家或国家机关）所建立的调整交往活动主体之间以及社会关系的具有正式形式和强制性的规范体系。④ 按照性质和制度涉及的范围来划分，制度可分为根本制度、基本制度与具体规章制度三个层次⑤。

---

①② 吴亚东，李钊. 对体系、制度、机制、体制相关概念的辨析与理解 [J]. 现代商贸工业，2010 (2).

③④ 程德明，唐亚平. 怎样理解制度、体制和机制的内涵及相互关系 [N]. 解放军报，2006 – 12 – 19.

⑤ 覃正爱. 论建立健全有利于科学发展的体制机制 [J]. 湖湘论坛，2010 (11).

单纯从内涵界定上来理解，机制、体制和制度是三个不同的概念。机制是具有自发调整功能的有机体，其核心是内部各子系统之间相互作用形成的机理，和体制、制度相比最具有灵活性，适用于一般事物。体制为制度服务，是制度的表现形式，适用于上下之间有层级关系的国家机关、企事业单位①。制度是指国家和地方的法律、法规以及任何组织内部的规章制度。

机制、体制和制度之间又存在着密切的联系。一是制度决定体制的内容，制度规范体制的运行，体制的形成和发展受到制度的制约。② 二是体制保证制度的落实，体制是制度形之于外的具体表现和实施形式，同一种制度可以由不同体制来表现。例如，社会主义经济制度可以同时由计划经济体制和市场经济体制来表现。三是在一定的条件和范围内，基本制度、具体规章制度和体制可以互相转化③。四是机制的建立需要体制和制度，机制的转换和优化通过改革体制和制度来实现。④ 总之，制度制约着体制与机制，同时，体制与机制又对制度的巩固与发展起着积极的促进作用。⑤

三、生态环境补偿、农业生态环境补偿和农业生态环境补偿制度

（一）生态环境补偿

生态环境补偿是对因企业或个人行为造成生态环境破坏和污染进行收费，对因保护生态环境系统而损失自身利益给予补偿的一种社会经济活动。⑥ 从性质上来看，生态环境补偿是一种激励手段，能够鼓励企业或个

---

① ③ 吴亚东，李钊. 对体系、制度、机制、体制相关概念的辨析与理解 [J]. 现代商贸工业，2010（2）.

② ⑤ 程德明，唐亚平. 怎样理解制度、体制和机制的内涵及相互关系 [N]. 解放军报，2006 – 12 – 19.

④ 高佰民. 城镇化建设是统筹城乡关系的有效途径 [J]. 今日科苑，2007（24）.

⑥ 李晓燕，蔡军. 生态文明理念下西部地区自然资源有偿化开发 [J]. 西南民族大学学报（人文社科版），2014（3）.

人保护、建设、恢复生态环境。从过程来看，生态环境补偿通过不断调节、优化利益相关者之间的分配关系，坚持"谁污染谁赔偿、谁受益谁补偿"的原则，使保护者得到经济回报或者获得发展权，受益者支付相关费用；受害者得到经济赔偿，破坏者赔偿损失。从补偿内容来看，生态环境补偿包含两个方面内容：一是对保护行为的补偿，主要指企业或个人因为维护、改善生态系统和治理环境污染，造成自身经济利益的损失或者让渡了发展权利，生态受益者应当对其给予补偿；二是对污染破坏行为的赔偿，主要指企业或个人破坏生态、污染环境带来了严重的社会危害，影响了他人享受生态公共品的利益，应当对此给予赔偿。

（二）农业生态环境补偿

农业生态环境补偿是在农业领域以补偿的手段保护农业生态环境、减少污染的一种制度安排，它是指为了保护、恢复、增强农业生态环境系统的生态功能，通过经济、政策、法律、技术、市场等多种手段，对于因积极采取有效措施防止农业生态环境污染和破坏而损失经济利益或发展机会的涉农企业或者农民，根据他们的诉求给予多种形式的补偿。农业生态环境补偿的实质是建立利益相关者之间的利益分配和协调关系，通过这种稳定的关系来促进农业生态环境保护。管理者通过补偿项目实施，给予农业生态保护者直接资金补偿，或者帮其发展具有区域优势的接续替代产业，实施优质农业生态产品和服务品牌战略，使农业生态保护者最大限度地因保护生态环境而获得稳定的经济收入，激励他们积极主动地维护、修复农业生态环境。同时，引导受益者购买农业生态产品和服务，变相支付补偿费用，是对农业生态环境保护者和受益者利益关系的有效调节，有利于构建和谐社会。

农业生态环境补偿包含两层含义：一是指在农业生态环境利用和农业资源开发过程中，国家通过对开发利用农业生态环境资源的行为进行收费以实现农民的权益，或者对保护农业生态环境资源的主体进行多种形式的补偿，以达到促进保护农业生态环境和农业资源的目的；^① 二是国家通过对农业生态环境污染者或农业资源利用者征收一定数量的费用，用于农业生态环境的恢复或者用于开发新技术以寻找替代性农业资源，从而实现对农业生态环境因生产而污染破坏、农业资源因开采而耗竭的补偿^②。

（三）农业生态环境补偿制度

农业生态环境不同于一般的自然生态环境，它既有生态功能，又有生产功能；既是公共产品，又是农业的基本生产条件；既存在政府失灵，又存在市场失灵。在中国特色农业现代化道路下，农业生态环境保护还要与农业发展、农民增收有机统筹起来，这就要求进一步健全农业生态环境补偿制度，构建多方主体参与，政府市场互补，市场供求、农民增收与生态保护相协调的农业生态环境补偿机制与政策体系。

农业生态环境补偿制度是以保护农业生态环境、促进人与自然和谐发展为目的一种制度安排。其内容是综合运用经济手段、法律手段、行政手段、技术手段，对于保护、恢复、改善农业生态环境而牺牲自身利益的个人或者组织，根据农业生态环境服务价值、受补偿方损失的经济利益和发展权利等，给予多种形式的补偿。

农业生态环境补偿的实质是建立利益相关者之间的利益分配和协调关系，通过这种稳定的关系来促进农业生态环境保护。其制度的属性是一种稳定的可持续性的利益联结，这种利益联结能够使外部成本内化，能够很好地反映农业生态环境保护者在不同阶段的利益诉求，对保护者产生激励作用和协调作用，从而实现农业生产、农民增收和农业生态环境保护多重效益。

四、"输血型"补偿和"造血型"补偿

在农业生态环境补偿实践中，"输血型"补偿一般指政府在补偿期限

---

① 樊万选. 河南应加快建立生态补偿机制 [J]. 河南国土资源，2005（12）.
② 韩茜. 河北省农业生态环境补偿问题研究 [D]. 河北农业大学学位论文，2012.

内对受补偿方直接投入的资金补偿。直接的资金补偿可以短期内增加受补偿方的消费支付能力，但往往纠结于补偿方式、补偿标准、补偿年限等环节众口难调，这是因为涉及经济利益，不同区域不同收入水平的受补偿方总会有不同的利益诉求，而这种诉求在国家政策层面上很难实现统一。比如补偿标准的设定，国家只能根据前期调查和研究划定补偿标准，这个标准能够照顾到大多数人的利益诉求，却无法达到所有利益相关者的要求。同时，由于这种补偿模式很难筹集到足够的补偿资金，对受偿方的直接投入很难持续，因此"输血型"补偿没法为农业保护者建立起增收途径，也就没法真正调动农民的生态环境保护的积极性。

相比较直接的资金补偿，"造血型"的生态补偿更容易兼顾受补偿方的利益，而且使短期补偿变为长期补偿，也更容易得到受补偿方的认可。"造血型"补偿是政府部门结合受偿地区区位优势、资源优势，以"项目支持"的形式，将生态补偿资金用以培育当地生态产业，推广环境友好型技术，吸纳因补偿项目转移出来的劳动力就业等。如果说"输血型"补偿是直接的、短期的、一次性的、见效快的补偿，那么"造血型"补偿是间接的、长期的、持续的、见效稍慢的补偿。"授人以鱼，不如授之以渔"，"造血型"补偿的目的是通过发展接续替代产业，转变受补偿地区农业生产方式、调整优化农业经济结构，形成造血机能和自我发展机制，使外部补偿转化为自我积累能力和自我发展的能力①，从而让受偿地区真正摆脱贫困，实现农业发展、农民增收、生态良好的良性循环。

五、接续替代产业

接续替代产业又称为接续产业或者替代产业，其概念最初用于资源型城市②面临"矿竭城衰"时的经济转型问题，后来被广泛用于对外贸易、

---

① 沈满洪，陆菁. 论生态保护补偿机制 [J]. 浙江学刊，2004（7）.
② 资源型城市（resource-based city）一般是指依托当地自然资源而兴起或发展，围绕不可再生资源开发而建立的采掘业和初级加工业为主导产业的工业城市类型。

金融、林业、生态环境等领域。在农业生态环境补偿领域发展接续替代产业，其实质是农业产业升级和结构优化，发挥比较优势，因地制宜发展生态农业、绿色农业、循环农业和低碳农业，变短期的、输血型的经济补偿为长期的、造血型的发展权补偿，以产业转型带动经济转型，从而实现受补偿地区生态环境和经济社会的可持续发展。

（一）发展接续替代产业的选择原则

发展接续替代产业的选择原则有很多，如可持续发展原则、协调发展原则、稳定发展原则、产业转换成本最小化原则、发挥比较优势原则等，其中，前三个原则最常见，后两个原则在选择替代产业的时候最容易被忽视，因此在这里需要特别强调。

1. 产业转换成本最小化原则

受补偿地区发展接续替代产业的目的是增强自我发展能力，实现可持续的、稳定的补偿，从而使受补偿地区更好地、更积极地保护农业生态环境。替代产业发展过程就是产业转型过程，转型就要支付一定的转型成本，即产业退出成本。农业是资源性产业，从沉没成本[①]角度看，投资农业发展替代产业会产生大小不等的经济性、体制性和社会性沉没成本。[②]因此，受补偿地区选择接续替代产业的时候，必须要通过产业转换成本最小化的分析，选择使这些沉没成本最小化的新型农业模式来进行发展。

2. 发挥比较优势原则

发挥比较优势的原则其实就是强调因地制宜，要求各个地区结合自身的区位优势、地貌地形、农业自然禀赋、农业发展状况和农业基础设施等

---

① 沉没成本是指由于过去的决策已经发生了的，而不能由现在或将来的任何决策改变的成本，即已经付出且不可收回的成本。

② 赵新宇，张人戈. 论资源枯竭型地区接续替代产业的选择原则［J］. 当代经济研究，2009（7）.

条件，在对生态产品和服务进行市场需求分析的基础上，选择适合本地区的新型农业模式，避免产业重复建设和不良竞争。遵循比较优势的原则来选择相应的接续替代产业，既符合受补偿地区农业生产的一般规律，符合当地农业保护者的切身利益，又能够避免新一轮的产业趋同，使本来就属于弱质产业的农业、属于贫困地区的农村，其接续替代产业更具市场竞争力和发展前景。

（二）农业生态补偿中接续替代产业的类型

在农业生态环境补偿中接续替代产业的类型主要有生态农业、绿色农业、循环农业和低碳农业等。生态农业、绿色农业、循环农业和低碳农业是环境危机、能源危机产生后相继出现的几种农业形态，其共同目标是缓解资源环境约束实现农业可持续发展。它们都体现了农业发展方式的转变，彼此之间具有一定的内在联系①。

1. 基本内涵

生态农业：是目前国际上普遍认可，已经制定出相关标准和生态标识的新型农业模式。发展生态农业，必须遵循生态学、经济学的基本原理和一般规律，选择生态环保的现代农业技术，按照国际上对生态农产品生产中的技术规制和产品质量标准，在传统农业的基础上进行无污染无添加的农业生产。目前，国际上得到公认的生态农业标准包括德国生态农业协会的标准、国际生态农业协会（FOAM）标准、欧盟的农业生产规定，其中，德国生态农业协会的标准最高。这些标准对生态农业的生产、加工各个环节的技术做出严格规定，比如不使用化学合成的除虫剂、除草剂，不使用易融化肥、抗生素、转基因技术等，农产品的生产原料95%是生态的才有可能达到生态农产品标准。

---

① 李晓燕. 四川农业低碳化发展的模式探索［J］. 西南民族大学学报（人文社会科学版），2012（7）.

绿色农业：绿色农业的概念是由国家农业部农垦司的刘连馥司长于 2003 年提出，随后国家建设了一批绿色农业示范基地逐步将其推广。绿色农业是以"绿色环境""绿色技术""绿色产品"为核心，生产、加工、销售获得"绿色标志"的无公害农产品、绿色食品和有机食品的新兴农业。绿色农业的概念边界很广泛，包括了绿色动植物农业、白色农业、蓝色农业、黑色农业、菌类农业、设施农业、园艺农业、观光农业、环保农业、信息农业等[①]，内涵非常丰富。

循环农业：循环农业是将循环经济理论和生态工程学方法融入传统农业生产、加工等环节，通过现代农业技术和农业循环链设计，调整优化农业产业结构，将农业生态系统中各个子系统通过农业产业链联结起来，形成物质能量流动的闭合循环路线。这种闭合循环路线，把传统的"资源消费—产品—废弃物排放"的线形增长模式，转变为"资源消费—产品—再生资源"循环生态型的农业发展模式，[②] 践行了循环经济的"减量化、再使用、再循环"3R 原则。

低碳农业：是为维护全球生态安全、改善全球气候条件而在农业领域推广节能减排技术、固碳技术、开发生物质能源和可再生能源的农业，是以"低能耗、低排放、低污染"为新特征，具备"农业生产、安全保障、气候调节、生态涵养、农村金融"多元功能的新型农业。[③] 低碳农业尽可能地减少能源消耗，减少碳排放，实现农业生产发展、生态环境保护、减缓气候变暖多赢。

2. 内在联系

生态农业、绿色农业、循环农业、低碳农业都是转变农业发展方式，实现农业可持续发展的新模式。从内涵上看，低碳农业是生态农业、绿色

---

① 刘立勇. 祁阳绿色农业发展现状及前景 [N]. 经济研究导刊，2009（6）.
② 许智勇. 云南省低碳农业发展的综合评估研究 [D]. 云南财经大学学位论文，2012.
③ 李晓燕，王彬彬. 低碳农业：应对气候变化下的农业发展之路 [J]. 农村经济，2010（3）.

农业、循环农业的进一步发展，其内涵基本能涵盖生态农业、绿色农业、循环农业。如果以包含与被包含的关系来界定，那么低碳农业包含了生态农业、绿色农业、循环农业的发展理念、模式等方面。

生态农业、绿色农业强调农业生产、加工过程中的生态环境保护问题和食品安全问题，减少生态环境污染，生产无公害农产品、绿色食品和有机食品。循环农业强调资源的节约使用，通过"资源消费—产品—再生资源"循环模式达到资源"减量化、再利用、再循环"。生态农业、绿色农业、循环农业都只强调了农业发展与资源环境矛盾的某一方面，低碳农业则是统筹考虑应对气候变暖、确保能源安全、保护资源环境等条件，实现农业生产发展、生态环境保护、减缓气候变暖多赢。低碳农业不仅提倡少用化肥农药、进行高效生态的农业生产，在农业的能源消耗越来越多，种植、运输、加工等过程中，电力、石油和煤气等能源的使用都在增加的情况下，低碳农业还更注重循环经济的关键领域，即整体农业能耗和碳排放的降低。[①]

第二节 国内外相关研究述评

随着农业生态环境污染问题的不断加重，农业生态环境补偿制度的作用越来越突出，日益成为改善农业生态环境、实现农业可持续发展的制度保障。近年来，农业生态环境补偿制度的建立和完善问题一直为社会各界所关注，与此相关的文献也大量涌现，大大地提高了这一领域的研究水平，也为进一步深入研究提供了非常有价值的资料。相关文献的述评是课题研究的理论起点。本课题在学习和借鉴前人研究成果的基础上探寻进一步研究的空间，重点从以下几方面进行了文献述评。

---

① 李晓燕. 四川农业低碳化发展的模式探索 [J]. 西南民族大学学报（人文社会科学版），2012（7）.

一、国内研究现状述评

从国内研究来看，截至 2014 年年底，相较于农业其他领域的研究，关于农业生态环境补偿制度的研究文献较少。从 CNKI 文献检索的情况来看，对于"农业生态补偿"的学术研究最早出现在 1995 年，是从农业专业技术角度，研究喀斯特农业生态环境钙镁补偿问题。通过 CNKI 文献检索，在 1995～2014 年，围绕"农业生态补偿"的期刊、报刊、学位论文、新闻报道、会议仅 138 篇，如表 2-1 所示。

表 2-1　　　　1995～2014 年"农业生态补偿"研究文献年度变化　　　　单位：篇

年份	题名	年份	题名
1995	1	2010	20
2005	1	2011	24
2006	3	2012	13
2007	3	2013	26
2008	8	2014	29
2009	10	合计	138

资料来源：学术期刊网。

基于国内现有的研究文献分析，关于农业生态环境补偿制度的相关研究主要有三类：

（1）系统研究了农业生态环境恶化的成因，并初步提出了治理对策，形成农业生态环境补偿制度构建的理论与现实基础。

第一，从农业专业技术层面分析农业生产和农村生活造成的水土流失、土地荒漠化、土壤盐碱化、水体污染和土壤污染，提出改善农业生态环境的农业技术途径。主要代表有钱易（2000）、唐辉远（2001）、刘玉凯（2002）、邓英淘（2002）、王金达（2002）、田志会（2002）、曾昭鹏

（2003）、周青（2006）、汪绍盛（2010）等。

第二，从制度经济学角度探讨农业生态环境恶化的深层次原因，指出现行农地制度不完善、资源产权制度不明晰使得农民对土地、森林、草原等进行掠夺式开发，生态环境治理的"政府直控型"机制使治理效果不理想，并提出建立市场取向、治理主体多元化的农业生态环境治理机制。主要代表有林毅夫（1994）、陈家骥（1998）、王跃进（1999）、杜肯堂（2000）、高怀友（2001）、李玉浸（2001）、马定渭（2003）、曾鸣（2007）、程默（2007）、张锋（2010）、周其文（2012）等。

第三，从工业化、城镇化、农业现代化角度分析农业生态环境不断恶化的原因，认为工业优先增长和依托工业的现代化农业快速发展，使农村的产业结构从自然和谐型转变成自然危害型，农业原来具有环境自净能力的自然循环被破坏，而农民集中居住使得原本可以自然消纳的生活污染物因超出环境自净能力而成害。① 主要代表有杜受祜（2001）、邓玲（2001）、白清云（2003）、王君萍（2007）、阳相翼（2007）、严立冬（2013）、刘尊梅（2014）等。

（2）重点研究了我国典型地区农业生态环境补偿实践，验证了农业生态环境补偿制度的区域有效性，并提出经验性的特色补偿机制与配套政策。

例如，骆世明（2000）、王雅鹏（2003）、韦苇（2004）、高旺盛（2005）、喻庆国（2007）、付健（2007）、邹昭晞（2010）等，在探讨生态补偿相关理论的基础上，对四川省、云南省、浙江省、山东省、民族地区、黄土高原、北京市等特定区域的农业生态环境补偿的实践经验进行总结，为建立健全农业生态环境补偿制度提供了丰富的实践素材和有益参考。

（3）重点研究了我国现有农业生态环境补偿制度的实施情况及存在问题，并从政府或市场的角度提出制度健全、政策优化的方向。

---

① 苏杨．农村现代化进程中的环境污染问题［J］．宏观经济管理，2006（2）.

第一，构建以政府为主导，包含经济制度、行政制度、法律制度、科技制度在内的农业生态环境补偿制度体系，并提出建立农业生态环境补偿基金、开展农业生态环境补偿试点。主要代表有李文华（2001）、毛显强（2002）、沈满洪（2004）、牛文元（2005）、王欧（2005）、宋洪远（2005）、万军（2005）、何国梅（2005）、陆新元（2006）、王金南（2006）、高尚宾（2008）、张铁亮（2012）等。

第二，以市场介入为视角，探讨生态补偿市场化。如姜立强（2007）指出国家、市场、农民之间的关系塑造了特定类型的农业生产，构成了农业生态环境补偿机制。又如田苗、邓远建（2012）等人通过探讨绿色农业生态补偿居民支付意愿影响因素，建立基于公众参与的绿色农业生态补偿市场融资渠道[①]，从而实现农业生态补偿的市场化。孟国才（2005）、王海滨（2007）认为，农业生态环境补偿必须引入市场化、社会化的生态补偿模式，实施品牌战略，采用市场经济手段，[②] 使企业和农民成为绿色农产品开发的主体，并接受市场和消费者的认可和检验[③]。

第三，政府和市场二者之间关系是否协调决定了农业生态环境补偿制度是否完善。李环（2006）提出市场失灵与政府失灵是导致农业生态环境问题的两大原因，政府和市场有效结合才能克服和矫正政府失灵和市场失灵，才能实现资源配置效用最大化。[④] 李小云、靳乐山（2007）认为在中国农业生态补偿中，要坚持政府主导、市场推进，尤其要发挥市场在生态产品和服务定价、交易、价值实现中的作用，而市场能发挥作用必须要政府出台相关政策加以保障。[⑤] 郭碧銮、李双凤（2010）提出通过"政府+

[①] 田苗，严立冬，邓远建，袁浩．绿色农业生态补偿居民支付意愿影响因素研究——以湖北省武汉市为例［J］．南方农业学报，2012（11）．

[②] 王海滨．在新农村建设的宏观背景下重新审视我国农业经济结构的变化趋势［J］．经济问题探索，2007（5）．

[③] 孟国才，王士革等．我国西部山区农业生态环境现状与恢复对策［J］．农业现代化研究，2005（5）．

[④] 李环．新农业科技革命的思考［J］．安徽农业科学，2006（7）．

[⑤] 李小云，靳乐山，左停．生态补偿机制：市场与政府的作用［M］．北京：社会科学文献出版社，2007．

市场"型补偿来推行政府与消费者共同为生态补偿付费[①]。

二、国外研究现状述评

从国外来看，西方一些国家较早就开始了农业生态环境补偿的实践探索，并取得了巨大成效。早在 20 世纪 20 年代，爱尔兰就采取分期付款的方式对私有林进行补助。目前，美国、德国等发达国家已初步建立了生态服务付费的政策与制度框架，形成了直接的一对一交易、公共补偿、限额交易市场、慈善补偿和产品生态认证等较为完整的农业生态环境补偿框架体系。[②] 一些发展中国家，如巴西和哥斯达黎加等，也比较成功地实施了以市场机制促进生态补偿的农业生态环境补偿制度。

到了 20 世纪 90 年代末，生态补偿逐渐吸收了生态经济学的理念，从环境损害的补偿（赔偿）转到生态服务的补偿（购买），为创建生态有偿服务市场、发展碳汇等新兴绿色经济奠定了基础。生态补偿的理论研究进入了新的阶段，涌现出关于生态有偿服务的大量文献。Wunder（2005）、WWF（2007）、Ferraro（2008）、Jack 等（2008）、Corbera 等（2009）、Muradian 等（2010）、Sattler 等（2013）等学者探讨了生态有偿服务的概念。MEA（2005）、Costanza 等（1997）、Daily（1997）、De Groot 等（2002）、Sandhu（2012）等学者对生态服务的具体内容进行功能分类。Wunder（2005）、Engel 等（2008）、Pascual 等（2010）、Muradian 等（2010）、Sattler 等（2013）等学者分析了科斯型生态有偿服务和庇古型生态有偿服务的制度结构。Gutman（2003）、Wunder 等（2008）、Engel 等（2008）、Corbera 等（2009）、Kemkes 等（2010）、Muradian 等（2010）、Lockie（2013）等学者研究了生态有偿服务的分类方法。Landell –

---

① 郭碧鎏，李双凤. 农业生态补偿机制初探——基于外部性理论的视角 [J]. 福州党校学报，2010（4）.

② 张建肖，安树伟. 国内外生态补偿研究综述 [J]. 西安石油大学学报（社会科学版），2009（2）.

Mills 和 Porras（2002）、Gutman（2003）、Sokulsky（2012）、Sattler 等（2013）等学者提出了生态有偿服务设计的阶段模型。Rogers（2003）、Bohlen 等（2009）、Norgaard（2010）、Gartner（2010）等学者指出，生态有偿服务是一种创新的生态保护模式。Smeltzer 和 Carr（2003）、Eigen-raam 等（2006）、Ferraro（2008）、Jack 等（2008）、Claassen 等（2008）、Nsoh 和 Reid（2013）具体分析了生态有偿服务刺激竞争与生态创新的作用。此外，学者们还对发达国家和发展中国家正在推行的生态有偿服务项目进行了实证研究，主要有：欧洲农业计划项目，拉丁美洲的厄瓜多尔的 PROFAFOR 固碳项目、哥伦比亚的 Silvopastoral Project 林牧项目、巴西的 Bolsa Floresta 护林项目、墨西哥的 PSA‑CABSANiños Heroes 环境有偿服务项目、尼加拉瓜的 Silvopastoral Project 林牧项目，亚洲的柬埔寨的 Biodiversity Conservation Payments 生物多样性保护项目、印度尼西亚的 Tlekung and Cidanau Watershedpayments 流域补偿项目、菲律宾的 Bakun Watershed Protection 流域保护项目，非洲的肯尼亚的 Wildlife Conservation Lease Program 野生动物保护项目、莫桑比克的 Nhambita Community Carbon 固碳项目等。

作为全球陆地生态系统最重要的组成部分之一，农业生态环境的补偿问题在理论研究和项目实践都滞后于流域补偿和湿地补偿。国外对农业生态环境补偿集中在项目实践层面，关于农业生态环境补偿制度的直接研究成果不多，大多数文献都围绕具体补偿项目，集中研究农业生态系统服务分类及其价值评估，农业生态有偿服务的内涵、特点、方式、绩效等方面。其中，比较有代表性的有：Cowell（1997）、Cuperus（1999）、Merlo（2000）、Murray（2001）等从生态学、环境经济学的角度阐述了农业生态补偿的内涵；Wells（1992）从生态保护这一社会经济活动的正外部性特征入手分析了农业生态补偿的特点；Hanley（1995）认为使农业生态补偿变为一种主动行为并将其制度化面临很多困难；Pagiola（2004）指出农业生态补偿不能仅限于对某个项目给予资金补贴，而是应该与项目地的发展能力联系起来，实现转变农业生产方式、优化农业产业结构、增加农民收入；Castro（2001）、Macmillan（1998）认为实践中补偿标准趋近于机会成本，而与土地、林地等农业资源的生态服务功能无关，农业生态补偿不能完全被看作是从提供生态服务的土地使用者手中购买生态服务；[①]Waktzold（2005）、Whitby（1996）等对生态补偿资金配置进行研究，发现农业环境政策补偿标准"一刀切"导致多数地区补偿不足或局部地区补偿过量，应根据各地所产生的不同机会成本实施差别补偿。

三、研究述评小结

可以看出，国内相关研究从不同角度对农业生态环境补偿制度的构建和完善提出了不少独到见解。但是，这些研究还存在一些不足之处：

（1）对农业生态环境的功能的认识不够充分。多数研究侧重生态功能，从生态公共品的角度，探讨以政府为主导的自上而下的农业生态环境补偿模式，忽略了生产功能以及由此形成的市场化补偿机制。

（2）多数研究对农业生态环境的市场化补偿机制要么限于理念引入，要么限于具体实践经验，极少从理论上演绎市场补偿机理、构建市场补偿机制。

（3）现有研究总体上就生态补偿谈生态补偿，没有把农业生态环境补偿与农业发展、农民增收结合起来。

（4）现有研究虽然提出了政府主导型补偿模式和市场化补偿理念，但没有明确界定两类补偿方式在农业生态环境问题中的边界。这些不足之处为本课题提供了充分的研究空间。

由此，无论是对现有研究不足的补充，还是在过去20年研究的基础上，立足新时期、新形势下出现的新要求、新问题，继续深化研究"健全农业生态环境补偿制度"都具有一定的现实意义和学术价值，也具备很大的研究空间。

另外，国外的相关研究大多依托具体的农业生态补偿项目，讨论其实

---

① 秦艳红，康慕谊. 国内外生态补偿现状及其完善措施［J］. 自然资源学报，2007（7）.

施效果、是否有效补偿、农民参与度以及对当地的影响等，根据实践中发现的问题形成解决方案，再不断对解决方案进行修正，而我国的实践还很少，建立健全农业生态环境补偿制度亟须加快从理论研究到实践推广的步伐。

第三节　理 论 基 础

农业生态环境补偿制度实施的载体是实践中的补偿项目，只有以科学的理论指导实践才能保证补偿的有效性和效用的最大化。农业生态环境补偿涉及诸多生态学、环境学、经济学、法学及其交叉学科的理论，在众多基础理论研究中，引用最为广泛的理论是生态资本理论、公共产品理论和外部性理论。

一、生态资本理论

传统经济学并不认为生态环境是一种资源，也不承认生态环境具有价值。随着经济发展和社会进步，生态环境污染和破坏不断加剧，人们对生存的生态环境质量要求不断提高，人们才逐渐意识到生态环境也具有价值，是一种稀缺资源，需要不断投入和维护才能获得较高的生态价值和更好的生态服务，生态资本的概念因此形成并被人们所接受。生态资本理论的核心是资源的有偿使用，生态环境既然是有价值的稀缺资源，那么开发利用生态环境资源和享受生态环境效应都应该支付相应的费用，如果没有支付，那么就应该补偿。

农业生态环境是农业生产活动得以开展的物质基础，没有农业生态环境就没有农业生产活动，农业生态环境体现出的生态资本也是农业生态功能的价值实现。农业生态资本主要包括三部分：一是农业生态环境系统所提供的农产品、生物质产品等；二是农业生态环境效益价值，例如涵养水源、净化空气等带来的生态效应；三是利用农业生态环境资源发展第三产业带来的相关产品和服务，例如观光农业、农业科技博览园等。随着人类社会的进步和生活水平的提高，农业生态资本在社会经济发展中的作用越发凸显。尤其当人们面对日益严峻的生态环境形势、农产品质量安全问题和人类健康问题的时候，更加明确应当重视与投资农业生态环境以维护其整体价值。而农业生态补偿就是针对农业生态环境污染、农产品质量安全和人类健康等问题展开的，建立农业生态环境补偿制度，通过利益驱动作用、激励作用和协调作用等，让更多的企业或个人主动积极地投入到农业生态环境保护中来，实现农业生态资本增值和农业可持续发展。

二、公共产品理论

按照古典经济学理论，社会产品可以分为公共产品和私人产品两大类。而其中公共产品是这样一种产品，"每个人对这种产品的消费，都不会导致别人对该种产品消费的减少"①，具有消费非竞争性、受益非排他性和效用不可分割性等特征。农业生态环境是生态环境的重要组成部分，是典型的公共产品，因此也具有公共产品的消费非竞争性和受益非排他性特征，农业生态环境的改善使得全社会受益，人人都可以消费。

和其他公共产品一样，"公地的悲剧"和"搭便车"是农业生态环境所提供的生态服务无法回避的问题。一方面，个人或企业开发利用农业生态环境、享受生态效益并不影响其他个人或企业的使用或消费，消费非竞争性直接引发"公地的悲剧"，谁都不愿约束自身生产经营行为，更不愿放弃传统生产方式反而花费成本去选择新的农业生产模式，粗放式、掠夺式开发使农业生态环境承载力下降，生态系统良性循环被打破，最终使全体成员的利益受损。另一方面，当农业生态环境逐渐得到恢复，产生良好的生态效益人人都可以无须支付费用而分享，甚至污染环境的企业和个人

① 萨缪尔森，诺德豪斯. 经济学 [M]. 高鸿业等译. 北京：中国发展出版社，1992.

也可以享受，这种"搭便车"现象严重挫伤了农业生态保护者的积极性，没有人再愿意改善农业生态环境，最终结果是谁也享受不到农业生态环境带来的效益。

为了最大程度上解决农业生态环境的"公地悲剧"和"搭便车"现象，应当建立健全农业生态补偿制度，综合运用经济、法律、行政、技术等手段，让农业生态环境保护者获得国家或农业生态环境保护受益者等更多的支持（包括政策、资金、技术、发展机会等），激励其主动、积极、持续地参与农业生态环境保护，从而发挥农业生态环境更大的效益。

三、外部性理论

外部性理论的实质，是指实际经济活动中某个经济主体对其他经济主体产生了利害影响，而这种影响又不能进行市场交易。外部性可分为正外部性（外部经济）与负外部性（外部不经济）①。其中，正外部性是指某个经济主体在经济活动过程中使其他经济主体受益而又无法收费的现象；负外部性是指某个经济主体在经济活动过程中给其他经济主体带来了损失或额外费用，而其他经济主体又不能得到补偿。

农业生态环境问题是比较典型的外部性问题。从正外部性来看，农民或涉农企业在生产过程中，通过实施农田清洁工程、发展循环农业和观光农业等转变农业生产方式，既减少了对农业生态环境的污染，增强环境承载力，又提高了农产品质量，增加了农业生态系统价值，使社会公众受益，而农民或涉农企业却没有因为这样的外部性收取他人费用或者得到补偿，以收回其生产成本或挽回其经济损失，并保持其继续保护农业生态环境的积极性；从负外部性来看，农民或涉农企业在生产过程中，为达到粮食增产、个人增收等目的，过度开垦农田，不合理施用化肥、农药、农膜等农业投入品，导致农业生态系统遭到破坏，农业生态功能下降，农产品

---

① 王起静. 旅游产业链的两种模式及未来趋势［J］. 经济管理，2005（11）.

由无害变为有害，造成食品安全、蔬菜重金属超标等社会问题，而农民或涉农企业却没有因为这样的外部性受到惩罚来改变自己利益最大化追求或生产习惯，其他公众也没有因为受到损失而得到补偿。①

为了解决农业生态环境外部效应问题，应该使外部效应内部化，可以采用两种手段：一是庇古手段即"庇古税"。政府对开发利用生态环境资源的微观经济主体征税，限制其生产，要求其改变生产方式或生产习惯；对于产生农业生态环境外部经济的生产者，政府应给予补贴，鼓励其清洁生产，②继续参与治理污染保护环境。庇古理论中外部成本内部化的理念为生态保护、环境污染治理开拓了思路，衍生出很多政策工具和项目，如排污削减补贴、排污收费制度、退耕还林（草）、退牧还林（草）等，这些政策工具和项目成为建立健全生态补偿制度的重要内容。二是科斯手段。科斯认为产生外部性的原因不是市场失灵，而是产权不明晰；产权界定越清楚，财富被无偿占有的可能性越小，外部性现象就越少。政府的责任是界定和保护产权，在此基础上，可以用市场交易或自愿协商的方式来代替庇古税手段。在农业生态环境补偿制度研究中，可综合采用庇古手段和科斯手段。由于中国农业长期处于弱势产业，农民长期处于弱势群体，因此政策措施更多的是激励农业生态环境保护的正外部性。

---

① 高尚宾，张克强，方放，周其文等．农业可持续发展与生态补偿［M］．北京：中国农业出版社，2011.

② 杨从明．浅论生态补偿制度建立及原理［J］．林业与社会，2005（3）.

第三章

农业生态环境补偿的中国"悖论"

随着农业经济发展，农业生态环境污染情况也在加剧，虽然政府对农业生态环境保护和污染治理的力度不断加大，对补偿项目的投入也在逐年增加，但实际上资金投入效率并不高，项目的可持续性也不强，农民自愿参加补偿项目的积极性没有被调动起来。对现有农业生态环境补偿制度的反思是完善该制度必不可少的环节，本章从农业生态环境的现实反思过渡到制度反思，对农业发展、环保力度与农业生态环境污染进行效应分析，总结现有农业生态环境补偿制度的绩效与问题，提出其与现实发展的不适应之处。

第一节　农业生态环境的主要问题

长期以来，我国政府非常重视农业生态环境保护问题，出台了一系列法律法规，并不断加强农业生态建设。然而，随着经济增长和城镇化加快，随着工业发展和农业集约化程度提高，开发利用农业生态环境的力度不断加大，农业生产过程中重量不重质，粗放式、掠夺式开发的现象仍然大量存在，农业生态环境破坏状况日益加剧。

一、耕地数量减少且肥力衰退

耕地是农业生产最基本、重要的生产资料，耕地的数量和质量关系着粮食安全，关系着国计民生，直接影响我国社会稳定和经济发展。我国耕地面积在世界排名第4，仅次于美国、俄罗斯和印度。但是由于我国人口众多，人均耕地面积仅1.4亩，不到世界人均耕地面积的一半，[①] 加拿大人均耕地是我国的18倍，印度是我国的1.2倍。根据环保部发布的《2013中国环境状况公报》，我国"耕地质量问题凸显，区域性退化问题较为严重，农村环境形势依然严峻"。2009年，全国耕地面积为13538.46万公顷，2012年则变为13515.85万公顷，减少22.61万公顷（339.15万亩）。2012年，全国因建设占用、灾毁、生态退耕等原因减少耕地面积40.20万公顷，通过土地整治、农业结构调整等增加耕地面积32.18万公顷，年内净减少耕地面积8.02万公顷（120.3万亩）。[②] 随着我国工业化、城镇化进程的加快，非农建设用地势必大幅增加，加上水土流失和土地荒漠化严重，耕地面积还将进一步减少。

除了耕地数量减少以外，我国耕地肥力也在不断衰退。近年来，由于环境污染严重，有机肥施用不足，滥用过磷酸钙、尿素等化肥现象突出，造成耕地土质退化，耕层变浅，耕性变差，肥力不足。2012年，我国局部地区的土壤存在恶化趋势，其中耕地环境质量堪忧，遭受重度污染耕地已占1.1%。[③] 据监测，我国耕地土壤有机质含量普遍较低，平均只有1.8%，旱地仅有1%左右，与欧美国家相差1%～3%。全国约50%以上的耕地微量元素缺乏，70%～80%的耕地养分不足，20%～30%耕地养分

---

① 贾妍. 安徽劳务经济发展对策研究 [J]. 华东经济管理，2005（8）.

② 国家环保部. 2013中国环境状况公报 [EB/OL]. 国家环保部 http://jcs.mep.gov.cn/hj-zl/zkgb/2013zkgb/201406/t20140605_276534.htm，2014 – 6 – 5.

③ 2013年全国耕地面积净减少120万亩 [EB/OL]. 中研网 http://www.chinairn.com/news/20140606/140303360.shtml，2014 – 6 – 6.

过量。①

二、农业用水紧缺且污染严重

我国人均淡水资源只有 2200 立方米/人，为世界人均水平的 1/4、美国的 1/5，被列为人均水资源最贫乏的国家之一。② 农业灌溉用水是主要用水大户，其用水量占整个用水总量的 70% 左右。目前，农业灌溉用水不足和利用率低下是农业用水较为突出的问题。据测算，我国干旱缺水地区占国土面积的 72%，单位耕地面积的水资源量 1440 立方米，仅为世界平均的 67%，单位灌溉面积的水资源量仅为世界平均的 19%。农田有效灌溉面积自 1975 年以来一直维持在 0.47 亿~0.52 亿公顷，有效灌溉面积中尚有 0.07 亿公顷得不到灌溉。③

水污染已成为目前我国三大环境问题之一。《2013 中国环境状况公报》显示，全国十大水系水质一半污染，全国 4778 个地下水监测点中，约六成水质较差和极差；国控重点湖泊中，水质污染的占 39.3%；31 个大型淡水湖泊中，17 个为中度污染或轻度污染；9 个重要海湾中④，辽东湾、渤海湾和胶州湾水质差，长江口、杭州湾、闽江口和珠江口水质极差。⑤ 天然水体受到污染以后用来灌溉农田，不仅破坏土壤，影响农作物的生长，造成减产，还会影响农作物的生长和产品质量，损害人体健康。据统计，由于水污染，已造成了 160 多万公顷农田粮食减产，减产粮食达 25 亿~50 亿千克⑥。

---

①③　金京淑. 中国农业生态补偿研究［D］. 吉林大学学位论文，2011.

②　中国淡水资源现状［EB/OL］. http：//www.360doc.com/content/12/0823/15/1993072_231914082.shtml，2012 – 8 – 23.

④　村镇污水处理整体解决方案［J］. 建设科技，2015（1）.

⑤　全国十大水系水质污染超五成，扭曲义利观成主因［EB/OL］. 人民网 http：//politics.people.com.cn/n/2014/1119/c70731 – 26049938.html，2014 – 11 – 19.

⑥　水污染的主要危害［EB/OL］. 环境教育探索网 http：//hjjy.hynu.cn/show.asp？id = 79，2010 – 6 – 14.

三、农业生产污染加剧

农业生态环境污染的原因除了工业和城市污染向农村的转移以外，还有来自农业本身生产活动带来的污染。

首先是农用化学品污染。随着工业发展和农业集约化程度的提高，农药、化肥、农膜等农用化学物质在农业生产中被大量使用，在大幅提高农业产量和农民收入的同时，农用化学品环境污染问题也开始凸显。由于缺乏必要的管理制度和科学技术指导，种植业中过量、不当使用农业化学品较为普遍。[①] 农业化学品的大量投入会导致土壤中养分、重金属以及有毒有机物富集引起的土地污染，直接威胁农产品质量安全。据环境保护部和国土资源部此前公布的《全国土壤污染状况调查公报》，全国土壤环境状况总体不容乐观，部分地区土壤污染较重，耕地土壤点位超标率为19.4%，主要污染物为镉、镍、铜、砷、汞、铅、滴滴涕和多环芳烃[②]。

其次是农业废弃物污染。规模化畜禽养殖污染是我国农业面源污染的最大来源，每年大量未经处理的禽畜粪便被随意排放，极易导致氮、磷流失，造成水体污染，也是造成江河、湖泊、水库富营养化的主要原因之一。1999 年我国畜禽粪便产生量约为 19 亿吨，是我国工业固体废弃物产生量的 2.4 倍。其中规模化养殖产生的粪便相当于工业固体废弃物的30%；畜禽粪便的污染排放量已达 7118 万吨，远远超过我国工业废水和生活废水的排放量之和。[③] 2010 年全国畜禽养殖业的化学需氧量、氨氮排放量分别达到 1184 万吨、65 万吨，分别占全国排放总量的 45%、25%，分别占农业源排放量的 95%、79%。[④]

---

① 金京淑. 中国农业生态补偿研究［D］. 吉林大学学位论文，2011.

② 农业污染总量超工业［EB/OL］. 新浪网 http：//news. sina. com. cn/o/2015 – 04 – 15/045931718240. shtml，2015 – 4 – 15.

③ 张伟天，王宝贞. 农业面源污染控制新思路［J］. 中国给水排水，2004（10）.

④ 规模化畜禽养殖污染成最主要农业污染源［EB/OL］. 经济观察网 http：//www. eeo. com. cn/2013/0411/242434. shtml，2013 – 4 – 11.

四、水土流失严重

土壤是生态环境最基本的组成部分，是人类生产生活所必需的物质基础，是农业生产活动得以存在的前提条件。由于人类大规模扩张城市、不断修建基础设施、乱砍滥伐森林等，水土流失非常严重，土地资源数量大幅度减少、质量也在持续降低。2010～2012 年，我国开展第一次全国水利普查水土保持普查，根据普查结果，截至 2011 年年底，我国土壤侵蚀总面积 294.91 万平方千米，占国土面积的 30.72%。[①] 开发建设是经济增长必不可少的手段，同样也是造成水土流失的主要、直接原因，其中开发利用农业和林业资源，是造成水土流失最主要的原因。近年来，我国每年因开发建设新增的水土流失面积超过了 1.5 万平方公里，增加的水土流失量超过了 3 亿吨。在所有开发建设项目中，农林开发项目、公路铁路项目、城镇建设工程引起的水土流失最为严重，占总面积的 78.2%，其中农林开发造成的水土流失量达 2.52 亿吨，占到 37%，居所有开发建设项目之首。[②]

另外，坡耕地是水土流失的主要源地。虽然山区和丘陵地区经济林快速发展，荒山、荒坡的开发强度不断增大，但是开发效率低下，生态负面效应扩大。据统计，全国现有 18 亿亩耕地中，坡耕地为 3.2 亿亩，占 17.5%，这些坡耕地每年产生的土壤流失量约为 15 亿吨，占全国水土流失总量的 1/3。目前我国坡耕地主要分布在长江上游地区、黄土高原地区、石漠化地区和东北黑土区。据测算，黄土高原地区坡耕地每生产 1 千克粮食，流失的土壤一般达到 40～60 千克。[③]

---

①　国家环保部. 2013 中国环境状况公报［EB/OL］. 国家环保部 http：//jcs. mep. gov. cn/hj-zl/zkgb/2013zkgb/201406/t20140605_276534. htm，2014－6－5.

②　赵永平. 水土流失现状摸清［N］. 人民日报，2008－11－21.

③　李开孟. 我国建设项目水土流失治理及审批管理规定［J］. 中国投资，2009（8）.

第二节　农业发展、环保力度与农业
生态环境污染的效应分析

除了城市和工业，农村和农业也同样面临环发矛盾，虽然我国逐年加大对农业环境保护和生态环境补偿的投资力度，也取得了很大的成效，但是随着农业经济的发展，农业生态环境仍然不可避免地呈恶化的态势。因此，有必要对农业发展、环境保护力度和农业生态环境污染的效应进行分析，探讨环境保护政策实施与农业污染之间的动态关系，借以说明环境保护政策的有效程度。

一、指标选择

对农业发展、环境保护力度和农业生态环境污染的效应进行分析，首先要选择合适的指标。考虑到指标数据的代表性、可获取性和完整性，本课题选择农业产值（包含农林牧渔业）作为衡量农业发展的指标；选择国家环境污染治理投资总额作为衡量环境保护力度的指标。选择衡量农业生态环境污染的指标有一定难度，因为农业污染基本上属于面源污染，引起污染的排放源分布在广大的面积上，具有很大的随机性、不稳定性和复杂性。

本书最终选择废水主要污染物之一的化学需氧量排放量（COD），作为衡量农业生态环境污染的指标，原因如下：

（1）农业生态环境污染主要是水体污染。污染物主要指废水、废气、固体废物，而农业污染属于面源污染，具体是指在农业生产活动中，农田中的泥沙、营养盐、农药及其他污染物，在降水或灌溉过程中，通过农田地表径流、壤中流、农田排水和地下渗漏，进入水体而形成的面源污染。

这些污染物主要来源于农田施肥、农药、畜禽及水产养殖。[①]由此可见，农业污染主要是对水体形成污染。

（2）农业源是化学需氧量排放量（COD）的主要排放源。废水中主要污染物是化学需氧量和氨氮，根据国家环保部历年发布的环境统计年报所提供的数据，如表3-1所示，可以看出废水的四种污染源，即工业源、农业源、城镇生活源、集中式污染治理措施，排放化学需氧量最多的是农业源，如图3-1所示，排放氨氮最多的是城镇生活源，如图3-2所示。

表3-1　　　　　　　　全国废水及其主要污染物排放情况

年份	排放量	排放源				
		合计	工业源	农业源	城镇生活源	集中式污染治理措施
2011	废水（亿吨）	659.2	230.9	—	427.9	0.4
	化学需氧量（万吨）	2499.9	354.8	1186.1	938.8	20.1
	氨氮（万吨）	260.4	28.1	82.7	147.7	2.0
2012	废水（亿吨）	684.8	221.6	—	462.7	0.5
	化学需氧量（万吨）	2423.7	338.5	1153.8	912.8	18.7
	氨氮（万吨）	253.6	26.4	80.6	144.6	1.9
2013	废水（亿吨）	695.4	209.8	—	485.1	0.5
	化学需氧量（万吨）	2352.7	319.5	1125.8	889.8	17.7
	氨氮（万吨）	245.7	24.6	77.9	141.4	1.8

　　注：（1）自2011年起环境统计中增加农业源的污染排放统计。农业源包括种植业、水产养殖业和畜禽养殖业排放的污染物。
　　（2）集中式污染治理设施排放量指生活垃圾处理厂（场）和危险废物（医疗废物）集中处理（置）厂垃圾渗滤液/废水及其污染物的排放量。
　　资料来源：2013年环境统计年报［R］.国家环保部，2013.

[①]　魏金发，池永翔，卓弘春，余振国.农村地质环境保护与治理恢复［J］.中国国土资源经济，2010（2）.

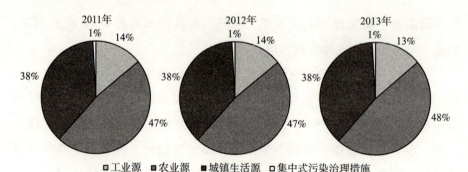

图 3 - 1 2011～2013 年四种污染源排放化学需氧量的比例

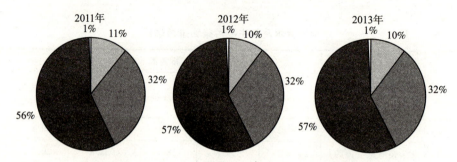

图 3 - 2 2011～2013 年四种污染源排放氨氮的比例

根据表 3 - 1 和图 3 - 1 的数据分析，2011 年，全国废水中化学需氧量排放量，工业源、农业源、城镇生活源、集中式污染治理措施排放占比分别为 14.2%、47.4%、37.6% 和 0.8%；2012 年，这一占比分别为 14.0%、47.6%、37.6%、0.8%；2013 年，这一占比分别为 13.6%、47.9%、37.8%、0.7%。可见，废水中的污染物化学需氧量的主要排放源是农业，因此，选择化学需氧量排放量（COD）作为衡量农业生态环境污染的指标具有一定的代表性。

综上，本书选择农业产值（包含农林牧渔业）作为衡量农业发展的指标；选择国家环境污染治理投资总额作为衡量环境保护力度的指标；选择化学需氧量排放量（COD）作为衡量农业生态环境污染的指标。

二、效应分析

本书课题组选择 2004～2013 年这 10 年作为时间界限，根据国家统计局公布的《统计年鉴》、国家环保局发布的《环境统计年报》和《中国环境状况公告》，收集整理相关数据，如表 3－2 所示。

表 3－2　　　　　　农业发展、环境保护力度、农业生态环境
污染指标数据（2004～2013 年）

年份	农业发展	环境保护力度		农业生态环境污染
	农业产值（亿元）	环境污染治理投资总额（亿元）	占国内生产总值比重（%）	化学需氧量排放量（万吨）
2004	36239.0	1909.8	1.19	1339.2
2005	39450.9	2388	1.29	1414.2
2006	40810.8	2566	1.19	1428.2
2007	48893.0	3387.3	1.27	1381.8
2008	58002.2	4937.0	1.57	1320.7
2009	60361.0	5258.4	1.54	1277.5
2010	69319.8	7612.2	1.90	1238.1
2011	81303.9	7114.0	1.50	2499.9
2012	89453.0	8253.5	1.59	2423.7
2013	96995.3	9516.5	1.67	2352.7

资料来源：《统计年鉴》，《环境统计年报》，《中国环境状况公告》。

根据以上数据，本书重点选择两个层次进行分析：一是总体变化趋势，包括农业产值、环境污染治理投资总额、化学需氧量排放量的变化趋势，如图 3－3 所示；环境污染治理投资总额占国内生产总值比重的变化趋势，如图 3－4 所示；二是绩效变化趋势：每一单位化学需氧量排放量所耗费的环境污染治理投资金额的变化趋势，如图 3－5 所示。

（一）总体变化趋势

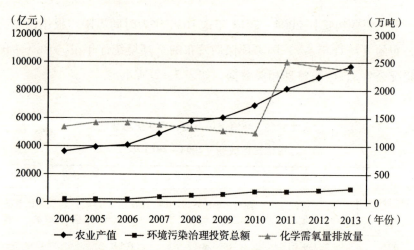

图3-3　农业产值、环境污染治理投资总额和化学需氧量排放量的变化趋势

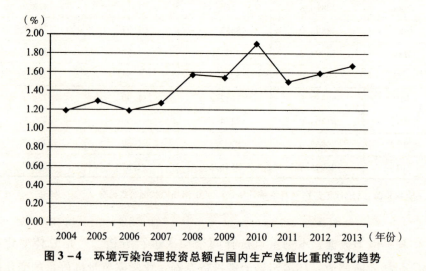

图3-4　环境污染治理投资总额占国内生产总值比重的变化趋势

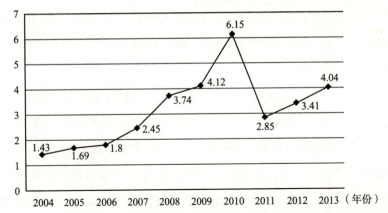

图3-5　每一单位化学需氧量排放量所耗费的环境污染治理投资金额的变化趋势

从图3-3、图3-4可以看出，2004～2013年农业产值不断攀升，证明我国大力发展农业生产力取得了显著成效。同时，我国的环境污染治理投资总额逐年增加，占GDP比重均呈上升趋势。2010年是我国"十一五"规划的最后一年，环境保护目标和重点任务全面完成，这一年环境污染治理投资总额占GDP比重为1.9%，达到历年最高，因此在图3-4中出现一个拐点。2011年是"十二五"规划的开局之年，新的环境保护目标和重点任务开始启动，环境污染治理投资总额也在一个新的阶段开始稳步增长。

在图3-3中，单从化学需氧量排放量的总量走势来看，其排放量有减少的趋势，但并不能就此断定农业生态环境污染有减缓趋势，这里存在很大的误差，主要体现在以下两点。

（1）图3-3中绿线并没有真实反映出化学需氧量排放量的变化趋势。原因在于，国家环保部于2011年才在环境统计中增加农业源①的污染排放统计，2011年以前的污染排放源只有工业源和生活源两类。根据前面的分析，农业源才是化学需氧量的主要排放源，因此2011年统计中增加了农业源以后，化学需氧量排放量由2010年的1238.1万吨陡然增加到2011年的2499.9万吨，增加了1261.8万吨，可见农业污染之严重，超

---

① 农业源包括种植业、水产养殖业和畜禽养殖业排放的污染物。

乎想象。这也是绿线在 2011 年出现拐点的原因，即增加了农业源的污染排放统计。由此可见，2011 年以前的绿线走势仅仅是工业源和生活源排放的化学需氧量趋势。

（2）减少化学需氧量排放的压力很大，治理农业生态环境污染的形势不容乐观。如上面分析，在图 3－3 中，2011 年以前的绿线走势仅仅是工业源和生活源排放的化学需氧量趋势，从图中不难看出，2011 年之前的绿线虽然有下降趋势，但幅度很小并不明显，这说明化学需氧量排放量虽然在减小，但效果甚微。农业是化学需氧量的主要排放源，其排放量几乎占化学需氧量排放总量的 50%，如图 3－1 所示，此外，农业污染是面源污染，其治理难度远远超过了工业点源污染。不难想象，如果 2011 年之前的统计数据中增加了农业污染，那么化学需氧量排放量要增加一倍，排放量减小的难度要增加数倍，真实的绿线走势应当比图 3－3 中呈现出来的还要悲观。考虑到农业源排放的化学需氧量数量大、治理难度大，2011 年以后绿线下降的压力只增不减。

（二）绩效变化趋势

用总量指标并不能反映"边污染，边治理"二者之间的关系，虽然能看出治理的效果但无法得知治理的绩效。本课题选择用环境污染治理投资总额和化学需氧量排放量相对比，构成相对指标，用以分析环境治理的可能绩效。

相对指标：环境污染治理投资总额/化学需氧量排放量 = 每一单位化学需氧量排放量所耗费的环境污染治理投资金额。

指标含义：由于环境污染治理投资总额代表环境保护力度，而化学需氧量排放量代表农业生态环境污染，因此，该相对指标的含义是每单位农业生态环境污染所用的环保费用。

根据表 3－2 计算环境污染治理投资总额/化学需氧量排放量的比值，得到数据如表 3－3 所示，并由此绘制折线图 3－5。

表 3 – 3 　　　　　2004~2013 年每一单位化学需氧量排放量

所耗费的环境污染治理投资金额

年份	环境污染治理投资总额（亿元）	化学需氧量排放量（万吨）	环境污染治理投资总额/化学需氧量排放量
2004	1909.8	1339.2	1.43
2005	2388	1414.2	1.69
2006	2566	1428.2	1.80
2007	3387.3	1381.8	2.45
2008	4937.0	1320.7	3.74
2009	5258.4	1277.5	4.12
2010	7612.2	1238.1	6.15
2011	7114.0	2499.9	2.85
2012	8253.5	2423.7	3.41
2013	9516.5	2352.7	4.04

　　图 3 – 5 中的折线图分成两个部分，以 2011 年为断点，2004~2010 年曲线呈上升趋势，2011~2013 年曲线仍然呈上升趋势。其实，该条曲线总体就是呈上升趋势，之所以会有断点，原因如前面所分析，即 2011 年统计中增加了农业源，化学需氧量排放量由 2010 年的 1238.1 万吨增加到 2011 年的 2499.9 万吨，相对指标的分母陡然增大，同时 2011 年的环境污染治理投资总额又比 2010 年减少，分母增大分子减小，因此 2011 年的比值下降到 2.85。

　　图 3 – 5 中的曲线上升，说明每一单位化学需氧量排放量所耗费的环境污染治理投资金额在逐年增加，这就意味着每单位农业生态环境污染所用的环保费用在逐年增加。例如 2004 年，治理 1 万吨化学需氧量要花费 1.43 亿元，2005 年花费 1.69 亿元……2010 年增加到 6.15 亿元；断点以后，2011 年花费 2.85 亿元，2012 年花费 3.41 亿元，2013 年增加到 4.04 亿元。这一比值的增加，有正反两个效应：正面效应是体现了国家对环保事业的重视，逐年增加投入；负面效应则体现出环保资金使用效率较低，同样的污染物治理成本不断攀升，这也从另一个角度说明治理污染难度很大，需要投入大量的资金。

用环境污染治理投资总额/化学需氧量排放量这一相对指标，来判断环保资金绩效高低，这种方法并不完全科学合理，但是它至少直观地反映了每单位农业生态环境污染所花费的环境污染治理投资金额变化。我国每年投入的环保资金不少，农业生态补偿制度也基本上建立，可是农业生态环境污染仍然严重，环保工作和相应的补偿制度取得了很好的效果，但效率并不高。

第三节　我国农业生态环境补偿的制度变迁

我国农业生态环境补偿制度萌生和初步发展于20世纪70年代初至90年代中后期，最初的实践探索和政策安排主要集中在环境污染治理的赔偿、破坏生态环境的赔偿、退耕还林还草补贴、森林公益性生态效益补偿等方面。进入20世纪90年代以后，农业生态环境问题凸显，人们越来越认识到生态补偿在农业生态环境保护中的重要性，草原、森林、湿地、耕地保护等领域的生态补偿逐步展开，农业生态补偿立法和政策逐步明朗化。2008年，党的十一届三中全会正式确立要健全农业生态环境补偿制度，之后，国家和地方出台了一系列相关文件，通过经济手段、行政手段、法律手段和技术手段，使农业生态补偿探索与实践逐渐走向规范化、制度化。

总体来看，从20世纪70年代初发展至今，国家制定和实施农业生态环境补偿制度重点集中在以下领域：退耕还林（草）政策、农业新能源建设政策、保护性耕作的有关补偿政策、流域治理与水土保持政策、农业清洁生产技术运用的补贴政策等。

一、初步探索：20 世纪 70 年代至 90 年代末

我国对农业生态环境补偿的探索最早可追溯到20世纪70年代。作为国家级生态保护区，四川省青城山将门票收入的30%用于青城山保护区森林资源的维护，开创了我国农业生态环境补偿的先例。1983年，云南

省对昆阳磷矿的矿石按照0.3元/吨的价格征收费用，把这部分费用用于矿区开采以后植被及其他生态环境的恢复和重建。此后，浙江、江苏、广西、福建等省（自治区）以具体项目为试点，征收相关生态补偿费用，用于发展生态农业、防治水土流失、治理农田污染、搬迁安置矿区村民等方面，都取得了很好的效果。这一时期的农业生态补偿主要是针对生态环境的破坏者，即企业或个人在开发利用农业资源的同时破坏了生态平衡，污染了环境，因此需缴纳一定的费用作为补偿。这些生态补偿行为基本上存在于各省（自治区）的实践中，国家层面尚未形成相关政策制度。

20世纪90年代中后期，我国开始在西部地区实施退耕还林、退耕还草工程，生态补偿的思路从向生态环境破坏者征收费用，转为向生态环境保护者和建设者给予补贴，这种从消极补偿变为积极补偿，在实践中取得了更多的社会效益和生态效益。在这一时期，我国制定了相应的法律法规，例如《耕地占用税暂行条例》《资源税暂行条例》《渔业资源增值保护费征收使用管理规定》《城镇土地使用权出让和转让暂行条例》[1] 等，针对开发利用农业资源而导致生态功能受损或者生态价值丧失的企业或个人，收取经济赔偿。这些法律法规规定了农业土地资源、水资源、动植物资源等资源有偿使用的形式，逐步将农业生态环境保护的有偿制度纳入法律之中。此外，国家职能部门也根据自身的职责出台了一系列政策，以发放补助、补贴和征收资源有偿使用税费等形式弥补农业生态环境破坏。

二、逐步展开：20世纪90年代末至2008年

1998年洪水之后，我国越来越重视农业生态环境的生态功能，尤其是森林、农田、草原、湿地等农业生态系统的防洪抗灾、空气净化、生态保护功能，制定了一系列鼓励政策，大力推广各类农业生态补偿项目。与20世纪90年代通过项目收取补偿费不同，2000年之后，我国实施农业生

---

① 马友华. 巢湖流域农业面源污染控制生态补偿探讨 [J]. 中国农学通报, 2008 (24).

态补偿最主要的补偿途径是财政转移支付，并且转移支付的力度逐年加大。2005 年以后，农业补贴政策环境保护功能逐步突出，连续五年的中央"1 号文件"反复强调要强化农业直接补贴政策，缓解补偿资金不足与农民增收的矛盾，提高农民参与项目的积极性。

从宏观层面上看，这一时期我国农业生态环境补偿立法和政策逐步明朗化。2005 年底，《国务院关于落实科学发展观，加强环境保护工作的决定》提出"要完善生态补偿政策，尽快建立生态补偿机制。中央和地方财政转移支付应考虑生态补偿因素，国家和地方可分别开展生态补偿试点。"[1] 同年，中共中央、国务院《推进社会主义新农村建设若干意见》指出要建立和完善生态补偿机制。2006 年，《国民经济和社会发展第十一个五年规划纲要》将建立生态补偿机制列为重要任务，提出"按照谁开发谁保护、谁受益谁补偿的原则，建立生态补偿机制"。2007 年，国家环保部印发了《关于开展生态补偿试点工作的指导意见》（以下简称《意见》），这是我国政府第一次发布的关于生态补偿措施的指导性文件。该《意见》要求加强生态补偿试点工作，落实补偿各利益相关方责任，探索多样化的生态补偿方法、模式，建立试点区域生态环境共建共享的长效机制，推动相关生态补偿政策法规的制定和完善，为全面建立生态补偿机制奠定基础。[2] 同年，国家环保部又发布了《关于加强农村环境保护工作的意见》，指出：探索多渠道融资方式，鼓励社会资金参与农业生态保护；加大农村环境保护专项资金的投入，逐步建立政府、企业、社会多元化投入机制。[3]

从具体的补偿领域来看，这一阶段的农业生态环境补偿政策主要围绕测土配方施肥、退耕还林、农业清洁生产、水资源保护等方面。

---

① 国务院关于落实科学发展观加强环境保护的决定 [EB/OL]. 新华网. http: //news. xin-huanet. com/politics/2006 - 02/14/content_4179931. htm, 2006 - 2 - 14.

② 国家环保部. 关于开展生态补偿试点工作的指导意见 [EB/OL]. http: //www. zhb. gov. cn/gkml/zj/wj/200910/t20091022_172471. htm, 2007 - 8 - 24.

③ 关于加强农村环境保护工作的意见 [EB/OL]. 中华人民共和国中央人民政府网站. http: //www. gov. cn/zwgk/2007 - 11/20/content_810780. htm, 2007 - 11 - 20.

（1）测土配方施肥补贴政策。2007 年，农业部和财政部联合发布了《关于申报 2007 年测土配方施肥补贴项目实施方案及补贴资金的通知》和《测土配方施肥试点补贴资金项目实施方案》，规定：测土、配方和土壤采样环节的补贴按照实际需要给予适当补助，仪器设备在充分整合利用现有资源的基础上适当添置，用于仪器设备的补贴原则上不超过财政补贴资金的 30%，项目管理费按补贴资金的 2% 提取。①

（2）退耕还林政策。2002 年，国务院颁布了《退耕还林条例》，并于 2003 年在全国实施退耕还林（草）政策。2007 年国务院《关于完善退耕还林政策的通知》、国家发改委等五部委《关于做好巩固退耕还林成果专项规划编制工作的通知》规定：退耕地造林每亩每年粮食补助 210 元，现金补助 20 元。生态林连续补助 8 年，经济林连续补助 5 年。配套荒山造林一次性补助种苗费 50 元，从 2008 年度计划期，每亩补助 10 元。退耕还林补助到期后延补一个周期政策，退耕地每亩每年粮食补助 105 元，现金补助 20 元。建立巩固退耕还林成果专项资金，用于基本口粮田、农村能源、后续产业、补植补种、生态移民五个方面建设，资金规模为 105 元/亩退耕地。②

（3）农业清洁生产技术运用的补贴政策。农业部 1999 年制定了《农村沼气建设国债项目管理办法（试行）》，规定对农村沼气建设项目进行补贴。③ 2005 年，《国务院关于做好建设节约型社会近期重点工作的通知》提出对开展秸秆综合利用的农户给予补偿。2006 年中央文件要求制定相应的财税激励政策，进一步推广秸秆气化、固化成型、发电养畜等技术；增加测土配方施肥财政补贴；继续实施保护性耕作示范工程；继续开展土

---

① 陈可昕. 两亿元补贴测土配方施肥——2005 年测土配方施肥试点补贴资金项目实施方案出台 [J]. 中国农资，2005（8）.

② 林业系统惠农政策 [EB/OL]. 青海省海南州人民政府. http://www.qhhn.gov.cn/html/4802/202575.html，2010 - 9 - 2.

③ 万军，张惠远，王金南，葛察忠，高树婷，饶胜. 中国生态补偿政策评估与框架初探 [J]. 环境科学研究，2005（3）.

壤有机质提升补贴试点。①

（4）水资源保护政策。2008 年修订的《水污染防治法》第一次以法律的形式，对水环境生态保护补偿机制做出明确规定："国家通过财政转移支付等方式，建立健全对位于饮用水水源保护区区域和江河、湖泊、水库上游地区的水环境生态保护补偿机制"。②

三、正式确立并力图完善：2008 年至今

2008 年，我国正式提出要建立农业生态环境补偿制度，2008 年至今，国家层面和地方政府广泛开展农业生态环境补偿的实践并出台了一系列相关政策法规，力图建立健全农业生态环境补偿制度，并开始探索我国农业生态环境补偿制度由强制性向市场化发展的基本路线。

2008 年，党的第十七届中央委员会第三次全体会议通过《中共中央关于推进农村改革发展若干重大问题决定》（以下简称《决定》），该《决定》明确提出要"健全农业生态环境补偿制度，形成有利于保护耕地、水域、森林、草原、湿地等自然资源和物种资源的激励机制"。③ 该《决定》强调，健全农业生态环境补偿制度，必须坚持立足国内实现主要农产品基本供给的方针，处理好发展农业生产与保护农业生态环境的关系，在发展中保护，以保护促发展。从我国国情出发，建立稳定的补偿资金来源渠道，明确补偿环节、补偿主体、补偿标准和补偿办法，形成有效的激励机制。④ 这是中央政府第一次正式在文件中提出要建立农业生态环境补偿机制，对全国范围内开展农业生态环境补偿试点，制定并完善农业生态环

①　周颖，尹昌斌. 我国农业清洁生产补贴机制及激励政策研究［J］. 生态经济，2009（11）.
②　中华人民共和国水污染防治法［EB/OL］. 中华人民共和国中央人民政府网站 http：//www. gov. cn/flfg/2008 – 02/28/content_905050. htm，2008 – 2 – 28.
③　中共中央关于推进农村改革发展若干重大问题决定［EB/OL］. 中华人民共和国中央人民政府网站 http：//www. gov. cn/test/2008 – 10/31/content_1136796. htm，2008 – 10 – 31.
④　十七届三中全会决定解读：为什么要健全农业生态环境补偿制度？［EB/OL］. 新华网 http：//news. xinhuanet. com/newscenter/2008 – 11/22/content_10395156_1. htm，2008 – 11 – 22.

境补偿政策、规范农业生态环境补偿标准、探索农业生态环境补偿方式等，乃至为农业生态环境补偿立法起到了指导作用，标志着我国农业生态环境补偿制度建设和实践进入到新的历史阶段。

2010 年，农业部农村经济研究中心指出要"健全农业生态环境补偿制度，形成有利于保护自然资源和农业物种资源的激励机制"①。同年，农业部办公厅在《关于进一步加强重点流域农业面源污染防治工作的意见》中明确提出②：要构建农业生态环境补偿机制，参照发达国家的做法，将补贴与农民采取环境友好型农业技术措施挂钩，对采用配方施肥、化肥深施、施用有机肥等肥料合理使用技术，选用高效、低毒、低残留农药和生物农药的农户，以及对畜禽粪便进行资源化处理利用的养殖场进行适当补贴，鼓励农户采用清洁生产方式，从源头上控制农业面源污染的发生，③ 实现经济发展和环境保护协调发展。

2009 年，《生态补偿条例》起草工作正式启动④，这是生态补偿在法律体系上迈出了关键性的一步。2014 年 4 月，十二届全国人大常委会第八次会议表决通过了《环保法修订案》，新环保法已经于 2015 年 1 月 1 日施行。⑤ 新环境法明确了农业生态环境补偿的两个层次，即政府补偿和市场补偿，拉开了我国积极探索市场化生态补偿制度的序幕。

四、小结：制度变迁的阶段特征和基本路线

从 20 世纪 70 年代至今，农业生态环境补偿制度经历了三个阶段，分

---

① 农业部农村经济研究中心分析研究小组．"十二五"时期农业和农村发展挑战与选择 [EB/OL]．三农在线网站 http：//www. farmer. com. cn/szb/nmrb/3b/201011/t20101108_591729. htm，2010 - 11 - 8.

② 农业部办公厅关于进一步加强重点流域农业面源污染防治工作的意见 [EB/OL]．中华人民共和国农业部网站 http：//www. moa. gov. cn/govpublic/KJJYS/201006/t20100606_1534017. htm，2010 - 6 - 1.

③ 彭小丁．农业资源利用与环保协调中权力—利益博弈分析 [J]．求索，2012（6）.

④ 李立．补偿范围标准将明确 [N]．法制日报，2009 - 9 - 15.

⑤ 中华人民共和国环境保护法 [EB/OL]．新华网 http：//news. xinhuanet. com/politics/2014 - 04/25/c_126431703_3. htm，2014 - 4 - 25.

别为初步探索、逐步展开、正式确立并力图完善。农业生态环境补偿制度在产生、发展并逐步完善的过程中，制度变迁的阶段性特征较为明显，制度变迁的基本路线是从强制性到引导性，从单一的政府主导为主到政府主导和市场机制有效结合。

（1）初步探索阶段和逐步展开阶段。由国家强制制定的、通过财政转移支付和税费收取等形式的政府主导的外部经济投入是这一时期农业生态环境补偿的前提。

在农业生态环境补偿制度的初步探索和逐步展开阶段，即2008年中央政府第一次正式在文件中提出要建立农业生态环境补偿机制以前，其制度变迁的阶段特征和基本路线有三个层次：一是20世纪七八十年代，农业生态补偿主要是针对生态环境的破坏者，即企业或个人在开发利用农业资源的同时破坏了生态平衡，污染了环境，因此需缴纳一定的费用作为补偿。这些生态补偿行为基本上存在于各省（自治区）的实践中，国家层面尚未形成相关政策制度。二是20世纪90年代中后期，生态补偿的思路从向生态环境破坏者征收费用，转为向生态环境保护者和建设者给予补贴，即从消极补偿变为积极补偿。国家制定了相应的法律法规，规定了农业土地资源、水资源、动植物资源等资源有偿使用的形式，逐步将农业生态环境保护的有偿制度纳入法律之中。三是与20世纪90年代通过项目收取补偿费不同，2000年以后，我国实施农业生态补偿最主要的补偿途径是财政转移支付，并且转移支付的力度逐年加大。补偿的主要领域集中在测土配方施肥、退耕还林、农业清洁生产、水资源保护等方面。

这一时期，农业经济的增长、农业产出的增加在很大程度上依赖化肥、农药、农膜投入的增加，要减少农业生态环境污染，维护农业生态系统功能，单纯从减少污染物排放本身着手或仅针对个体收取相关税费，无法实现农业经济增长和农业生态环境保护两个目标，这时需要有外部的生态补偿资金投入。因此，在农业生态环境补偿的初期发展需要有坚实的经济基础，在经济基础薄弱的地方必须要有外部条件的改变与外界利益因素的介入，例如政府提供经济保障，农业生态环境补偿才能成为环境服务提供者的自发行为，这样才可能达到生态环境问题改善与农业增长相互协调的目的。[①] 可见，由国家强制制定的、通过财政转移支付和税费收取等形式的政府主导的外部经济投入是这一时期农业生态环境补偿的前提。

（2）正式确立并力图完善阶段。强化政府主导的财政转移支付，鼓励并支持通过协商或者按照市场规则进行补偿，政府主导和市场机制有效结合是这一时期农业生态环境补偿的特征。

自 2008 年我国正式提出要建立农业生态环境补偿制度以来，国家层面和地方政府对农业生态环境补偿制度开始全面、系统的研究。由于农业生态环境具有公共产品性质和外部性特征，以政府为主体进行生态环境补偿是必要的。但是单一依靠政府强制性地推进生态补偿，效果往往差强人意，其原因在于生态环境补偿的补偿方和被补偿方因复杂而难以界定、补偿多少如何补偿因诸多诉求而难以确定，简单化、强制性的政府管制手段和转移性支付方式，政策含义模糊，对于测土配方施肥、退耕还林、农业清洁生产、水资源保护等大的项目效果明显，但要形成稳定的长效的可持续的补偿机制就很难。况且农业生态环境补偿是非常庞大的系统工程，单就治理农业面源污染来看就需要持续投入巨额资金，单一的政府主导模式无法承担。近年来，国家层面和地方政府逐渐意识到市场机制在农业生态环境补偿中的作用，各地在农业生态环境补偿实践中开始引入市场机制，国家在出台相关文件中也强调了农业生态环境补偿中的政府和市场双重作用。

但是，在农业生态环境补偿中建立市场机制任务艰巨，还需要解决很多问题，例如环境产权不明晰、运作机制不成熟、认识不到位等。虽然生态环境属于生态资本，但长期以来在环境领域并没有明确提出产权的概念，环境产品的产权并未明晰，也就无法进行环境产权交易。产权是市场补偿的依据，产权不清，责任主体界定不明，生态补偿实施的效果会大打折扣，群众保护生态环境的积极性也会降低。因此，从制度的变迁过程和

---

① 甄鸣涛，王军. 河北省农业水资源生态补偿政策的阶段特征［J］. 江苏农业科技，2014 (7).

发展趋势来看，在新时期，建立健全农业生态环境补偿制度的基本路线是完善政府主导的补偿制度，建立市场作用的补偿机制，实现政府主导、市场推进的有效结合。

第四节　我国现有农业生态环境
补偿制度的绩效与问题

我国政府主导型的农业生态环境补偿制度能简单、直接、快速地推进生态补偿项目，减少制度成本，从实施至今取得了很好的效果。但是这种单一依靠政府主导的制度也存在很多问题。

一、我国现有农业生态环境补偿制度取得的成效

我国国家层面和地方政府制定的农业生态环境补偿政策，是以保护和恢复农业生态体统、减少农业环境污染为目的的经济激励政策和惩戒约束政策，从政策实施至今，取得了良好的生态效益、社会效益和经济效益。即使农业生态环境得到改善，又增强了农民的生态环保意识，同时促进了部分农村地区农业产业结构调整，在一定程度上增加了农民的收入。

（一）农业生态环境得到改善

自从国家实施大的生态补偿项目如退耕还林、退牧还草等之后，农业生态效益显著提升，农业生态系统得以恢复，水源涵养能力得到提高，防风固沙、遏制水土流失的效果明显。退耕、休耕等保护性耕作政策，让不适宜耕作的土地退出粮食种植，减轻了对农业资源的压力。

实施退耕还林项目至今，我国森林资源数量不断增长、质量不断提升、结构不断改善。目前，森林面积列世界第 5 位，森林蓄积列世界第 6 位，人工林面积居世界首位。森林在固碳、涵养水源、净化空气等方面的

生态功能得到提升。全国森林植被总生物量 170.02 亿吨，总碳储量达 84.27 亿吨；年涵养水源量 5807.09 亿立方米，年固土量 81.91 亿吨，年保肥量 4.30 亿吨，年吸收污染物量 0.38 亿吨，年滞尘量 58.45 亿吨。[①] 通过第七次全国森林资源清查主要结果（2004～2008 年）、第八次全国森林资源清查主要结果（2009～2013 年）的对比可以看出，我国实施退耕还林工程的成效明显，如表 3-4 所示。

表 3-4　　　　第七次、第八次全国森林资源清查结果比较

指标	项目	第八次全国森林资源清查结果（2009～2013 年）	第七次全国森林资源清查结果（2004～2008 年）	差值
森林资源总量指标	全国森林面积（亿公顷）	2.08	1.95	+0.13
	森林覆盖率（%）	21.63%	20.36%	+1.27
	活立木总蓄积（亿立方米）	164.33	149.13	+15.20
	森林蓄积（亿立方米）	151.37	137.21	+14.16
森林资源质量指标	森林每公顷蓄积量（立方米）	89.79	85.88	+3.91
	每公顷年均生长量（立方米）	4.23	3.95	+0.28
森林资源生态功能指标	总碳储量（亿吨）	84.27	78.11	+6.16
	每年涵养水源量（亿立方米）	5807.09	4947.66	+859.43
	每年固土量（亿吨）	81.91	70.35	+11.56
	每年保肥量（亿吨）	4.30	3.64	+0.66
	每年吸收污染物量（亿吨）	0.38	0.32	+0.06
	每年滞尘量（亿吨）	58.45	50.01	+8.44

资料来源：国家林业局. 第七次全国森林资源清查主要结果（2004～2008 年）；第八次全国森林资源清查主要结果（2009～2013 年）。

我国针对草原资源的生态补偿政策较多，多年来实施了退牧还草工

---

① 国家林业局. 第八次全国森林资源清查主要结果（2009～2013 年）[EB/OL]. 中国林业网 http://www.forestry.gov.cn/main/65/content - 659670. html, 2014 - 2 - 25.

程、风沙源草地治理工程、游牧民定居工程等，并安排草原生态保护补助奖励资金，用于实施草原生态保护补助奖励机制，对牧民实行草原禁牧补助、草畜平衡奖励、牧民生产资料补贴等政策措施。① 仅 2013 年，中央财政分别投入 20 亿元、4.25 亿元、19 亿元实施退牧还草工程、京津风沙源草地治理工程、游牧民定居工程，并安排草原生态保护补助奖励资金 159.46 亿元。目前，我国草原资源得到了较好的保护，草原的生产力也有大幅提升。2013 年，全国草原面积近 4 亿公顷，约占国土面积的 41.7%。② 通过一系列政策的实施，草原过度开垦和过度放牧有所遏制，草原的生态功能逐步恢复，草原生产力也在提高。

（二）农民环保和生态补偿的意识基本树立

建立农业生态环境补偿制度，以项目为依托，让农民以主人公的姿态参与到农业生态环境保护中来，能够增强农民的生态环保意识，提高其积极性和主观能动性。相对应的，农民自愿选择有利于维护农业生态系统的生产方式，农业生态环境补偿制度才能顺利实施并行之有效。根据生态补偿示范点实施效果和主观上的意愿问卷调查表来看，经过多年的宣传和项目实施，大部分农民群众已经树立了生态环保意识。

（1）从农业生态环境补偿示范点实施效果来看，农民环境保护意识基本树立。2009 年，在天津市宝坻区、安徽省桐城市、云南省大理州和江苏省苏州市四地建立了农业生态补偿示范点，③ 通过在示范点积极地落实农业生态环境补偿政策，逐步培养起农户生态环境保护意识，调动了农户参与项目的积极性。以苏州示范点为例，该示范点具体位于相城区望亭镇新埂村，该村有 93% 的村民愿意参加农业生态补偿项目。这些村民主

---

① 白永利. 民族地区矿产资源生态补偿法律问题研究 [D]. 中央民族大学博士学位论文，2011.

② 国家环保部. 2013 中国环境状况公报 [EB/OL]. 国家环保部 http：//jcs. mep. gov. cn/hj-zl/zkgb/2013zkgb/201406/t20140605_276534. htm，2014 - 6 - 5.

③ 陆晓华. 鼓励农业"环保"苏州的尝试很好 [N]. 苏州日报，2011 - 3 - 24.

动、积极地采用新的种养模式，调整种养结构，建立标准化农区氮磷拦截系统，取得了较好的综合效益，项目期间，该村农业生产节约了 50% 的水资源，对总氮和总磷的削减率最高可达 56% 和 59%①。

（2）从问卷调查来看，农民环境保护意识基本树立。2011 年，本课题组在西部地区和东部地区各选择一个地点，分别为四川省内江市隆昌县响石镇、浙江省杭州市萧山区浦阳镇，采用问卷调查法，对农民的环境保护意识进行了调查。问卷采取随机抽样的形式进行，两个地点分别发放问卷 200 份，共 400 份，收回有效问卷 372 份。根据问卷反馈的信息，重点分析农民对环保和生态补偿知识的掌握程度、对环保和生态补偿的积极程度，其结果如表 3-5、表 3-6 所示。

表 3-5　　　　调研对象对环保和生态补偿知识的掌握程度　　　单位：%

问卷问题	问卷问题备选答案	占比（浙江省杭州市萧山区浦阳镇）	占比（四川省内江市隆昌县响石镇）
（1）您认为使用农药对土壤或农作物是否产生不良影响	不会	1.3	5.2
	不知道	22.5	17.5
	可能会有一点影响	62.5	54
	有很大的影响	13.7	23.3
（2）您认为使用化肥是否会导致土地板结或肥力下降	不会	1.3	0.9
	不知道	28.8	12.5
	有一点，不严重	55	63.4
	非常严重	14.9	23.2
（3）您是否知道退耕还林（草）等农业补偿项目	不知道	0	0
	有一点了解	12	7
	知道	88	93
（4）您家的人畜粪便及污水采用哪种处理方式	随意堆排放	38.3	34
	入沼气池资源化	2	38
	制作有机肥	34	26
	其他	15.7	2

① 陆晓华. 鼓励农业"环保"苏州的尝试很好 ［N］. 苏州日报，2011-3-24.

续表

问卷问题	问卷问题 备选答案	占比 （浙江省杭州市 萧山区浦阳镇）	占比 （四川省内江市 隆昌县响石镇）
（5）您选择什么方式施农肥	大量施撒化肥	14.3	15.2
	农家肥和化肥混合使用	42	27
	施有机肥	32	35
	测土配方施肥	11.7	22.8
（6）您认为农用薄膜、塑料包装等是污染物吗	不是	19	27
	没听说过	8	25.7
	是	73	47.3
（7）您认为实施清洁生产、发展生态农业、提供绿色农产品是否必要	多此一举，没有必要	2	0
	不知道	1	8
	效果都差不多，无所谓	29	23
	直接影响健康，有必要	68	69
（8）您认为焚烧农作物秸秆会不会污染环境	不会	0	0.6
	不知道	7	0.2
	有一点影响	33	46.7
	严重污染	60	52.5
（9）您认为水土流失是生态环境问题吗	不知道	26	28.5
	是	29.5	19.2
	不是	44.5	52.3
（10）您认为保护生态环境能否获得经济收入	不会	37	23
	不知道	0.6	22.6
	有，仅仅是补贴、补助	56	46.9
	有，可以多渠道增收	6.4	7.5

资料来源：本课题组完成的 372 份调查问卷。

表3-6　　　　　　　调研对象对环保和生态补偿的积极程度　　　　　　　单位：%

问卷问题	问卷问题 备选答案	占比 （浙江省杭州市 萧山区浦阳镇）	占比 （四川省内江市 隆昌县响石镇）
（1）您是否愿意施用有机化肥	不愿意	15.8	37.8
	愿意	84.2	62.2

问卷问题	问卷问题 备选答案	占比 （浙江省杭州市 萧山区浦阳镇）	占比 （四川省内江市 隆昌县响石镇）
（2）您是否愿意为收集和处理垃圾付一定费用	不愿意	62	56
	愿意	38	44
（3）您是否愿意分类投放垃圾	不愿意	11.8	9
	愿意	88.2	91
（4）您是否意识到自己在农业生产中带来了环境污染	没有	73	77
	有一些污染	27	23
（5）您是否愿意参加农业生态环境补偿项目	不愿意	8.5	16
	愿意	91.5	84
（6）您是否担心以后生活的生态环境越来越差	不担心	11	21.3
	有点担心	36.5	31.7
	非常担心	52.5	47
（7）您是否认为环保是每个公民应尽的责任	不是	0	0
	是	100	100
（8）您是否在乎为后代留下一个好环境	不在乎	0	0
	有点在乎，不过没办法	7	4
	很在乎，提倡环保	93	96
（9）您购买商品时是否会关心商品是不是环保产品	从不关心	0	0
	偶尔关心	34	47
	尽量买环保产品	66	53
（10）您是否愿意为保护环境交环境税	不愿意	96	98.5
	愿意	4	1.5

资料来源：本课题组完成的 372 份调查问卷。

从表 3 - 5 可以看出，无论东部地区还是西部地区，农民都基本上了解掌握了一些农业生态环境保护的常识。相比较西部的调研地点四川响石镇，东部的调研地点浙江浦阳镇，其农业占三产的比例已经非常小，农地的数量也非常少，当地农民基本上已经无田可种，因此，东部农民在题目1（您认为使用农药对土壤或农作物是否产生不良影响）、题目2（您认为使用化肥是否会导致土地板结或肥力下降）等有关农业生产对生态环境影响的题目上不占优势。另外，从题目9（您认为水土流失是生态环境问题吗）搜集的信息来看，近50%左右的人不知道水土流失是生态环境问题。题目10（您认为保护生态环境能否获得经济收入）反映出不到10%的人认为通过保护生态环境可以增收，一半的人认为保护生态环境的收入就是一系列补贴和补助。

从表3-6中可以看出，农民群众对保护生态环境和实施生态补偿有一定的积极性，这是推广农业生态环境补偿的必要条件。但是，题目2（您是否愿意为收集和处理垃圾付一定费用）、题目10（您是否愿意为保护环境交环境税）的答案信息显示，如果要为保护生态环境和实施生态补偿交付费用，群众一般都不愿意。

（三）受补偿地区农民收入有所增加

农业生态环境补偿制度能够得以执行并长期坚持，在项目实施中通过多种补偿方式切实保障农民生存和发展利益是基本原则，而经济补偿通常是最主要的补偿方式。

以退耕还林政策为例，退耕还林以后农民建立起生态保护的意识，把植树造林作为农业生产活动的一部分，在保护生态环境的同时获得经济收入。退耕还林可以从三个方面增加农民收入：一是退耕还林补助的发放，这是最直接的增收途径；二是因退耕还林带来农业产业结构调整，发展替代产业、延伸产业而增加的收入；三是因退耕还林产生剩余劳动力输出而增加的收入。其中，退耕还林补助带来的增收是直接的、短期的、不可持续的收益，后两项是间接的、长期的、可持续的收益。要调动农民积极性，保障退耕还林工程取得稳定持续的成效，后两种增收途径是关键。

专栏 3 - 1　四川省成都市拓展退耕还林增收途径

作为首批纳入国家退耕还林试点工程的城市，四川省成都市大力发展后续产业让退耕林农靠林吃林，拓展退耕还林工程带来的增收途径，助农增收效益显著。

数据显示，截至 2012 年 11 月底，成都市累计完成退耕还林抚育管护 138.27 万亩，退耕还林毁损灾后重建及补植补造 3.67 万亩，国有林场灾后重建产业扶持 14 个次，林下生态养殖 98.4 万只，农户技能培训 21.9 万人次，低产低效林改造及丰产措施 6.33 万亩，林下种植、珍稀林基地、生态旅游、产业基地、混交模式推广等基地建设 4.77 万亩。

通过将近 5 年的发展，成都市退耕还林工程成果巩固显著，让林农生活得改善的效益持续显现：

在双流县，2008 年至今，双流县共在合江镇、黄龙溪镇、正兴镇、煎茶镇、三星镇培育发展了六个专业养殖合作社、一个龙头企业，并发展带动当地较大数量的退耕还林养殖户，到目前为止累计完成林下生态鸡养殖 200 余万只，实现销售收入 13000 万余元，纯利润 4000 万元以上，发展带动退耕还林养殖户 2000 余户[1]。

在崇州市，因地制宜的在退耕林地上种植三木药材，以鸡冠山乡琉璃村为例，截至 2012 年 11 月，现在全村已发展林下种植中药材 4500 余亩，其中：黄连 3100 亩，农户每亩年收入 0.4 万元；川芎 820 亩，农户每亩年收入 1.4 万元；重楼 530 亩，农户每亩年收入 1.2 万元；泥彬子 50 亩，农户每亩年收入 0.7 万元。

在蒲江县，建设了 10 多万亩的生态茶园，并结合退耕还林市级配套

---

[1] 余书婷，李凌翌. 我市退耕还林工程成效显著，生态 + 经济效益实现双丰收［N］. 成都日报，2013 - 12 - 18.

建设项目，因地制宜地创新了"茶林混植"林业经济发展模式，不仅提升了茶叶品质，同时，还推动了乡村旅游的大力发展，促进了第一、第三产业良性互动。截至 2012 年年底，全县"茶林混植"面积达 4 万亩，"茶桂混植"、"茶樱混植"、"茶银混植"的景象处处呈现，今后，农户每年收益在 1000 元/亩以上。

资料来源：林农富起来，成都巩固退耕还林成果见成效 [N]. 成都日报，2012 - 12 - 11.

除了退耕还林以外，我国其他农业生态补偿政策也能够促进农民增加收入。经过多年的推广，保护性耕作补贴、测土配方施肥技术推广补贴、农村沼气建设补贴、农村水土保持补贴、农业科技推广补贴等政策，改变了不合理的农业生产方式，有效提高了农民种田效益，促进了农业产业结构调整，提高了农民收入。

二、我国现有农业生态环境补偿制度存在的问题

经过多年努力，我国在农业生态环境补偿制度方面取得了明显成效，但是由于农业生态环境补偿制度属于形成初期，很多方面还在探索实践中不断完善，无论是制度内容、政策体系还是制定、执行、监督、保障等各个环节都存在诸多问题。随着农业经济的发展，城镇化的快速推进，农业污染持续恶化、农民与其他群体之间的生态利益矛盾日益激化，农业生态环境补偿面临巨大考验，制度上的缺陷和不足更为明显。

（一）制度制定层面存在的问题

1. 缺乏强制性和可操作性

我国农业生态环境补偿虽然推行了多年，退耕还林等财政转移支付或赋税减免政策也取得了很好的效果，但政策的供给与实际需要相差很大，相关政策在实践中缺乏强制性和可操作性。在现有农业生态环境补偿政策

中，由于结构性政策缺位明显，法律法规体系相对薄弱，部分法规条例已经难以适应新形势的变化和经济发展的需要，整个制度中缺少能够有效调整利益主体分配关系、达到激励保护行为的补偿制度设计，并且主体的利益分配及责任分担机制不明晰，缺乏明确权、责、利的制度设计①。更多的时候，中央层面制定的农业生态补偿制度只表现为泛泛的概况性的政策规定，有关农业生态补偿的内容散见于不同的政策性文件中，既没有专门的法律，也没有相应配套的具体规定和措施；而地方层面，对农业生态环境补偿的实践要先于制度的出台，绝大部分省份没有建立地方性农业生态补偿制度，经济发达的个别省份生态补偿项目做得比较好因此出台了一些补偿原则，但是缺少具体实施方案。没有完整、系统、科学的政策体系做支撑，农业生态补偿制度无法操作更无法落实，从上到下体现出的仅仅是一种政策宣示。

农业生态补偿项目宣传环节信息不到位，制度实施过程缺少公众参与，制度本身不完善而不能很好地指导实践，导致社会群众对农业生态环境补偿制度存在认识上的偏差，把农业生态环境补偿理解成一种补助、补贴，甚至是一种福利或者恩赐，可有可无、可多可少，可给可不给，随意性较大，② 从而引发了权力寻租和腐败行为等诸多问题，也使得各种矛盾和纠纷频发，更加难以调动农民的积极性③。

2. 制度体系不完善

目前，我国有了农业生态环境补偿相关政策，但并未形成系统连贯的体系，很多重要环节缺少政策或者政策不完善，导致具体实施中普遍存在补偿范围较窄、补偿范围界定不清且随意性大、补偿方式单一等问题。

现行的农业生态环境补偿范围较窄，主要通过限制农民生产方式而给

---

① 刘尊梅. 我国农业生态补偿政策的框架构建及运行路径研究 [J]. 生态经济, 2014 (5).
② 董红. 我国农业生态补偿制度探析 [J]. 西北农林科技大学学报（社会科学版）. 2014 (1).
③ 王清军. 论农业生态补偿法律制度 [J]. 中国地质大学学报, 2008 (11).

予农民较小范围的补偿，这完全不能对农民形成激励作用，无法让农民自愿加入农业生态环境补偿项目中来。例如，目前的财政转移补偿基本上都集中在退耕还林项目，以及农业废弃物的综合利用和回收利用项目[①]，而不包括生态农业、绿色农业、循环农业、低碳农业等环境友好型农业培育和发展，生态农产品品牌创建等方面。又如，实践中虽已开展了农村沼气工程、植物保护工程、测土配方施肥等项目，但都没有纳入农业生态环境补偿框架中来，没有政策体系作为支撑，也没有明确的绩效指标对其考核，项目实施流于形式，随意性很大。再如，我国开始出台政策鼓励农民减少施用化肥、农药，增施有机肥，但仅限于试点探索，由点及面地推广还没有展开。农业生态环境补偿制度要经历建立、发展到逐步完善的过程，农业生态环境补偿的范围也将会一个不断调整的动态过程，如果没有在制度上给其他有利于农业生态环境保护的事项进行补偿预留空间[②]，那么补偿制度的制定就会脱离实际需要，政策效果也会大打折扣。

在补偿范围较窄的现实不利背景下，补偿范围还存在界定不清且随意性大的问题。以退耕还林项目为例，很多地方实施该项目完全带有盲目性、随意性，偏离了开展生态补偿的初衷。退耕还林的补贴对农民的收入有所提高，不少农民为了获取更多补贴，盲目扩大退耕范围，甚至占用基本农田。退耕还林项目虽然在全国范围内推广，但主要实施地区在西部，退耕面积要多大没有明确的指标。西部地区退耕还林涉及区域范围大，农民在退耕后损失了部分生产资料，仍然要在原来的土地上进行生产、生活，单纯地从粮款进行补偿，无法从根本上保证当地经济发展的可持续性，农民参与农业生态环境保护的积极性不高[③]。

现有制度体系下，补偿方式单一也是突出的问题，已实施的补偿项目

---

① 陈叶兰. 论我国农业生态补偿立法的困境 [J]. 求索，2010 (10).

② 董红. 我国农业生态补偿制度探析 [J]. 西北农林科技大学学报（社会科学版）. 2014 (1).

③ 刘尊梅. 中国农业生态补偿机制路径选择与制度保障研究 [M]. 北京：中国农业出版社，2012.

其补偿资金来源几乎全部依靠财政资金。这种补偿方式重政府补偿而轻市场补偿，重行政性纵向补偿而轻区域间横向补偿，重经济补偿而轻技术补偿、智力补偿、发展权补偿，重总量补偿而轻结构性补偿①。单一地主要依靠政府投入的资金补偿，虽然比较直接且见效快，但它属于一次性的、总量性的输血补偿，只是治表之策，不能从根本上解决农业生态环境问题。

3. 补偿标准不科学

生态补偿的核心是补偿方对受偿方进行不同形式的补偿，因此补偿标准是其中的关键要素。农业生态环境补偿涉及大多数群众享受生态效益的福利，同时又关联着农业生态保护者农民群众生存发展的基本权益，补偿标准的设定非常困难。我国在农业生态环境补偿标准设定上存在很多不足，集中表现为：补偿标准设定过程缺少农业生态保护者参与，没能更好地反映受偿主体的利益诉求，农民参与项目的认同感不强；同一类项目在不同地区进行，各个地区在经济发展、农业基础、市场供求等方面差异很大，补偿标准却是一样，"一刀切"的原则缺少科学性、有效性。确定补偿标准的过程缺乏充分有效的调查和研究，缺乏科学的论证和计算，行政色彩浓厚，补偿标准僵化。制定补偿标准最大的问题是忽略不同地区自然条件和经济条件的空间差异性，没有做到因地制宜，灵活调整，"过补偿"现象和"低补偿"现象同时存在。

由于环境产权尚未建立起来，生态环境的价值被严重低估，生态补偿的标准明显偏低。各地的农业生态补偿项目都反映出一些共同的问题，其中最突出的是补偿标准低、项目增收途径少而无法满足农业生态保护者生存和发展需要。农民参与补偿项目，往往要改变以往的生产方式，减少一些农作物种植规模，甚至放弃原有种植项目，这对原本就贫困的农民而言冲击比较大，现有补偿经费远远不能弥补他们因为保护环境而让渡的经济

---

① 刘洁. 健全农业生态环境补偿制度初探［J］. 辽宁工程技术大学学报（社会科学版），2009（7）.

利益和发展权益。同时，政府补偿以经济价值而非生态价值为补偿标准，并未考虑农民的机会成本和发展成本的损失。例如，陕西康旬阳县农民退耕还林补偿费为 210 元，而其他在 25°的坡地上种植烟叶年收益可达到 1000 元左右，经济收益相差近 5 倍。① 补偿标准过低严重影响了农民保护生态环境的积极性，导致农民为了解决生存问题再次破坏生态环境。

4. 补偿资金来源单一且投入效率不高

农业生态环境补偿制度的运行需要大量的资金予以保障，在现实中农业生态补偿资金严重不足，来源单一，投入效率低下，形势不容乐观。由于我国市场机制还不成熟，市场融资机制和社会融资机制尚未建立，目前农业生态环境补偿资金基本上来源于政府，退耕还林补偿依靠财政转移支付，保护性耕作、测土配方、沼气建设及农业污染治理等也依靠财政投入。政府公共财政要兼顾经济、文化、社会、生态等各个方面和领域，覆盖面广，财政压力大，农业生态环境补偿资金只由中央政府和地方政府共同承担，能在短期内保障农业生态保护者的利益，但是长期下去给公共财政带来巨大压力。② 为解决农业生态环境补偿资金的缺口，实现补偿资金的持续投入，必须拓宽补偿资金的来源渠道。

除了补偿资金来源渠道单一，资金投入效率也存在问题。我国农业生态补偿资金的运作程序不规范、监督约束机制缺位，而且中央、地方政府、主管部门及经营者之间的法律关系及法律责任不明确，财权与事权划分不清，③ 导致补偿资金在使用过程中出现资金浪费、挤占挪用、层层转贷等现象。比如退耕以后进行植树造林，很多地方出现了不计质量随意栽种、"管种不管活"、"年年造林不见林"这种弄虚作假的行为，既没有产

① 王国敏. 西部农村生态环境重建的补偿机制研究 [J]. 四川大学学报（哲学社会科学版），2007（5）.

② 董红. 我国农业生态补偿制度探析 [J]. 西北农林科技大学学报（社会科学版）. 2014（1）.

③ 徐正春，王权典. 我国生态公益林补偿的法律制度构造及实施机制创新——兼析广东省相关政策与立法实践 [J]. 北京林业大学学报（社会科学版），2004（12）.

生很多生态效益，又造成了补偿资金大量浪费。又如我国在各地推广沼气建设时，由于缺乏有效程序和规章制度加以约束，很多地方出现先拿补贴再建沼气的现象，这种事前补贴导致农户"等、靠、要补贴"的无效率状态。

（二）制度执行层面存在的问题

1. 利益相关者参与度不高

生态补偿的实质是协调补偿方和受偿方之间的利益关系，由于涉及众多的利益相关者，协调起来难度很大，需要搭建平台和渠道，让利益相关者参与到实施过程中来，便于政策制定者及时获取充分信息。目前，虽然不少地区已经在进行农业生态环境补偿市场机制的探索，但政府主导型补偿是补偿的中坚力量，推动补偿工作全面开展。也正因为如此，政策制定遵循自上而下原则，缺少农业保护者参与，更缺少平等协商、谈判的有效机制。由于现行政策更多地体现政府意志，不能真实反映出利益相关者的真实诉求，而且补偿内容、方式、标准等的设定以及补偿过程的监督都缺少利益相关者的参与，因此，社会公众对农业生态环境补偿的认同感和接受度不高，大多不会积极主动地参与到补偿项目中来。

退耕还林项目中79%的农民没有被征求项目实施方案的意见，退耕样本户中绝大多数农户在确定退耕还林地块、退耕面积、退耕地种植植被的种类等方面没有选择权①，66%的农民表示如果没有政府动员工作，不会主动参与退耕项目。监督是补偿项目正常运行、补偿制度绩效评价必不可少的环节。农民作为农业生产主体，既是农业生态补偿的直接受益者，也应是农业生态补偿最有力的监督主体，但在具体实践中，我国农民基本上没有参与农业生态环境补偿的监督工作。

----

① 徐晋涛，陶然，徐志刚. 退耕还林：成本有效性、结构调整效应与经济可持续性——基于西部三省农户调查的实证分析 [J]. 经济学（季刊），2004（10）.

2. 政策执行监管力度不够

现阶段我国农业生态环境补偿没有较为全面和适用的立法依据，也没有建立起统一、规范的监管体系，导致生态环境补偿多重监管且力度不够。目前，农业生态环境补偿的实施在审批程序、监督管理等方面相对较混乱，涉及农业、林业、发改、国土资源、财政等众多部门。例如，土地损失补偿费、造林和育林优惠贷款等由各个产业部门收取、管制；排污收费、排污权交易由环保部门管理；农业的各项补贴由各级民政部门管理和发放；土地使用权、资源税等其他有益于环境的财税制度由综合管理部门执行。① 生态环境监督和管理涉及多个部门，责任边界不清晰，职能交叉、权责脱节、政出多门、推诿扯皮等问题始终存在，使得政府对农业生态环境补偿的监管职能不到位，补偿项目的实施效果不理想，补偿得不到有效落实，相关利益人的权益得不到有效保护。

3. 政策绩效评估体系缺失

政策执行的监管与评估是完善政策体系、纠正政策执行中的偏差的必要条件。一方面，农业生态环境补偿制度还很不完善，制度在实施过程中产生的效应和存在的问题需要有一个评估体系来客观反映，发挥信息反馈的作用；另一方面，不管补偿制度完善与否，在执行过程中都会或多或少地出现一定程度的偏差，通过定期进行评估，可以及时纠正政策执行过程中的偏差。偏差产生的原因是多方面的，例如生态补偿利益相关者的认识水平、价值取向、所代表的利益和偏好等，经常让补偿政策在实施过程中被误解、被曲解、被滥用、被消极抵制。② 退耕还林补偿项目中出现的"管种不管活"、"年年造林不见林"现象，沼气补贴项目中出现的"先争

---

① 刘淑娜. 我国农业生态环境补偿制度的法律思考 [J]. 商品与质量，2010 (3).

② 范国睿，孙翠香. 教育政策执行监测与评估体系的构建 [EB/OL]. 四川省教育科学研究所网站 http://www.scjks.net/Article/jczx/yjbl/201304/9617.html，2013-4-2.

取补贴，再建造沼气"现象就是很好的证明。农业生态环境补偿制度中缺少政策绩效评估体系，使得政策实施往往停留在表面效果，真实情况无法体现，既降低了补偿的实际效用，又失去了政策改进的重要依据。

（三）制度保障层面存在的问题

制度制定出来以后，需要相应的配套措施、保障措施，我国农业生态环境补偿制度初步确立，补偿制度本身不完善，相关保障措施也不完善。

1. 法律保障不完善

农业生态环境补偿的法律依据繁乱混杂，缺乏权威性的法律法规作为保障，这是目前农业生态环境补偿制度建设中最突出的问题，严重制约了我国农业生态环境补偿的发展。现有的农业生态补偿立法滞后，法律、法规比较零散，适用性较差，一般是由单个部门以生态保护责任为目的进行相应的政策设计，然后政府以相关法律法规的形式把这些部门性的政策加以固定化。

2. 财政保障不完善

支持农业生态环境补偿的公共财政制度存在重大缺陷，财政补贴等财政政策不够完善，缺乏大量的稳定的有"造血"性质的财政投入。我国农业生态环境补偿的资金来源渠道单一，财政转移支付、财政专项资金等财政投入是补偿资金最主要的来源，现实中补偿资金需求量巨大，财政投入远远无法满足其需求。有些地方的农业财政补贴采取暗补的间接补贴方式，这种财政补贴没有使农民成为直接受益者，财政资金的使用效率低下。

3. 技术保障不完善

科学技术对农业生态环境补偿项目有保障、支撑和促进作用，例如目前最常用的退耕还林后林下套种、化肥的科学使用、农药的科学使用、畜禽养殖废弃物处理、农作物秸秆合理利用等技术，在补偿项目实施过程中必不可少。国外的农业生态环境补偿发展较早，基本上已经有了成熟的技术体系，而我国这方面的技术还处于初步发展阶段，生态环保设备和技术90%水平落后发达国家20年，技术开发、改造和推广的力度还需要不断加大。另外，农业生态环境补偿的量化也需要技术支持，因为生态补偿数额的确定应以生态破坏造成的损失量和生态建设或恢复的效益量为标准，而这种量化技术和货币化技术我国还没有充分开发建立，技术保障不足制约了农业生态环境补偿项目的顺利实施。

第五节　从现实反思到制度反思后的结论

随着农业经济发展，农业生态环境污染情况也在加剧，虽然政府对农业生态环境保护和污染治理的力度不断加大，对补偿项目的投入也在逐年增加，但实际上资金投入效率并不高，项目的可持续性也不强，农民自愿参加补偿项目的积极性没有被调动起来，对现有农业生态环境补偿制度的反思是完善该制度必不可少的环节。在我国农业生态环境补偿的制度变迁中，补偿制度从无到有，目前已初步确立了政府主导的补偿制度，各地方在具体实践中，出现了不少市场补偿的探索和尝试。从现有的政府主导补偿制度来看，制度本身在制定、执行和保障方面存在诸多问题，在现有制度框架下，引入市场机制进行补偿，是完善农业生态环境补偿制度的方向和趋势。

一、补偿制度的目标实现需要重新审视农业生态环境多重功能

制定农业生态环境补偿制度的目的，是通过实施一系列政策措施，对破坏农业生态系统的主体给予惩戒、对维护农业生态环境而损害了自身利益的主体给予补偿，鼓励农民更多地开展维护农业生态环境的活动，从而

实现农业生态环境保护和农业可持续发展。可见，制定并实施农业生态环境补偿制度的最终目标是维护农业生态系统和实现农业可持续发展，虽然生态环境补偿被大多数人认为是环境保护领域的命题，但它不仅仅是属于环境保护领域，也属于经济发展领域，是环境经济学的一个重要内容。只一味地对农民给予补贴，为了环保而环保，是无法实现保护农业生态环境这一目标的，必须在投入补贴的同时，赋予农民发展的权利和机会，把农民的发展和农业生态环境生产功能、生态功能结合起来，变"输血式补偿"为"造血式补偿"，才是真正有效的、长期性的、稳定性的补偿，才能真正调动农民的积极性。

反思现有的农业生态环境补偿制度和各地的实践探索，几乎都是为了环保而环保，无论退耕还林（还草）项目、保护性耕作项目还是测土配方施肥、农业清洁生产等，所有的措施都是在充分重视农业生态环境生态功能的背景下推进的，完全忽视了农业生态环境还具有生产功能，更加忽略了把农民的发展和农业生态环境生产功能、生态功能相结合。补偿的思路出现偏差，是我国投入了大量财政资金，农民却兴趣缺乏，实施效果差强人意，试图建立却始终无法建立起长效补偿机制的根本原因。农业生态环境具有生态功能和生产功能，二者的关系相辅相成，要保护农业生态系统，让其更好地发挥生态功能，就必须在保护生态环境过程中科学合理地开发其生产功能，既增加了农业产出，取得了生态效益，又增加了农民收入，使农民获得了发展的权利和机会。

二、政府主导型补偿机制的自身制度缺陷需要市场机制来弥补

在法律、财政、技术等保障体系尚不完善的条件下，政府主导型农业生态环境补偿机制可以减少制度成本，通过简单直接、强制性的管制手段，减少讨价还价和搭便车行为，快速地推进补偿项目并在短期内获得效果。但是我国的政府主导型农业生态环境补偿机制处于确立的初期阶段，制度本身存在缺陷，在制度制定层面缺乏强制性和可操作性、制度体系不

完善、补偿标准不科学、补偿资金来源单一且投入效率不高，在制度执行层面利益相关者参与度不高、政策执行监管力度不够、政策绩效评估体系缺失，在制度保障层面法律、财政、技术等保障体系不完善，这些制度缺陷导致我国农业生态补偿实施过程中存在着大量低效率的行为，这也是我国环境保护和污染治理投入逐年增加而效率不高的原因之一。因此，有必要在政府主导型农业生态环境补偿机制中引入市场机制，通过市场调节促进生态服务的外部性内部化，弥补政府主导型机制的不足。

三、农业生态环境补偿制度的制度属性需要政府和市场有效结合

农业生态环境补偿的实质是建立利益相关者之间的利益分配和协调关系，通过这种稳定的关系来促进农业生态环境保护。其制度的属性是一种稳定的可持续性的利益联结。而政府主导型农业生态环境补偿制度基本上是资金补偿，这是一种具有较强输血功能的补偿方式，只能治表，不能从根本上解决农业生态环境问题[①]。农业生态环境补偿制度的制度属性需要的补偿机制是连续性的、造血式的，仅仅依靠资金补偿无法实现，必须有技术补偿、智力补偿、发展权补偿、产业扶持和生产方式转换。从短期看，农民能否获得收益是农业生态补偿成败的关键，但从长期看，须要以农民的收入水平和途径产生根本性的转变为条件。这一过程只有政府的力量是完全不够的。例如，我国退耕还林（还草）工程的补偿期限是 5 ~ 8 年，到期后不再给予补助。在项目补偿期间，如果受偿地区没有很好地发展接续替代产业，培育起市场补偿机制，又没有凭借补偿项目拓展农民增收途径，那么项目期满以后，农民迫于生存和发展的需要，势必重新采用以往的生产模式，又会对农业生态环境造成新一轮的破坏和污染，之前取得的生态成果都付之东流。这其中，政府可以扶持、培育替代产业，但是

---

① 董红. 我国农业生态补偿制度探析［J］. 西北农林科技大学学报（社会科学版），2014（1）.

产业发展、结构优化、产业链延伸等却属于市场行为。因此，农业生态环境补偿制度的制度属性所需要补偿机制，是政府主导型补偿机制和市场补偿机制有效结合，让补偿由"短期"变"长期"、由"输血"变"造血"、由"被动"变"主动"。

第四章

功能再定位、发展要求与
补偿制度的健全

　　农业生态环境功能的双重属性决定了不同的补偿机制，作为生态公共品，应形成以政府为主、多方利益主体参与的补偿机制；作为农产品的投入要素之一，应形成环境成本内部化的市场价格补偿机制。农业生态环境补偿制度的实质是通过政府和市场，建立利益相关者之间的利益分配和协调关系，通过这种稳定的关系来促进农业生态环境保护。

　　在中国特色农业现代化道路下，农业生态环境保护必须与农业发展、农民增收有机统筹起来，这就要求进一步健全农业生态环境补偿制度，动员市场供求主体、政府、民间组织等多方利益主体，构建农业生态环境的市场补偿机制，优化政府主导型补偿机制，最终形成多方主体参与，政府市场互补，市场供求、农民增收与生态保护相协调的农业生态环境补偿机制与政策体系。

第一节　农业生态环境的双重功能：
生产功能与生态功能

　　从功能观出发，农业生态环境功能具有双重属性，农业生态环境既有生态功能、又有生产功能，既是公共品、又是农业的基本生产条件。农业生态环境的生产功能和生态功能对立统一，相关利益主体之间存在不同的利益诉求，只有通过农业生态环境补偿这种方式，才能统筹生产功能和生态功能，才能有效地协调相关主体的利益关系。

一、农业生态环境双重功能的内涵

农业生态环境的各种组成要素，包括气候、水体、土壤、地形、生物等自然要素和人为的社会环境要素等，都是农业生产活动顺利开展的物质基础，是可持续农业发展的保证。农业生态环境的功能，也可以称为农业生态系统的服务功能，主要体现在生产功能和生态功能两个方面。

（一）农业生态环境的生产功能

农业生态环境具有为人类生存发展提供食品和工业原料的生产功能，这是农业生态环境的首要功能。农业生态系统利用太阳能和人工辅助能等，将二氧化碳（CO_2）、水（H_2O）等众多无机物转化为有机物，构成了人类生产生活所必需的物质基础。农业生态系统为人类提供了数量巨大、种类繁多的生活资料和生产资料，主要分为三类：一是人类生存所需的生活资料。农业生态系统提供衣、食、住、行等各方面的大部分生活资料，如各种食物（粮食、水果、蔬菜、肉类）、木材、纤维等。二是工业加工原料。农业生态系统为工业化和城镇化提供了工业所使用的大部分原料，如药材、纺织、皮革、橡胶、酿酒、饲料、油脂、乳品等[1]。三是生物质能源、生物质材料。发展生物质能源，如从麻疯树中提炼生物柴油，能够替代部分化石能源，是转化增值初级农产品、缓解能源危机的新途径。据估计全世界每年约有45%的生物质能源来自于农业生态系统，发展中国家由于技术、资金等条件约束，这一比例不到20%。

---

① 罗其友，高明杰，陶陶. 农业功能统筹战略问题 [J]. 中国农业资源与区划，2003（12）.

农业生态系统生产的产品除了数量大、种类多以外，还要追求产品的质量。从我国农业发展的现状来看，农业生态环境恶化、粮食安全已达警戒线、农业生产体系不适应农产品质量安全的需求增长等问题已危及我国农业安全。同时，随着食品安全问题和环境污染问题的日益严重，国际市场对农产品质量要求越来越高。绿色壁垒形成的倒逼机制，促使各国严格控制农业生产、加工、销售等各个环节的环保指标，以提高农产品国际市场占有率，提升区域国际竞争力。[1] 我国目前的很多农业生态环境补偿项目，都是为了建立起资源节约、环境友好的农业生产体系，通过推广节能减排技术、发展生物质能源等手段改善农业生态环境[2]。

现代农业的发展和群众需求的提高，赋予了农业生态环境的生产功能更丰富的内涵，除了保证粮食安全、生产质量安全的农产品、提供工业原料以外，还包括结合休闲旅游业衍生出来的农业生态旅游产品、结合科技教育产业衍生出来的农业科教项目等。现在各个地区积极发展的观光旅游农业、体验农业、农业科技示范园等，就是利用农业与旅游业等其他产业结合，拓展了农业生态环境的生产功能。但是要注意，无论如何拓展，提供生活资料和生产资料的生产功能是农业生态环境最基本、最本质的功能，绝不能舍本逐末，发展去生产化的农业。

（二）农业生态环境的生态功能

农业生态环境不仅具有为人类生存发展提供生活资料和生产资料的生产功能，而且具有保护自然、稳定生态、实现人与自然和谐相处的生态功能。[3] 农业生态环境的生态功能主要体现在气候调节、净化空气、水土保持、蓄水防洪、生态涵养、维持生物多样性等方面。

以气候调节为例，农业生产活动对全球气候变化产生重大影响。一方

---

① 李晓燕，王彬彬. 四川发展低碳农业的必然性和途径 [J]. 西南民族大学学报（人文社科版），2010（1）.

② 李晓燕. 低碳转型，做强四川农业 [J]. 四川党的建设（城市版），2010（6）.

③ 王清军. 论农业生态补偿法律制度 [J]. 中国地质大学学报（社会科学版），2008（11）.

面，农业以动植物为主要劳动对象，毁林开荒、毁草开垦、发展养殖业和畜牧业等都会破坏森林和草场，造成植物通过光合作用吸收二氧化碳的数量减少，被毁坏林木通过燃烧或腐解而释放到大气中的二氧化碳数量增加[①]；另一方面，农业以土地为基本生产资料，土地排放的二氧化碳量仅次于化石燃料的燃烧，占人类活动向大气排放二氧化碳总量的1/5。改善全球气候条件是农业生态环境最核心的生态功能。[②]

水土保持是农业生态环境最基本的生态功能。农业生态系统一般通过两个途径达到水土保持的功效。一是农业生态系统中森林、草原等植被的根系可以固定土壤和吸收水分，具有水土保持的作用。据统计，全球每年总降水量约1.19×10^{13}立方米，其中56%被土壤吸收，一部分被地表植物吸收，一部分转化为地下水，剩下的44%形成径流。如果农业生态环境遭受破坏，植被消失，裸地增加，那么土壤对水分的吸收能力大大降低。1968年Bormalm Fetal在New Hampshere的径流研究发现，裸地比一般植被地的平均径流增加40%，并且森林砍伐后的4个月地表径流比砍伐前增加5倍[③]。水土流失对于流域地区的危害无法估量，很多中上游地区由于植被及湖泊减少、水源涵养能力下降、水土流失加剧，致使洪涝灾害不断，这也是造成1998年我国长江流域特大洪水的根本原因。二是农业生态系统在作物耕作过程中能增加土壤中的有机质，保持地下水位的稳定，增加土壤容量，减少土壤流失。如果农田耕作方式不当或者被弃耕，地下水位就会下降，导致农田滑坡，地表干裂，土壤退化，形成荒漠。[④] 因此，我国农业生态环境补偿制度中专门制定了蓄水保土耕作措施，比如草田轮作、间作套种与混种等以增加植物被覆为主的耕作措施，深耕、少耕和免耕等改善土壤物理性状的耕作措施。

---

① 马友华. 低碳经济的推手：农业生产的可持续发展 [J]. 绿色视野，2008 (6).

② 李晓燕，王彬彬. 低碳农业：应对气候变化下的农业发展之路 [J]. 农村经济，2010 (3).

③ 李国洋. 农业生态功能价值及其应用研究 [D]. 贵州大学硕士学位论文，2009.

④ 刘向华. 我国农业生态系统核心服务功能体系构建 [J]. 当代经济管理，2010 (12).

又如生态涵养，农业生态环境的生态涵养功能主要体现在治理农业污染、改善农业生态环境、保护自然生态资源等方面。湿地有很强的固碳功能，并且能净化水源，减少污染，而且其本身也是一种生态景观。配合农业生产发展湿地，是农业生态系统涵养生态的主要手段。对于农业生产、农村生活所产生的污水，可以在农田附近污水集中的地方种植良性的水生植物，建立小型自然湿地，在村镇污水汇集处，根据地形特征，因地制宜地选择合适的水生植物建立中型生态湿地，既减少面源污染又能保护水资源。[①]

二、农业生态环境双重功能的冲突与协调

农业生态环境的生产功能和生态功能之间相互制约、相互促进，存在着紧密的对立统一关系，农业生态环境补偿制度从制定、执行到调整、完善整个过程所体现出的整体效益，其实是双重功能博弈的结果。

（一）双重功能冲突与协调的具体表现

农业生态环境生产功能和生态功能的冲突与协调关系，与经济增长、环境保护之间客观存在的"环发矛盾"本质上一样，在一定的资源环境条件下，生产功能与生态功能此消彼长，片面强调某一功能可能会抑制或制约其他功能的发挥[②]。过分强调生产功能会错误引导农户只顾增产增量而忽视环境问题，使得污染废弃物增加，环境污染和生态破坏加剧，农业生态环境的生态功能被弱化；但是，一味地追求生态功能会打击农户开展农业生产活动的积极性，增加农业经济系统的各种费用支出，从而在一定

---

① 李晓燕，王彬彬．四川发展低碳农业的必然性和途径 ［J］．西南民族大学学报（人文社科版），2010（1）．
② 朱俊林．基于空间统计的湖北省农业功能分析与分区研究 ［D］．华中农业大学博士学位论文，2011．

程度上制约农业经济的发展,[①] 降低农业生态环境的生产功能。农业生态环境生产功能和生态功能的冲突与协调需要以补偿的方式进行统筹才能得到统一，健康的农业生态系统是生产功能与生态功能和谐并存的统一体。

1. 双重功能相互冲突的表现

具体来说，农业生态环境生产功能和生态功能的冲突、对立、不和谐表现在以下方面：

（1）片面重视农业生态环境的生产功能，忽视了其生态功能，导致农业生态环境污染现象屡禁不止，农业生态功能被削弱。例如，水源保护地区域承担着防止饮用水水源地污染、保证水源地环境质量的责任，水源保护地为了扩大农业生产规模、提高农业产量，不惜环境代价而施用高化学成分的农药、化肥、除虫剂等，直接威胁到饮用水安全。又如，在很长一段时期内，我国草地资源利用忽视对生态功能的培养，以突出生产功能为政策导向，片面追求草地生产功能最大化，造成大量优质草地被大面积无序开垦，出现结构性和功能性的生态退化[②]。

（2）过分注重农业生态环境的保护，在一定程度上制约农业劳动生产率的提高和农民生活水平的改善，从而影响农业生态环境生态功能的真正发挥。[③] 例如，很多农业生态保护区，把改善农业生态系统作为首要任务而忽视了农民生存发展的需求，不能从农业生态环境的综合效益角度，来统筹考虑生态环境保护与当地的农业生产和农民的生活，往往出现生态环保作为任务强制执行，农民不配合或者敷衍完成等诸多问题，再加上农业生态环境补偿制度还很不完善，受偿地区的农民因保护环境牺牲的经济利益和发展权益不能及时、稳定、足够的得到补偿，原来的贫困没有得到

---

① 鄢紫奕. 黑龙江农业生态经济系统的结构和功能分析 [J]. 现代商业，2010 (6).

② 鲁春霞，谢高地，成升魁，马蓓蓓，冯跃. 中国草地资源利用：生产功能与生态功能的冲突与协调 [J]. 自然资源学报，2009 (10).

③ 鲁可荣，朱启臻. 对农业性质和功能的重新认识 [J]. 华南农业大学学报（社会科学版），2011 (1).

改善或者因环保致贫，农民也不会再进行环境保护项目。

（3）过度开发农业与旅游业等服务产业相结合的延伸性的生产功能，忽视了农业生态环境的传统生产功能。近年来，在很多城市的周边地区，在发展近郊农业、都市农业的探索中大面积推广"观光农业"、"休闲农庄"或"农家乐"，农民不再耕种自己的土地，而是成为为游客提供服务的工作人员，农田不再是用来种粮食和经济作物，而是栽培各种观赏性农作物或成为垂钓园甚至度假村①。这种农业开发方式表面上是兼顾了农业生态环境的生产功能和生态功能，以最小破坏生态环境来使农民增收，但其实质已经偏离了农业生产活动，产生了一系列消极后果，如严重存在改变土地用途的倾向、滥用农业支持政策、消极的示范效应等。甚至有些远郊和边远农村地区，有优渥的条件发展基础农业，完全不具备发展观光农业的市场条件和交通条件，也一味地追求所谓"观光旅游农业"，浪费了大量宝贵的耕地资源。

2. 双重功能相互协调的表现

农业生态环境的生产功能和生态功能除了相互冲突的关系外，还存在相互协调、相互促进的正向关系，这种正向关系是农业生态环境效益最大化的关键所在。一方面，充分有效地发挥农业生态环境的生产功能，从宏观层面上讲，可以促进农业经济发展，为环境保护和污染治理提供物质条件和技术支撑。对于国家而言，发展是硬道理，只有在发展中才能创造精神财富、物质财富和生态财富。生态环境问题不仅仅属于生态领域，同样也是发展经济学的内容。只有在发展中保护，在保护中发展，才能真正实现二者的统一，实现综合效益最大化。环境保护和污染治理所需要的庞大资金和先进技术，只有通过发挥生产功能创造坚实的国家财力才能保证。从微观层面上讲，可以增加农民收入，提高农民生活水平，增强农民通过

---

① 张国斌，盛付祥，董海潮. "休闲农业"用地管理"休闲"不得——关于浙江省"休闲农业"土地使用现状及管理的调查 [J]. 国土资源通讯，2007（8）.

改变生产生活方式保护生态环境的积极性，有利于农业生态环境补偿项目的长期、稳定、有效的开展。另一方面，良好的生态环境是生产、生活最基本的支撑和保障，追求合理的生态功能有利于更好地发展农业经济，改善人们的生活质量，提高系统的生态功能。

　　农业生态环境生产功能和生态功能的协调发展，取决于生产功能的强弱、生态功能能否正常发挥，以及生产功能与生态功能的匹配程度和共同作用①，而这种取决条件不是"一刀切"，而是要分区域、分类别，体现在补偿问题上就是多尺度多层次的实施生态补偿。例如，对于国家商品粮、棉、油生产基地集中的县（市、区），其农业生产关系到国家的战略性农产品安全②，那么生产功能是必须强化的、突出的功能，可以通过测土配方施肥、清洁生产等技术，减少因扩大农业生产规模和强度带来的农业生态环境问题，以平衡生产功能和生态功能协调度。但是推广测土配方施肥、清洁生产等技术，在一定程度上会影响和限制农民传统生产行为，农业生产成本也会增加，这其中的补偿应当以政府为主，由国家或省级财政补贴加以补偿。又如，对于一些生态环境脆弱和承担生态安全责任的县（市、区），包括流域上中游等水源涵养区，高原、库区、河谷等土壤保持区，森林、草原等防风固沙区等，生态功能是必须强化的、突出的功能，因限制农业开发规模和强度而影响当地农业经济发展和减少农民收入部分，应当给予资金、技术、发展权等方面的补偿，以实现生产功能和生态功能的协调发展。这部分补偿需要通过政府补偿方式，对农民和县域经济方面都给予补偿；需要通过"政府＋市场"的方式，培育替代产业，鼓励对农业生态环境资本进行价值评估，建立生态环保成果的交易市场（如实施低碳技术发展低碳农业需要建立碳交易市场，流域上下游地区需要建立水权交易市场等）。

---

① 鄢紫奕. 黑龙江农业生态经济系统的结构和功能分析［J］. 现代商业，2010（6）.
② 朱俊林. 基于空间统计的湖北省农业功能分析与分区研究［D］. 华中农业大学博士学位论文，2011.

（二）双重功能冲突与协调中的利益诉求

农业生态环境补偿的实质是建立利益相关者之间的利益分配和协调关系，通过这种稳定的关系来促进农业生态环境保护。在农业生态环境生产功能和生态功能的冲突与协调中，存在不同的利益相关者，包括从事农业生产活动和农业生态环境保护的农民或农业企业，他们是经营者；享受生态效益的社会群众，他们是受益者；代表人民利益的国家，这是管理者。在农业生态环境双重功能冲突与协调中的利益诉求，集中体现在经营者对经济收入、自我发展的追求，受益者对美好、安全的生活环境的追求，管理者对社会福利最大化的追求。这些利益诉求产生一个内在冲突，就是经营者希望通过农业生产达到收入最大化，管理者希望通过协调生产、生活功能满足国家对社会、生态效能、对农业和农村发展的追求，后者也涵盖了环保受益者的利益诉求。

经营者的利益诉求。作为农业生产活动和生态环境保护的具体实施者，农民和农业企业首先要满足自身生存和发展的需要，他们看重盈利水平和私利性，希望用最少的资金成本投入生产，往往选择获利较大的农业项目。农民属于社会群体中的弱势群体，收入水平低且渠道单一，社会地位落后，加上农业生态环境保护的成果体现不出经济效益，因此，在没有政府和市场激励和支持的条件下，单靠农民自发行为，农民不愿也没有能力选择资源节约、环境友好型技术来进行农业生产，更别说舍弃自身利益来维护生态系统。

管理者的利益诉求。政府作为管理者，代表大多数人的利益，追求经济效益、社会效益和生态效益最大化。为保证农业生态环境公共产品的属性，政府一般积极地采取措施，发挥农作物、森林以及其他植物生产能产生良好的生态效益[①]，为群众提供良好的生态公共产品；发展生态农业、绿色农业、循环农业、低碳农业等新型农业模式，打造生态产业链，创建

---

① 谷中原．多功能农业发展的内在冲突与化解机制［J］．农业经济问题，2009（8）.

生态农业品牌，为农业经济发展奠定物质基础；制定农业生态环境补偿制度，协调补偿方和受补偿方的利益关系，使农民获得经济收入的同时参加具有公共性的生态补偿项目。

作为微观经济主体，经营者承认农业生态环境的生态功能和群众对生态效益的迫切需求，但在生产过程中，优先考虑经济利益，强调农业生产的私人性，其行为具有个体理性特征；作为宏观主体，管理者承认必须满足农民的生存和发展权利，但优先考虑经济、社会、生态综合效益，保障大多数人利益，强调农业生产的公共性，其行为具有国家理性特征。可见这两类主体的利益诉求，在农业生态环境双重功能的冲突与协调过程中，充满了个体理性和国家理性的冲突。

三、以农业生态环境补偿来统筹双重功能

农业生态环境的生产功能和生态功能之间存在冲突和协调的关系，相关利益主体之间也存在不同的利益诉求，只有通过农业生态环境补偿这种方式，才能实现生产功能和生态功能的和谐统一，才能有效地协调相关主体的利益关系。如前所述，农业生态环境的生产功能和生态功能是人类赖以生存和发展的自然条件和效用。由于受生态环境无价的传统观念所限，我国生态环境产权的探索比较滞后，农民维护和改善生态环境所取得的生态效益，无法通过市场定价和交易来直接转化为农业经济价值，更不能直接转化为农民收入，而是间接地体现在周边日益良好的生态环境、投资环境和人居环境，这是农业生态环境的外部性特征所致。为了解决这一难题，需要对维护、保护农业生态环境的农民和农业企业进行经济、技术、发展权等方面的补偿，才能提高他们的积极性和能动性，才能保证农业可持续发展和农业生态环境的不断改善。

2008 年，苏州农学专家金伟栋完成了全国首例水稻生态价值调查，经过科学的生态服务价值评估，一亩水稻能产出近 3840 元效益，其中，生态价值占比 81.4%，折合成人民币 3126 元。这项调查希望"引起人们

对农业生态功能的重视，并期待政府从公共服务补偿角度，对水稻生产予以生态补贴"。① 长久以来，农业生产带来的直接的经济价值容易量化，基本农田、水源保护区等农业生态环境所产生的间接的生态价值容易被忽视也难以量化，因此，实施农业生态环境补偿首先应当肯定生态环境价值的存在并探索其市场定价和交易。

农业生态环境生态功能所产生的价值集中体现在生态保护和生态修复两个方面。一方面，科学合理地种植农作物能够起到防止土壤被侵蚀、保护植被、涵养水源、防灾治洪等作用，通过土地利用变化、造林、再造林以及加强农业土壤吸收等措施能够增加植物和土壤的固碳能力，起到调节气候的作用。在生态保护中农业生态效益或价值的"免费"表现得较为隐藏。另一方面，通过大力发展循环农业，推行清洁生产，减少农药使用量，施用有机肥，可以有效恢复农业生态系统的生态功能。在生态修复中农业生态效益或价值的"免费"表现尤为突出②。

为集中体现农业生态保护价值和生态修复价值，应向农业生态保护者进行补偿，补偿资金不能过低，至少要包括生态保护和生态修复的直接成本和机会成本③，这样才能调动起保护者的积极性。同时，还要因地制宜发展优势产业，拓展保护者增收渠道，培育受偿地区自我发展能力，这样才能激励保护者持久、稳定地维护、恢复农业生态环境。

第二节　农业生态环境补偿的双重"失灵"：市场失灵和政府失灵

本节从农业生态环境的双重功能出发，运用外部性、公共选择等理

---

① 黄翊华. 全国首例水稻生态价值调查出炉，一亩水稻生态价值3126［N］. 姑苏晚报，2008 - 10 - 30.

② 刘尊梅. 中国农业生态补偿机制路径选择与制度保障研究［M］. 北京：中国农业出版社，2012.

③ 严立冬，邓远建，蔡运涛，徐丽. 绿色农业发展的外部性问题探析［J］. 调研世界，2009（8）.

论，重点探讨农业生态环境补偿中的"失灵"现象，一是"市场失灵"，即市场价格未能自觉反映环境成本，农民提供的生态系统服务仅靠市场机制无法转化成经济效益；二是"政府失灵"，即政府与农民的利益错位，单一的政府补偿机制没有体现出农业生态产品的非公共产品属性。

一、农业生态环境补偿中的市场失灵

在我国农业生态环境补偿实践中，很多地方已经意识到市场调节的重要作用，逐步探索农业生态环境补偿的市场机制，取得了很好的经济效益和生态效益，也具有一定的示范推广效应，例如四川省平武县开展的余家山淡水资源保护地生态补偿项目，云南省丽江市开展的拉市海生态有偿服务试点项目、内蒙古阿拉善地区开展的蒙古族生产生活方式变迁和生态环境保护项目等。但是，市场机制存在内在的不足与缺陷，农业生态环境又具有公共性和外部性特征，促使农业生态环境补偿中不可避免地出现了市场失灵。

（一）补偿中市场失灵的具体表现

农业生态环境补偿中的市场失灵，是指在补偿过程中，市场不能有效地配置资源，从而导致相关农产品和劳务的市场价格不能完全地、自觉地反映它们的生态环境成本，农业生态环境服务功能的供给状况无法通过市场机制来进行调节。

1. 市场的自利性使补偿项目消极开展

根据"经济人"假设，无论补偿方还是受补偿方都是理性经济人，是完全追求利益最大化的行为主体，这种自利性使得补偿方和受补偿方在农业生态环境补偿过程中，都有追求成本最小化和利益最大化的行为取向。

农民和农业企业作为市场主体的受补偿方，其自利行为体现在掠夺式地开发农业生态资源和环境，不顾环境代价一味地追逐经济利益。他们参与农业生态环境补偿项目，被要求改变传统生产方式甚至减少生产，的确影响到经济收入和发展机会，因此他们主动自愿加入农业生态环境补偿项目的可能性极小，更遑论要他们投入大量资金和技术，他们不愿也没有能力做到，相反，他们对规避生态补偿的投入有很强烈的动力。在补偿制度有待完善、市场补偿机制尚未建立的情况下，农民和农业企业参与补偿项目的积极性不高，往往是因为国家法律法规强制要求和相应的激励政策才参加项目。

由于农业生态环境所提供的生态产品和服务具有公共性和极强的正外部性，作为经济人，补偿方在消费和享受这些生态产品和服务时不愿意支付费用，而是选择在别人付费或者投入后"搭便车"。当绝大部分人都选择"搭便车"时，极少部分愿意付费的消费者支付意愿会很快下降直至为零，最终造成农民和农业企业损害了自身利益改善农业生态环境，提供生态产品和服务，人们却认为应该无偿或者低价消费和享受了这些产品和服务，甚至认为应该全部由国家买单。这种状态会导致农民和农业企业实施农业生态环境补偿项目的态度更加消极。即使农民和涉农企业承认保护生态环境的必要性，出于强烈的社会责任感愿意参加补偿项目，但他们原本属于社会弱势群体，还要负担额外的环境责任和治理成本，而广大受益群众却逃避这份责任和费用，会产生严重的不公平现象。

可见，现有的市场机制并不能很好地引导市场主体积极地参与补偿项目，市场主体消极参与补偿项目取得的成效自然不会理想，同时，有社会责任感的市场主体如果承担农业生态环境治理的责任，还必须承担相应的成本，这种违背市场规律的环保行为面临巨大压力而不可持续。

2. 市场的自发性使补偿责任机制模糊

我国目前农业生态环境补偿制度还不健全，没有生态服务补偿立法，也没有生态环境产权界定和定价方案，在市场机制的自发调节下，相关利益主体缺位，生态环境补偿的责任机制模糊。

一方面，补偿方和被补偿方的补偿支付机制没有建立起来。由于农业生态环境具有公共性和外部性，在政府主导的补偿机制还没建立的背景下，靠市场机制自发调节会出现污染而不治理、受益而不付费的现象，补偿主体责任不明确，这种制度和机制的不完善导致市场主体自发地选择规避生态环境补偿。另一方面，实现环境目标的利益相关者的"买方市场"和"卖方市场"没有建立起来。农业生态环境补偿涉及多个主体，关联着多方利益，同样也需要多方共同投入，但是买卖双方之间的交易市场缺失，买方和卖方主体缺位，导致生态产品和服务无法通过市场交易实现补偿价值，专业性的环境治理方难以进入市场。没有交易主体和市场使得补偿无序化和责任主体推诿比较明显。

在农业生态环境补偿过程中，提供的生态服务增量部分容易界定产权，而存量部分界定产权极为不易；生态环境的所有权按照法律的规定比较明确，但其公有产权在实际运行过程中出现了一系列问题，强制性的公共产权必然导致人人所有变成人人皆无，从而导致委托与代理失灵，生态补偿责任机制模糊。市场调节的自发性还会使产权不清的交易充满大量的寻租机会，进而增加了维护治理生态之后所产生的衍生生态服务的产权成本。最终结果可能是，市场自发调节活跃，而作用却有限。①

3. 市场的盲目性使环境治理成本被忽略

由于信息不对称、个体偏好、判断能力高低等原因，微观经济主体往往不能对市场前景和经济运行周期做出准确判断，因此做出决策时带有一定的盲目性。这种盲目性使生态补偿中农业生态环境市场价值被低估，相关成本被忽略。

市场的调节作用往往建立在市场价格的基础上，价格因素一般能有效地调节市场上的供需关系。自由的市场在资源配置上起着决定性作用，这种作用决定了市场往往是很有效率的。但是，当市场机制运用于生态治理

---

① 张劲松. 生态治理中的市场失灵及其纠补［J］. 河南社会科学，2014（12）.

时却常常表现为低效，其主要原因是市场善于定价却不能认识成本。[①]
"今天，我们的自由市场对自然界和人类社会都造成了危害，原因就在于
这个市场没能反映出产品和服务的真实成本。"[②] 一般来说，当市场能反
映出真实成本时，才能对人类的经济行为有利，而当价格被压低和下降时
对人类行为不利。从生态治理角度来看，市场贸易在定价上又是能效的，
但是不包括生态治理成本的市场价格，这只能盲目地引导人们过度地消费
生态资源和破坏环境。[③]

（二）补偿中市场失灵的原因分析

在农业生态环境补偿问题上市场失灵的原因很多，大致可以分为两
类，一类是市场机制本身不成熟带来的市场失灵，这是内在原因，另一类
是农业生态产品和服务的特殊性带来的市场失灵，这是外在原因，两类原
因具体表现为以下四方面。

1. 补偿市场发育不完善

从宏观经济调控的角度，我国正处于经济转型时期，市场体系还不健
全，商品市场、劳动力市场和资本市场尚不能有效的结合。[④] 宏观条件下
的市场运行机制不健全，必然会导致市场机制在农业生态环境补偿领域的
调节作用，在一定范围内和一定程度上的失灵。

众多的实践项目表明，市场机制在农业生态环境补偿过程中发挥调节
作用，往往面临诸多阻力。其中比较大的阻力是没有形成完全竞争市场，
而这正是市场发挥作用的前提条件。例如，政府将回收垃圾的公共项目通
过招标承包给私人，由于不完全竞争市场的存在，承包商不一定是出价最

---

① 孙育红. 循环经济引论 [D]. 吉林大学博士学位论文，2006（6）.

② ［美］保罗. 霍肯. 商业经济学——可持续发展的宣言 [M]. 上海：上海译文出版社，
2007.

③ 张劲松. 生态治理中的市场失灵及其纠补 [J]. 河南社会科学，2014（12）.

④ 王兆刚. 政府与非营利组织之间的边界——基于市场失灵的界分 [J]. 天水行政学院学
报，2007（6）.

低、服务最好的一家，① 这也是专业性的环境治理机构没法进入市场的原因所在。此外，环境信息的不对称性也是市场发挥作用的阻力②。环境污染者和环境保护者的行为都是个体行为，因此都具有"经济人"假设的趋利特征。环境污染者非常清楚在生产过程中造成的环境污染及其原因，出于自身利益考虑将这些信息隐藏起来。因为一旦信息透露出来，其生产势必被加以约束，例如更换价值高昂的环保设备、引进清洁生产线、排污权指标约束、生产规模被限制，更为严厉的是责令其转产、整改等。群众不可能及时、无偿地获取自己所需要的一切生态环保信息，这就形成了环境信息的不对称，比如农业生产者掌握着化肥、农药的施用情况，植树造林的真实效果、是否使用转基因等信息，为了获取更多的经济利益，这些信息被其遮掩甚至伪造，消费这些产品的居民无从得知产品的质量安全，遭受的损失更加无法通过市场机制获取补偿。

2. 环境产权界定不清晰

随着农业生态环境补偿制度实施和补偿项目推广，补偿不到位、补偿资金使用效率低、补偿主体缺失、补偿标准"一刀切"等具体问题始终无法得到有效的解决，很多人把原因归结为农业生态产品和服务具有外部性特征。科斯认为，外部性问题的实质在于双方产权界定不清，出现了行为权利和利益边界不确定的现象，③ 要解决外部性问题，必须明确产权，即确定人们是否有利用自己的财产采取某种行动并造成相应后果的权利④。

环境产权就是环境容量资源商品的财产权，它包括环境容量资源商品的所有权、使用权、占有权、收益权和处置权。⑤ 农业生态环境补偿领

① 张劲松. 生态治理中的市场失灵及其纠补 [J]. 河南社会科学，2014 (12).

② 张琳. 环境污染问题的经济学分析——基于市场失灵与政府失灵的考察 [J]. 山东财政学院学报，2008 (5).

③ 毛显强，钟瑜，张胜. 生态补偿的理论探讨 [J]. 中国人口. 资源与环境，2002 (8).

④ 严立冬，谭波，刘加林. 生态资本化：生态资源的价值实现 [J]. 中南财经政法大学学报，2009 (3).

⑤ 乔立群. 环境产权论 [J]. 环境，2011 (12).

域，界定农业生态环境服务的产权非常困难，尤其是对于生态产品中的衍生无形产品，其产权更是难以界定。例如，界定一定面积森林的产权较为容易，但是对其衍生出来的无形的，其效用可以涉及全球范围的森林生态服务，到目前为止没有任何技术做到排他性，因此无法建立森林生态服务完整的产权。① 即便环境产权能够界定清楚，也没有人与污染者进行交涉、谈判或诉诸法律②，要求得到补偿，更没有人与保护者共同协商，支付其补偿费用，市场在农业生态环境补偿中的作用无法发挥。

3. 农业生态环境具有公共性

市场机制的作用对象是商品，因此市场机制发挥作用的范围是私人产品领域③。公共产品不具备商品属性，因此市场机制作用于公共产品往往会出现市场失灵。农业生态环境是很典型的公共产品，我国政府提出"把良好生态环境作为公共产品向全民提供"，是对农业生态环境补偿工作提出新的要求和目标，同时也加大了补偿工作的难度。作为公共产品，农业生态环境具有效用的不可分割性、受益的非排他性和消费的非竞争性。私人产品可以分割成许多商品参与交易，而农业生态环境不可分割；私人产品只有购买的人才能消费，而任何人享受农业生态环境带来的生态效益，都不排除他人消费，可以和他人分享；消费农业生态环境不具有竞争性，即边际生产成本为零，在现有供给水平上，新增消费者不需增加供给成本。有一种情况例外，就是农业生态环境提供的生态产品和服务，被大量的人消费，超过其环境承载力，那么消费的非竞争性就转变为竞争性。

农业生态环境所具备的公共性，使得它在提供生态产品和服务的过程中容易出现"搭便车"现象，有人借"搭便车"享受生态环保效益而逃

---

① 唐英. 流域森林生态环境服务交易及其理论分析框架 [J]. 长沙理工大学学报（社会科学版），2008（12）.

② 张琳. 环境污染问题的经济学分析——基于市场失灵与政府失灵的考察 [J]. 山东财政学院学报，2008（5）.

③ 王兆刚. 政府与非营利组织之间的边界——基于市场失灵的界分 [J]. 天水行政学院学报，2007（6）.

脱付费，有人不愿意自己付费的生态环保效益被他人"搭便车"分享，最终没人为环境改善买单，保护者没法对消费者收费。① 可见，农业生态环境的公共性必然会导致市场调节生态补偿过程中的市场失灵。

4. 农业生态环境具有外部性

农业生态产品和服务很难进入市场进行交易，其中一个重要原因是农业生态产品和服务具有较强的外部性。正外部性是指农业生产者为他人提供了无须补偿的生态产品和服务，负外部性是指农业生产者生产过程中破坏生态、污染环境，对他人的利益有所损害。

当农业生态产品和服务产出带来的社会效益大于农业生产者的个人收益时，就产生了正外部性。消费者经济学理论认为，农业生态环境因为具有正外部性，无法通过市场价格来反映或其价值被市场低估，所以市场供给会不足。② 由于农业生态环境正外部性特征，广大群众不需要支付费用就能够享受生态环境改善带来的生态效益，人人都能免费分享就不会有人为其付费，对于农业生态保护者而言，为保护和修复农业生态环境所耗费的时间、精力、经济损失、发展权损失等成本无法收回，更遑论有盈利，作为理性经济人，必然不再为环保投入，农业生态系统服务功能只减不增。

当农业生态产品和服务产出带来的农业生产者个人收益大于社会效益时，就产生了负外部性。农业生产者追逐经济目标而忽视生态环保，把破坏生态系统、污染环境所产生的环境成本转嫁给其他社会主体，此时需要政府出面加以规制，否则负外部性的行为将会泛滥。例如，农业生产者施用大量的农药化肥来增加产值，或者直接燃烧秸秆，都会给附近的经济主体带来损害，损害了大家的利益，即产生了社会成本；但是农业生产者在

① 杨刚强. 我国农业多种功能供给的财政激励政策研究 [J]. 武汉大学学报（哲学社会科学版），2012（11）.

② 张劲松. 生态治理中的市场失灵及其纠补 [J]. 河南社会科学，2014（12）.

核算成本时只计算自己的生产成本，并没有考虑社会成本。这种负外部性如果不加以制止，很容易造成对农业生态环境的毁灭性的、一次性的开采和掠夺。[①]

可见，单纯依靠市场作用来调节农业生态环境补偿活动，交易双方都不会考虑负外部性，市场经济既无法鼓励有正外部性的经济社会行为，也无法抑制具有负外部性的经济社会行为，农业生态产品和服务的外部性诱发生态补偿市场失灵，[②] 这时需要政府采取管制等公共政策来应付外部性问题，使外部效应内部化[③]。

二、农业生态环境补偿中的政府失灵

政府干预是弥补市场失灵最好的方案，但并不是每次干预和管理市场都能够取得好的效果。当政府的干预政策不能纠正反而造成或加剧市场失灵时，就会发生政府失灵。

（一）补偿中政府失灵的具体表现

农业生态环境补偿过程中，政府失灵的主要表现是在补偿制度制定、执行、监督、修正等各个环节，政府管理体制出现弊端，政府干预不力和政府行为缺失同时存在，政府作用逐渐减弱或失效。

1. 政策目标出现偏差：生态保护与受益脱节

我国农业生态环境补偿是以政府主导来推动，因此政府干预补偿的目的是为了协调保护者和受益者之间的利益关系，以期长期稳定地保护农业生态环境。但在实际补偿工作中，农业生态环境补偿涉及多个管理部门，

---

① 张金硕. 外部性与环境的关系 [J]. 内蒙古科技与经济，2008 (6).
② 张劲松. 生态治理中的市场失灵及其纠补 [J]. 河南社会科学，2014 (12).
③ 李亚红. "政府失灵"与现代环境管理模式的构建 [J]. 河南科技大学学报（社会科学版），2008 (4).

职能交叉重叠，权责不清晰，政府干预补偿的目的不但没有实现，还出现了偏差，突出表现为生态保护与受益脱节的"三多三少"现象。一是部门补偿多，参加农业生态补偿项目而放弃经济效益和发展机会的农牧民，得到的补偿少；二是物资、资金补偿多，扶持替代产业、生产方式转换的补偿少，输血多，造血少；三是直接向生态建设补偿多（如栽树），支持经济发展、扶贫补偿少。①

2. 政策手段有待优化："项目补偿"缺乏稳定性

目前，我国政府实施农业生态环境补偿的载体是补偿项目，依托项目工程进行生态补偿，优点在于便于集中操作，易于管理，缺点是容易导致生态补偿政策缺乏长期性和稳定性。市场自发催生的农业生态环境补偿行为一定是依托特定项目，因市场需求产生补偿项目。而政府实施的退耕还林、退牧还草、生态公益林补偿等基本上也是在补偿期内以项目、工程的形式来展开，以计划分解的形式层层下达给地方政府，这种方式在时限期内能达到较好的综合效益，过了时限期，保护生态环境的行为因不具备自发性、自愿性而不复存在。

3. 政府职能难以兼顾："温饱还是环保"两难抉择

政府的职能必须是多元的，兼顾经济、社会、文化、生态等多方面，体现在农业生态补偿领域，就是一边保护农业生态环境，提高农业生态系统的生态功能，一边解决农业经济发展和农民生活问题，增强农业生态系统的生产功能。这样的政府职能在实施农业生态补偿项目的区域存在两难困境，即是"保障农户温饱"还是"保证生态环保"。我国实施农业生态环境补偿的地区基本上都是经济贫困、特困区域，"温饱还是环保"使地方政府面临两难选择，在补偿过程中往往出现政府失灵。

---

① 王健. 我国生态补偿机制的现状及管理体制创新 [J]. 中国行政管理，2007 (11).

（二）补偿中政府失灵的原因分析

在农业生态环境补偿过程中，政府失灵的原因很简单，即制度制定、执行、监督、保障整个政策体系不完善，管理体制低效运转等制度缺陷，政府无法最优配置农业生态环境资源。制度上的不健全在前面第二章第四节已经探讨过，这里着重分析管理体制上的弊端。

1. 管理职能交叉重叠

农业生态环境补偿属于环境管理范畴，我国环境管理经历了部门分管和统分结合两个阶段，无论是哪一个阶段，政府都只注重成立或撤销环境管理机构，而忽视部门、机构之间的协调和统一，因此我国的环境管理始终存在着机构重复设置、职能交叉的现象。农业生态环境补偿管理涉及农业、林业、水利、国土、环保等多个部门，这些部门主导着生态补偿政策的制定和执行，生态补偿实际上成为"部门主导"的补偿。从农业生态环境补偿项目多年的实施情况来看，这些管理部门各自为政，相互之间缺乏沟通和协调，如遇到同一补偿项目很难达成共识。各个管理部门职责权限划分不清，责任主体无法明确，部门之间缺乏对补偿工作的分工合作；权力分散、政出多门造成相互间的冲突与矛盾，各部门出于部门利益关系难以协调，执行分工职能时难免发生越权与冲突现象。政府内部部门职能的错位、冲突、交叉、矛盾，引发了国家公共利益与部门行业利益的冲突，从而在某种程度上阻碍了农业生态补偿项目的顺利实施，加剧了农业生态环境的恶化。[①]

2. 管理模式偏重直接管制

政府公共管理最常用的手段是管制手段和经济手段，在目前农业生态

---

① 李亚红. "政府失灵"与现代环境管理模式的构建 [J]. 河南科技大学学报（社会科学版），2008（4）.

环境补偿中政府过多地依赖于行政管制手段，通过运用规章制度来对环境污染外部性进行直接干预，通过命令下达、任务分解来对农业生态补偿项目进程直接控制。管制手段具有强制性和权威性的优点，能够在最短时间内配置资源完成项目，取得较快改善环境质量的效益，避免生态补偿中因市场失灵而出现的一些纠纷。但是随着市场机制在生态补偿项目中逐渐发挥作用，因政府直接管制导致政府失灵带来的弊端越来越明显，最突出的表现为灵活性差。农业生态环境补偿协调保护者和受益者之间的利益关系，既关乎广大农民群众的基本生活和发展权益，又关乎广大人民群众的生存空间和生活质量的改善，协调这两者之间的关系需要动态跟踪、灵活调整，尤其当农业生态产品和服务以市场价格进入市场交易以后，更是不断地调整变化。这种灵活性正是政府行政管制所不具备的，因为命令和控制本质都是制定规则，规则需要稳定而不易多变，无法充分接收相关信息而做出调整，也无法对信息及时做出反馈。

3. 决策制定缺少公众参与

无论对于保护者还是对于受益者，农业生态环境补偿都与其自身利益息息相关，他们有权利也有义务参与政策制定的过程，把更充分更有效的信息反馈给政府，这样制定出来的政策才具有时效性、可行性和合理性。然而现实情况是，我国的农业生态环境补偿制度更多体现的是自上而下的直接管制，制度的制定和完善主要依靠政府部门大量的前期工作和实地调研，虽然这也是科学决策的前提，但缺少完整的利益相关主体参与决策的机制和程序，会使补偿制度在实施过程中力不从心，这也是我国多年来加大农业生态环境补偿的政策优惠和推广力度，但效果并不理想的原因所在。目前，不少省区在开展农业生态环境补偿项目中，开始积极探索相关主体参与政策制定、执行、监督等环节的方法与途径，从公众参与情况来看，存在两方面问题。一是参与内容层次较低。利益相关主体参与到农业生态环境补偿项目，往往没有直接参与决策环节，大多数是参与宣传教育环节和监督环节，对公众参与决策环节的重视不够，极大地限制了公众参与作用的发挥。二是没有建立起公众参与的机制体制。目前，由政府自上而下地组织公众参与补偿项目的宣传、教育和监督，没有形成自下而上的参与机制，并且相关政策法规对于公众参与的途径、参与的具体方式、参与的保障条件等具体问题没有明确的规定，这使得公众参与农业生态环境补偿制度无法实质性地开展。

三、以政府与市场有效结合来克服和矫正失灵

政府和市场都是推动农业生态环境补偿不可或缺的力量，二者各有优点和缺点。由政府负责农业生态环境补偿，能够减少讨价还价和"搭便车"行为，降低制度组织成本，加快相关政策实施，但是由于政府管理内在的缺陷，出现激励不足、监督成本过高等问题，使得我国农业生态补偿实施过程中存在着大量低效率的行为，所以有必要在农业生态补偿中引入市场交易。然而，在补偿市场尚未建立，环境产权界定不清的背景下，市场机制在补偿中的作用发挥受到很大阻碍。可见，单纯依靠政府手段或者单纯依靠市场手段来解决农业生态环境污染问题、实施农业生态环境补偿制度，是不可能完成的任务。最为可行的方案是政府和市场有效结合，发挥二者在生态补偿领域的比较优势，使二者相互协调、相互配合、取长补短、各有侧重。

尤其要从"谁保护、谁受补偿"的角度，切实维护农业生态环境保护者的利益，建立起政府和市场共同作用的长效补偿机制，采取具有造血功能的生态补偿方式，激励保护者积极主动地投入生态环境保护。多年来在农业生态环境补偿领域取得的经验教训告诉我们，能够从根本上解决农业生态环境问题的是建立具有造血功能的长效补偿机制。政府和市场发挥各自的比较优势，破除长期的"输血式"补偿框架，开展技术补偿、智力补偿、产业扶持和生产方式转换等"造血式"补偿方式，尤其是结合补偿区域的区位优势和资源优势，因地制宜地培育替代产业，挖掘稳定的经济增长点，提升较高层次的劳务输出以形成持久的增收渠道，保证农业生

态环境保护者收入增长的可持续性和发展权益的有效实现。

第三节　健全农业生态环境补偿制度的新思路：
多中心治理下的机制协调

新形势下健全农业生态环境补偿制度，除了秉承一般意义上农业生态环境补偿制度的基本内容、实施层次以外，还需要顺应新形势下农业生态环境补偿制度的发展要求，从农业生态环境的生产功能和生态功能入手，破解现有制度实施中遇到的难题。在中国特色农业现代化道路下，农业生态环境保护必须与农业发展、农民增收有机统筹起来，这就要求进一步健全农业生态环境补偿制度，构建多方主体参与，政府市场互补，市场供求、农民增收与生态保护相协调的农业生态环境补偿机制与政策体系。

一、健全农业生态环境补偿制度的必然性和迫切性

当前，无论是全球对农业安全生产和生态环境保护要求日益严格的国际形势，还是中国特色农业现代化快速推进和生态文明战略全面实施的宏观背景，以及农业自身发展的内在要求，都迫切要求建立健全农业生态环境补偿制度，农业生产与农业生态环境保护协调发展，农业竞争力、农业生态环境可持续力和农民增收能力协调发展是新形势下的必然要求。

（一）是中国特色农业现代化道路的客观要求

按照可持续发展和生态文明的理念来发展农业，实现农业的"低能耗、低排放、低污染"，才是具有中国特色的农业现代化道路。统筹城乡发展，是我国破解"三农问题"、转变城乡二元结构、全面建设小康社会的重要战略部署。为了更好更快地推进统筹城乡发展战略，建立城乡经济社会发展一体化新格局，党的十七大报告提出了"走中国特色农业现代化

道路"的重大战略决策。农业生产活动直接作用于自然环境，伴随着化学农业、石油农业、机械农业的发展和农民生活水平提高，农业和农村的污染排放迅速增长，农业已成为大气污染、水污染、土壤污染等污染的重要来源。[①] 走中国特色农业现代化道路，不仅仅要农业经济实现量的发展，发展中还要有质的保障，不仅仅要用工业化的思维抓农业、依靠科技来提升农业、依靠农业机械化来进行规模经营、依靠农业龙头企业来组织高效农业，[②] 更需要农业生产与农业生态环境保护协调发展，农业竞争力、农业生态环境可持续力和农民增收能力协调发展。因此，建立健全农业生态环境补偿制度，调整农业生态环境保护者和受益者的利益关系，激励农民在农业生产中转变生产方式，采取生态环境保护措施，改善农业生态环境，是中国特色农业现代化道路的客观要求。

更深层次地来看，健全农业生态环境补偿制度不但符合中国特色农业现代化道路的客观要求，也是我国低成本实现农业现代化的必要保障。我国目前正在加大力度推进新型工业化、新型城镇化和农业现代化，这三者之间实际存在联动效应，可称之为"三化联动"效应，即新型工业化对新型城镇化和农业现代化具有带动功能，新型城镇化对新型工业化和农业现代化具有联结功能，农业现代化对新型工业化和新型城镇化具有基础性作用。随着城乡经济社会的快速发展，不同产业、不同地区将受到资源、环境等要素"瓶颈"的制约，面临土地、能源、环保指标等生产要素的成本约束。农业是基础性产业，为工业等其他产业提供生产原料；农业现代化是"三化联动"的基础环节，如果农业现代化以高成本为代价实现，势必会增加新型工业化和新型城镇化的成本，削弱"三化联动"带来的经济社会效益。由此可见，农业现代化成本的高低直接影响着新型工业化和新型城镇化的实现程度，进而影响着我国统筹城乡发展战略的实施情

---

① 李晓燕，王彬彬. 四川发展低碳农业的必然性和途径 [J]. 西南民族大学学报（人文社科版），2010 (1).

② 文尚卿. 试论中国特色农业现代化道路的实现途径 [EB/OL]. http：//www. lunwentianx-ia. com/product. free. 10061060. 1/，2012 – 7 – 17.

况。健全农业生态环境补偿制度是降低农业经济发展过程中环境成本的关键环节，制度的有效实施能够推广节能技术，开发生物质能源，有利于优化能源结构，降低能源成本；能够提高投入品使用效率，减少污染物排放，有利于降低农业面源污染，降低环境治理成本；能够促进农业节本增效，有利于转变农业发展方向，提高农业效益。[①] 由此可见，健全农业生态环境补偿制度是低成本实现中国特色农业现代化的必要保障。

（二） 是协调利益关系、促进和谐发展的必要手段

利益和谐是人类社会和谐发展的基词，是社会全面发展的关键，人类社会就是在利益和谐—利益非和谐—利益和谐中不断发展和进步的。[②] 农业生态环境补偿关系着经济利益、社会利益、生态利益的协调发展，关系着城市和农村利益、大众利益和农村民生利益的协调发展。

健全农业生态环境补偿制度是协调经济利益、社会利益、生态利益的必要手段。我国是农业大国，农业是整个国民经济的基础，农业经济持续稳定增长是经济增长的前提，农业经济可持续发展是经济可持续发展的保障。[③] 目前，我国农业处于工业化初期阶段，加快农业经济发展，提高农民经济生活水平是一项艰巨而迫切的任务。长期以来，各地采取传统粗放式的农业生产方式，盲目追求农业产量，给生态环境造成了严重损害，化肥、农药、薄膜等投入至今仍呈逐年增长趋势，农业生态功能不断下降，抵御各种自然灾害的能力明显减弱。良好的生态环境是全社会的财富与福利，不仅惠及当代人，也惠及后代子孙。因此，我国农业发展中必须建立起农业生态环境补偿制度，制定并实施相应的政策和法律法规，通过宏观调节和市场引导，从生产源头上促进农业经济发展同环境保护相协调，从

---

① 李晓燕，王彬彬. 四川发展低碳农业的必然性和途径 [J]. 西南民族大学学报（人文社科版），2010 (1).

② 张锋，曹俊. 我国农业生态补偿的制度性困境与利益和谐机制的建构 [J]. 农业现代化研究，2010 (5).

③ 刘洁. 健全农业生态环境补偿制度初探 [J]. 辽宁工程技术大学学报（社会科学版），2009 (4).

而实现经济利益、社会利益、生态利益的最佳统一。

（三）是农业践行生态文明理念的重要内容

自党的十七大报告提出"建设生态文明，基本形成节约能源资源和保护生态环境的产业结构、增长方式、消费模式"以来，如何以生态文明理念发展三次产业，构建资源节约、环境友好型生产体系日益成为社会各界关注的焦点。农业生态文明是整个社会主义生态文明的重要组成部分，建设农业生态文明就是要把工业文明时代农业生产对大自然的"征服""挑战"变为生态文明时代农业生产与自然的和谐相处。农业生态环境补偿制度，从制度上给予农业生态环境保障，它要求转变农业生产方式，发展农业生物质能源，既保证农作物高产稳产，又不会对生态环境增添过多压力。[1]

例如，我国现行的农业生态环境补偿政策，鼓励将农业和林业的废弃物秸秆利用起来进行能源开发；鼓励发展节水型农业，提高灌溉水的利用率；鼓励建立猪—沼—茶、猪—沼—田、猪—沼—菜等循环农业。再如，通过补偿政策培育受偿地区的替代产业，往往都因地制宜地选择生态农业、绿色农业、循环农业、低碳农业等新型农业模式，这种新模式还必须是节约型经济，尽可能节约土地、能源等各种资源的消耗；必须是效益型经济，以最少的要素投入，获取全社会最大的产出收益；必须是安全型经济，采取多种措施，将农业产前、产中、产后全过程可能对环境带来的不良影响降到最低限度。[2] 可见，健全农业生态环境补偿制度本身就是建设资源节约型、环境友好型农业产业体系的制度保障，是农业践行生态文明理念的重要内容。

（四）是实现农业生态环境价值的必然要求

长期以来，人们由于秉承传统观念，对农业生态环境具有价值并需要

---

①② 李晓燕，王彬彬. 四川发展低碳农业的必然性和途径 [J]. 西南民族大学学报（人文社科版），2010 (1).

产权界定进行交易这一命题持观望态度。随着大气污染、水污染、土壤污染、水土流失、洪涝灾害、食品安全等环境危机的频繁发生，随着人们对生存环境和生活品质要求的提高，人们才开始正视农业生态系统的生产功能和生态功能，接受农业生态环境是一笔生态财富、生态资本，不仅供人类开发利用也需要人类进行投资和维护。那么谁来投资和维护，投资和维护的成本由谁来买单，取得的生态效益如何量化、如何定价、如何交易等具体问题的解决，就成为实现农业生态环境价值的前提。农业生态功能及其价值评估，农业生态资本产权界定是当前生态经济学、环境经济学的前沿、热点和难点。

健全农业生态环境补偿制度是实现农业生态环境价值的必然要求，实现农业生态环境价值的过程就是生态补偿的过程。从补偿的角度，农业生态环境价值体现在两个方面：一是开发利用农业生态环境并造成污染的个体，要支付一定的费用作为赔偿，用以恢复农业生态系统；二是农业生产者为了保护和恢复农业生态系统，不再使用传统农业生产方式，使用成本较高的清洁技术进行农业生产等，使得农户的经济利益减少，发展权益受损，为了农业可持续发展，应该对这些农户进行补偿，对他们提供的农业生态产品和服务付费。例如，国家林业局对黔东南州森林生态系统服务功能进行评估，认为其总价值为总价值为 1011.58 亿元/年，每公顷森林提供的价值平均为 5.17 万元/年；森林覆盖率为 62.76%，分别高于全国（44.57%）和贵州（23.85%）水平。[①] 当地的农户多年来养护森林，放弃"靠林吃林"，发展林下农业，才取得如此巨大的生态效益，应该通过相关制度得到补偿，以使其能持续发展。

（五）是提升农业国际竞争力的基本保障

农业竞争力集中表现在产品的数量、质量、安全、效益和生态等五个

---

① 刘晓燕. 黔东南州生态建设中建立农业生态补偿机制的实践探索［J］. 贵州农业科学，2012（9）.

方面，它是一个国家农业发展和科技进步水平的重要标志。衡量一国农业竞争力的重要指标之一是农业产品（包括农产品及其加工品）出口。[①]

目前，从全球范围来看，食品安全问题和环境污染问题日益严重，国际市场对农产品质量、单位能耗指标、环保指标要求越来越高。随着国际贸易技术"绿色壁垒"的加剧，农业产品出口的质量控制由单纯的产品质量认证转变为全过程的产品质量体系认证。这就要求企业不仅生产的最终产品质量要合乎标准，而且在产前、产中和产后全过程都要达到进口国的单位能耗标准、环保标准等。农业生态补偿项目正是通过制度保障，引导农户放弃传统农业生产模式，采用清洁生产、安全生产技术，因地制宜地发展低碳农业、生态农业、循环农业等新型农业模式，在农业生产、加工等过程减少碳排放和环境污染，严格控制农业生产、加工、销售等各个环节的环保指标，以提高农产品国际市场占有率，提升区域国际竞争力[②]。

（六）是治理农业面源污染的前提条件

2015年农业部表示，农业已经超过工业成为我国最大的面源污染产业，总体状况不容乐观。目前，我国农业生态环境正遭受着外源性污染和内源性污染的双重压力，土壤污染、水体污染、农产品质量安全风险日益加剧，农业可持续发展遭遇"瓶颈"。农业污染的源头一方面是外源性污染，由于工矿业和城乡生活污染向农业转移排放，导致农产品产地环境质量下降，这部分污染大多属于点源污染；另一方面是内源性污染，由于化肥、农药长期不合理且过量使用，畜禽粪便、农作物秸秆和农田残膜等农业废弃物不合理处置，造成农业面源污染日益严重。[③] 与工业点源污染不同，农业面源污染因为具有分散性和隐蔽性、随机性和不确定性、不易监

① 万宝瑞. 提高农业竞争力，积极应对新挑战［N］. 人民日报，2005 - 1 - 7.

② 李晓燕，王彬彬. 四川发展低碳农业的必然性和途径［J］. 西南民族大学学报（人文社科版），2010（1）.

③ 农业部：农业已超工业成最大面源污染产业［EB/OL］. 凤凰财经网 http：//finance. if-eng. com/a/20150415/13634084_0. shtml，2015 - 4 - 15.

测性和空间异质性等特点，治理难度比工业更大。

　　健全农业生态环境补偿制度是治理农业面源污染前提条件。治理农业面源污染需要一整套全面的、有针对性的措施体系，包括推进农业清洁生产、发展节水农业、扩大测土配方施肥、实施农药零增长行动、防治畜禽养殖污染和农田残膜污染、推广秸秆综合利用技术、治理耕地重金属污染等，这些措施的实质是引导农民放弃传统掠夺式、粗放式的生产方式，由主要依靠资源消耗向资源节约型、环境友好型转变，走产出高效、产品安全、资源节约、环境友好的现代农业发展道路。① 在这一过程中，首先要从制度上要保障农民的经济利益和发展权益，因为农民是农业生产的主体，再完善的措施最终也是落实在农民身上，如果农民的生存和发展面临威胁，那么任何措施也无法有效实施。2015 年中央"1 号文件"强调要加强农业面源污染治理，并提出把创新体制机制作为防治农业面源污染的强大动力，逐步推进政府购买服务和第三方治理，探索建立农业面源污染防治的生态补偿机制②。

二、一般意义上农业生态环境补偿制度的基本内容和实施层次

　　按要素分类，生态环境补偿可以分为农业生态补偿、矿产资源开发补偿、水资源生态补偿、流域生态补偿等，从补偿的一般意义上来看，无论哪一种要素类型的补偿，其制度安排的基本内容、实施层次都接近相同，这是由补偿制度本身内涵所决定的，农业生态环境补偿制度也不例外，所不同的是制度设计中要考虑农业产业特质。

（一）基本内容

　　构建农业生态环境补偿制度需要明确不同的补偿类型，包括对因农业

---

　　①②　农业部新闻办公室. 农业部关于打好农业面源污染防治攻坚战的实施意见［EB/OL］. 中国农业信息网，http://www.agri.cn/V20/ZX/nyyw/201504/t20150413_4524372.htm，2015 - 4 - 13.

资源开发受到影响的生态功能恢复和重建进行的生态补偿、对因农业资源开发牺牲自身利益的农户进行的发展权补偿等①，同时还要规范补偿主体以及明确补偿方式。

1. 确定补偿原则

农业生态环境补偿制度坚持"谁开发谁保护，谁投资谁受益，谁污染谁治理，谁破坏谁恢复"的方针，综合运用行政、法律、经济和科技手段保护农业生态环境，② 促进农业生态效益、经济效益、社会效益的和谐统一。制定和实施农业生态环境补偿制度时需要遵循四个原则：

（1）谁污染谁治理，谁受益谁补偿的原则。从资源利用角度讲，农业生产过程中会向环境排放污染物，形成面源污染，或者直接对生态系统造成破坏，降低其生态功能，农业生产者应对其排污行为或者破坏行为支付相应的补偿。

（2）公平、公正的原则。公平性原则包括两个方面，一是同一代人之间在开发利用农业资源、共享农业生态系统产品和服务时候的公平性，即代内公平；一是当代人与后代人在开发利用农业资源、共享农业生态系统产品和服务时候的公平性，即代际公平③。

（3）政府主导、市场推进、社会参与的原则。农业生态环境补偿制度的重要内容是对产生外部经济效应者提供相应的补偿，使保护不再仅停留于政府的强制性行为和社会的公益性行为，通过引入市场机制，将补偿变为投资与收益对称的经济行为，④ 将补偿转化为经济效益。农业生态环境所有权属于国家，良好的农业生态环境是最公平的公共产品，是最基本的民生福祉，因此在农业生态环境补偿中起主导作用的是政府。既要坚持

---

① 李晓燕，蔡军. 生态文明理念下西部地区自然资源有偿化开发——基于构建资源开发补偿机制的视角 ［J］. 西南民族大学学报（人文社科版），2014（3）.

② 洪恩华. 西部地区自然资源有偿使用与补偿机制研究 ［D］. 中南民族大学硕士学位论文，2008.

③ 王燕. 水源地生态补偿理论与管理政策研究 ［D］. 山东农业大学博士学位论文，2011.

④ 许军，毛占峰. 西部开发中的补偿机制问题 ［J］. 合作经济与科技，2007（7）.

政府主导，不断加大财政投入；又要探索市场化补偿的途径，让补偿成为市场经济行为；还要积极引导社会各方参与，拓宽资金来源渠道。

（4）突出重点、先易后难的原则。农业生态环境补偿涉及农村、农民、农业的根本利益，而广大农村地区是我国经济落后的区域，农民群众是我国收入水平低下、社会地位低下的弱势群体，农业是国民经济的基础产业同时又是弱质产业，因此农业生态环境补偿面对的情况非常复杂，很多环节需要多方主体积极参与，通过友好协商、共同监督来确保相关主体的利益。

2. 明确补偿主体和补偿对象

农业生产导致环境破坏、生态恶化的成因复杂，加之农业面源污染具有分散性和隐蔽性、随机性和不确定性、不易监测性和空间异质性等特点，因此补偿责任不易界定，责任主体很难明确。同时，在农业生态资本产权界定不清的前提下，农业生态系统所提供的生态服务难以量化、定价进而进行市场交易，导致生态利益分享者目标群体难以统计。这些都为明确补偿主体和补偿对象增加了难度。

农业生态环境补偿的主体应包括环境的破坏者、公共主体的利益分享者。农业生态环境补偿主体，是指在农业资源开发过程中污染破坏农业生态环境的企业和个人，以及因他人改变资源使用而改善环境质量的受益者。这些行为主体有责任和义务筹集资金，对农业生态环境的损害、享受他人带来的农业生态环境改善而进行补偿。农业生态环境补偿的对象是指提供农业生态环境服务功能的个人。简言之，农业生态环境补偿主体为补偿方，而补偿对象为被补偿方。

从破坏农业生态环境、分享环境改善效益的角度来看，农业生态环境补偿的主体可界定为破坏者和受益者。一是破坏者。农业资源开发对环境破坏的补偿具有区域性，它围绕农业生产活动一定地域范围展开，对该区域内因农业生产而承担环境破坏带来的生态问题的居民的补偿。二是受益者。为了恢复、维持和增强农业生态系统的生态功能，农民或涉农企业放弃种养某些农作物或者畜禽，或者减少种养规模，调整农业生产结构，改变农业生产方式，通过自身利益的让渡使农业生态环境得到改善，受益者应该对这部分农民或涉农企业（生态环境服务功能提供者）支付相应的费用。

3. 合理选择补偿方式

从不同的角度来看，农业生态环境补偿的方式有很多分类。按照补偿产生的原因可以分为经济补偿、生态补偿和发展权补偿；按照补偿的具体内容可以分为资金补偿、实物补偿、政策补偿和智力（技术）补偿等。

众多补偿方式中，最常见的有以下几类：

资金补偿。资金补偿是最常见最直接的补偿方式，具体的补偿工具有补偿金、赠款、减免税收、退税、信用担保的贷款、补贴、财政转移支付、贴息等政策性工具[1]，还有通过市场交易进行资金补偿，如水权交易。目前用于农业生态补偿的资金补偿主要有四种途径：一是专款专用，即政府加大财政转移支付，中央和地方政府每年拨出专项资金编入财政预算，用于农业生态环境的补偿，例如退耕还林专项资金等。二是向破坏、污染农业生态环境的企业和个人收缴一定的补偿费和补偿税，将其纳入国家预算，由财政部门统一管理，国家每年将一部分资金补贴给农业生态环境的建设者和维护者。[2] 三是政府直接补贴，如测土配方施肥试点补贴、农业清洁生产技术运用补贴等，或者将税收的剩余部分作为农业生态环境恢复与生态建设资金，还可利用对环境污染的收费，增加环境污染的成本以减少对生态的破坏，增加对农户的补偿。四是通过市场机制，补偿方与被补偿方就农业生态系统提供的生态产品和服务达成交易。

政策补偿。以政策补偿的方式，农业生产者享受政策倾斜和差别待遇，通过规划引导、生态补偿项目支持，扶持和培育新的经济增长点和替

---

[1] 许军，毛占峰．西部开发中的补偿机制问题 [J]．合作经济与科技，2007（7）．
[2] 王燕．水源地生态补偿理论与管理政策研究 [D]．山东农业大学博士学位论文，2011．

代产业，激发当地保护农业生态环境，发展生态农业、循环农业、低碳农业等新型农业模式的主动性和积极性。

实物补偿。实物补偿是非经济补偿中的一种重要补偿形式，其内容是对发展权的补偿。实物补偿是指补偿者以物质、劳动力和土地等作为补偿手段，弥补受补偿者部分生产要素和生活要素不足的问题，改善受补偿者的生活状况，增强其生产能力。[1] 这类补偿方式能在补偿主体和补偿对象之间实现"双赢"，一方面在补偿主体资金缺乏的情况下具有非常的经济意义，有利于提高物质使用效率，另一方面由于考虑到了补偿对象长远的生存发展能力，容易被补偿对象接受，取得较好的补偿效果。

智力（技术）补偿。智力（技术）补偿也是非经济补偿中的一种重要补偿形式，其内容也是对发展权的补偿。智力（技术）补偿能大大增强农业生产地的创新能力，突破农业生产者选择清洁生产、发展新型农业模式所遭遇的技术瓶颈，将农业科学技术转化为农业生产力。这种变"输血"为"造血"的补偿方式，比经济补偿更能促进农村经济发展和生态环境保护。

（二）实施层次

农业生态环境补偿制度是以生态文明赋予的补偿新理念为核心，调整农业资源开发过程中相关主体间利益关系的一种制度安排。它的目的是明确农业资源开发过程中受到影响的生态功能恢复和重建费用，或者农户提供生态产品和服务而损失的利益，调节补偿方和受补偿方的利益分配关系，使得补偿方承担相关责任，受补偿方得到应有的补偿。[2]

根据补偿制度的内容，结合补偿项目在实践中的实施情况，一般意义上农业生态环境补偿制度的构建有以下两个层次，如图 4 - 1 所示。

---

[1] 王燕. 水源地生态补偿理论与管理政策研究 [D]. 山东农业大学博士学位论文，2011.

[2] 李晓燕，蔡军. 生态文明理念下西部地区自然资源有偿化开发——基于构建资源开发补偿机制的视角 [J]. 西南民族大学学报（人文社科版），2014（3）.

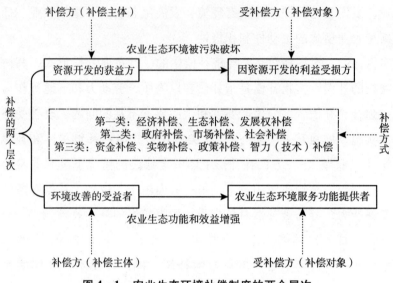

图 4-1 农业生态环境补偿制度的两个层次

一是农业资源开发过程中开发使用资源、污染破坏生态环境的企业或个人，对于因资源开发而导致当地经济和个人利益受损的地方政府及个人的补偿，即"资源开发的获益方→因资源开发的生态利益受损方"。

二是为了恢复、维持和增强农业生态系统的生态效益功能，农民或涉农企业减少资源开发，改变农业生产方式，通过自身利益的让渡使农业生态环境得到改善，受益者应该对该农民或涉农企业（生态环境服务功能提供者）支付相应的费用，即"农业生态环境改善的受益者→农业生态环境服务功能提供者"。

三、新形势下健全农业生态环境补偿制度的发展要求和新思路

2008 年，我国正式提出建立农业生态环境补偿制度，2008 年以后至今，国家层面和地方政府广泛开展农业生态环境补偿的实践并出台了一系列相关政策法规，力图建立健全农业生态环境补偿制度，并开始探索我国农业生态环境补偿制度由强制性向市场化发展的基本路线。2014 年新环

境法的颁布，明确了农业生态环境补偿的两个层次，即政府补偿和市场补偿，就此拉开了我国积极探索市场化生态补偿制度的序幕。

（一）新形势下的发展要求

2013 年，习近平总书记在海南考察时强调："良好生态环境是最公平的公共产品，是最普惠的民生福祉。"这一科学论断阐明了生态环境的公共产品属性及其在改善民生中的重要地位。① 2014 年，李克强总理再次强调，"把良好生态环境作为公共产品向全民提供"。这是党中央国务院从国家层面首次反复强调生态环境的公共产品属性，并把其作为最基本的民生福利，强调人人都可以平等消费、共同享用生态环境所提供的产品和服务。2015 年，中央"1 号文件"对"加强农业生态治理"做出专门部署，提出把创新体制机制作为防治农业面源污染的强大动力，逐步推进政府购买服务和第三方治理，探索建立农业面源污染防治的生态补偿机制②。在这样的宏观背景下，结合我国现有农业生态环境补偿制度在制定、执行、保障方面存在的问题，完善农业生态环境补偿制度，应符合以下两点要求：

（1）补偿区域应该因地制宜，根据实际情况合理组合不同的补偿主体，选择能充分发挥自身优势的互补形式，并在政府主导下，积极探索市场手段，提高补偿的质量和效果。农业生态环境补偿主体目前仍以政府补偿为主，补偿资金主要来源于国家财政拨款，通过市场筹集资金的比例很少。资金的短缺造成了补偿标准偏低、补偿不到位等情况。在政府的主导下，完善补偿方和被补偿方之间的交易市场，通过市场化途径进行补偿是非常必要的，这是补偿得以持续下去的主要推动力。③

（2）必须重视实物补偿、智力（技术）补偿等非经济补偿方式的运

---

① 自觉推动绿色发展　努力建设美丽中国——张高丽在中国环境与发展国际合作委员会 2014 年年会开幕式讲话［N］. 中国绿色画报，2014 - 11 - 25.

② 农业部新闻办公室. 农业部关于打好农业面源污染防治攻坚战的实施意见［EB/OL］. 中国农业信息网 http://www. agri. cn/V20/ZX/nyww/201504/t20150413_4524372. htm，2015 - 4 - 13.

③ 李晓燕，蔡军. 生态文明理念下西部地区自然资源有偿化开发——基于构建资源开发补偿机制的视角［J］. 西南民族大学学报（人文社科版），2014（3）.

用，重视对发展权的补偿。在具体的补偿政策实施过程中，需要结合实际情况采取经济补偿、物质补偿、政策补偿、技术补偿等多种补偿方式灵活组合，促进农业生态系统服务功能增强和农业经济可持续发展。目前，农业生态环境补偿方式主要是经济补偿和生态补偿，对发展权的补偿不够重视；补偿基本都是以政府主导，通过市场机制进行补偿尚在尝试中；补偿内容集中在资金补偿，而实物补偿、政策补偿和智力（技术）补偿很少。从项目实施的具体情况来看，实施经济补偿比较符合当地居民的意愿，也是最直接有效的补偿手段。但从长远来看，由于受补偿地区的经济比较落后，当地居民受教育程度较低，对补偿资金的使用存在一定的盲目性，容易造成资金的浪费，不利于当地经济的发展，达不到补偿的目的。另外，单纯的经济补偿资金来源有限，无法满足农户对补偿的多层次需求。为了保证良好的农业生态环境这一公共产品能够长久地成为最基本的民生福祉，需要在农业资源开发过程中，利用补偿机制提升"造血"功能，增强受补偿地区的自我发展能力，而非经济补偿方式能为当前及后续发展创造较好的条件，更能提高补偿的有效性。[①]

（二）多中心治理下的机制协调的提出

本书认为，新形势下健全农业生态环境补偿制度，除了秉承一般意义上农业生态环境补偿制度的基本内容、实施层次以外，还需要顺应新形势下农业生态环境补偿制度的发展要求，从农业生态环境的生产功能和生态功能入手，破解现有制度实施中遇到的难题。农业生态环境不同于一般的自然生态环境，它既有生态功能，又有生产功能；既是公共产品，又是农业的基本生产条件；既存在政府失灵，又存在市场失灵。在中国特色农业现代化道路下，农业生态环境保护必须与农业发展、农民增收有机统筹起来，这就要求进一步健全农业生态环境补偿制度，构建多方主体参与，政

---

① 李晓燕，蔡军. 生态文明理念下西部地区自然资源有偿化开发——基于构建资源开发补偿机制的视角 [J]. 西南民族大学学报（人文社科版），2014 (3).

府市场互补，市场供求、农民增收与生态保护相协调的农业生态环境补偿机制与政策体系。如图4－2所示。

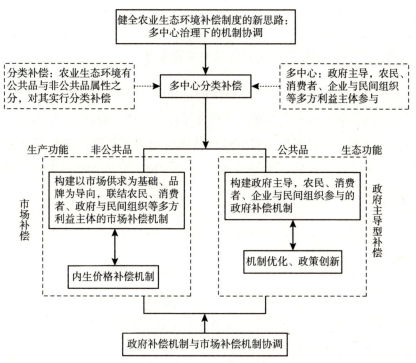

图4－2　健全农业生态环境补偿制度的新思路

通过多中心治理下的机制协调，完善农业生态环境补偿制度，有以下几个层次：

（1）协调农业生态环境的生产功能和生态功能，协同市场补偿机制和政府主导型补偿机制，将二者纳入统一的机制框架，以克服农业生态环境补偿中的市场失灵与政府失灵。

（2）农业生态环境问题涉及政府、民间组织、消费者、农民、企业等多方利益主体，并有公共品和非公共品属性之分，应以多中心的公共经济理论为基础，实行"多中心分类补偿"。

（3）实行"多中心分类补偿"，需要科学划分农业生态环境问题的公共品和非公共品属性，有效界定政府主导型补偿与市场化补偿的合理边界。

（4）多中心治理下机制协调，包括从市场补偿的角度，构建内生价格补偿机制；从政府补偿的角度，优化政府主导型补偿机制，并进行支持农业生态环境多方治理和市场化补偿取向的政策创新。

（三）多中心治理下的机制协调的实施保障

作为健全农业生态环境补偿制度的新思路——多中心治理下的机制协调，其实施保障包括三个方面：一是发挥补偿主体，即政府和市场的"双轮驱动"作用；二是明确补偿中的利益损失和权益获得；三是因地制宜，根据受偿地区具体区情、发展阶段等特征，确定补偿制度阶段性实施的重点。[①]

1. 确保补偿主体政府和市场的"双轮"驱动

政府和市场在实施农业生态环境补偿项目过程中都必须发挥重要作用。长期以来，我国主要通过政府的强制性补偿和少量的社会公益性补偿来推动农业生态环境补偿项目，市场机制的缺失导致补偿效益低下、补偿行为短期化、保护地无法形成自我发展能力等。

农业生态环境的所有权属于国家，在过去几十年里，推进农业生态环境补偿起主导作用的仍然是政府，但补偿不再仅停留于政府的强制性行为和社会的公益性行为，而是引入市场机制，将补偿变为投资与收益对称的经济行为，将补偿转化为经济效益和发展能力。当前，国家再三强调"把良好生态环境作为公共产品向全民提供"，2015 年中央"1 号文件"对"加强农业生态治理"做出专门部署，提出逐步推进政府购买服务和第三方治理，探索建立农业面源污染防治的生态补偿机制。[②]随着国家越来越

---

① 李晓燕，蔡军. 生态文明理念下西部地区自然资源有偿化开发——基于构建资源开发补偿机制的视角 [J]. 西南民族大学学报（人文社科版），2014（3）.

② 农业部新闻办公室. 农业部关于打好农业面源污染防治攻坚战的实施意见 [EB/OL]. 中国农业信息网 http://www.agri.cn/V20/ZX/nyyw/201504/t20150413_4524372.htm，2015 - 4 - 13.

关注农业生态环境补偿问题，各地方政府可以抓住这一机遇，大胆探索政府主导和市场推进的补偿途径。[①]

多中心治理下的机制协调，其核心之一是政府补偿机制和市场补偿机制的协调，就是要在实施农业生态环境补偿制度的过程中，充分发挥政府主导和市场推进"双轮"驱动的作用，其目的是体现农业生态环境保护的真实成本，纠正外部性下农业生态系统服务价值被低估的不合理现象。其中，政府主导主要是在农业资源开发的直接开发成本的基础上，以税费和补偿基金的形式收取相当于社会成本部分的价值，并将其应用于环境修复和社会再分配；[②] 或者政府对于重点推广的补偿项目给予资金、技术等各方面的扶持，如退耕还林（草）项目、农业清洁生产项目、秸秆综合利用项目等。市场推进主要是建立产权市场和资本市场，通过公开市场交易，在直接开发成本的基础上，再加上相当于社会成本部分的产权交易成本，[③]直接将这部分价值返还给农业生态环境的保护者。

当前，既要坚持政府主导，不断加大财政投入，制定并完善相关制度、政策、法规，引导市场的形成和发育；又要探索市场化补偿的途径，让补偿成为市场经济行为。政府主导和市场推进的"双轮"驱动主要体现在制度完善和相关交易市场的建立上，例如在政府主导作用下，可以构建农业清洁生产认证制度、创新地膜回收与再利用机制等；在市场推动下，可以建立低碳农业碳交易市场、流域上下游地区水权交易市场等。

2. 明确补偿中的利益损失和权益获得

农业生态环境补偿的实质是各主体之间的利益协调，损失的利益通过各种权益得到回报，补偿机制才算有效。由于实施农业生态环境补偿的区域为贫困落后的农村地区，经济发展落后，人民生活水平较低，在农业生

①③　李晓燕，蔡军. 生态文明理念下西部地区自然资源有偿化开发——基于构建资源开发补偿机制的视角 [J]. 西南民族大学学报（人文社科版），2014（3）.

②　王彬彬，蔡军. 论西部地区资源利用方式转变 [J]. 西南民族大学学报（人文社科版），2013（6）.

产和生态环境保护中做出了重大的牺牲。因此，健全农业生态环境补偿制度，首先要充分考虑到受补偿方损失的利益，按照多中心治理下的机制协调的思路，从近期和长远的角度，从不同的渠道保障这部分居民的权益，如表4-1、表4-2所示。

表4-1　　　　　　　　　在农业资源开发中受补偿方损失的利益

项目	损失的利益
土地	低价或无偿出让土地，土地的经济功能被破坏
水资源	水资源被资源开发企业占用，地表水、地下水水质下降，水位下降
生态环境	出现地质塌陷、空气污染等一系列环境灾害
经济结构转型	以资源为核心的新型产业结构，使当地居民失去原有工作机会，形成结构性失业
收入	居民在提供生态环境服务的同时，因改变传统生产方式产生经济损失。如流域上游地区保护水资源可能产生两项经济损失，一是因减少施用农药和化肥而造成农作物减产的损失，二是因限制发展家禽畜牧业而造成经济收入的减少
发展机会	受补偿地区失去了很多发展机会

资料来源：本表部分参考：世界银行、国家民族事务委员会项目课题组. 中国少数民族地区自然资源开发社区受益机制研究［M］. 北京：中央民族大学出版社，2009.

表4-2　　　　　　　　　在农业资源开发中受补偿方获得的权益

项目		权益的内容	获得的渠道
直接权益	赔偿（短期）	环境污染者对农民或涉农企业利益损失而进行的赔偿	土地补偿费、生态移民费等
	项目补偿（短期）	政府设立专项补偿资金，引导农民或涉农企业实施重点补偿项目	退耕还林补贴、测土配方施肥补贴、农业清洁生产技术运用补贴、小型农田水利和水土保持补助费等
	发展权补偿（长期）	对农民或涉农企业可持续发展机会损失进行的补偿	农作物损失补偿、再就业工程等

续表

	项目	权益的内容	获得的渠道
间接权益	产业收入（长期）	农民或涉农企业调整农业产业结构，发展替代产业、延伸产业而增加收入	生态农产品、有机农产品等比普通农产品定价高，产生溢价收益
	劳务收入（长期）	因补偿项目产生剩余劳动力输出而增加的收入	劳务工资提高收益
	政府支持（短期）	当地政府从自然资源开发中取得的收益，用于受偿地区发展	向企业收取耕地占用税、资源税等，进行政府转移支付，对农民专项补贴增加收益

资料来源：本表部分参考：世界银行、国家民族事务委员会项目课题组. 中国少数民族地区自然资源开发社区受益机制研究［M］. 北京：中央民族大学出版社，2009.

通过表4－1、表4－2不难看出，在保护农业生态环境、恢复农业生态系统服务功能过程中，农民各方面的利益都会受到损害，在经济方面、发展权方面、技术方面等给予补偿非常必要。在多中心治理下的机制协调框架下，农业生态保护者可以通过直接和间接途径获得不同的权益，在这过程中应当注意以下几个方面：

（1）受补偿方需要有充分的参与权。农业生态环境补偿制度虽然以政府主导，生态补偿项目所在地的社区和农户，在补偿金额、补偿方式、补偿年限等具体方案中，需要有充分参与权，提出自己的利益诉求。尤其要解决项目实施以后可持续收入的来源，项目期限过后相关扶持政策的配套等与切身利益相关的问题。

（2）拓展多种获益方式。目前，政府以具体项目进行补偿是农户获得权益最主要的直接的方式，这种方式存在补偿资金少、受补偿年限限制、补偿手段单一等问题，在保障补偿权益的时候，产业收入、劳务性收入等其他获益方式的比例并不大，难以成为农业生态保护者摆脱贫困的主要途径。当前应在政府支持下通过市场途径，积极探索众多获益方式，调动农业生态保护者的积极性。

（3）完善政府的制度设计。由于农业生态保护者在补偿制度的制定、执行、监督等环节的参与程度较低，农户获得的补偿权益主要取决于政府的制度设计。受改革开放后"先发展后治理"发展思路的影响，政府在农业生态环境补偿中主要考虑的是解决贫困和为当地提供更多的公共产品，农业生产地经济的发展，农户的权益诉求，都没有很好地体现在补偿中。

3. 确定补偿制度阶段性实施的重点

农业生态环境补偿具有一定的周期，对于需要补偿的地区和居民（农牧民），在不同的时间段有不同的补偿诉求，补偿机制的实施重点也应随之发生调整。因此，多中心治理下的机制协调必须是动态的、灵活调整的过程，以近期、中期和远期来区分时间阶段，农业生态环境补偿制度的实施重点分别是[①]：

近期的实施重点是，给予受补偿方经济补偿，即以国家重点补偿项目的政策补贴、财政转移支付等为主，直接给予资金补助增加收益。这是因为从受补偿地区的实际情况来看，农业生产地大多经济贫困，基于生存的基本要求，实施经济补偿比较符合当地居民的意愿，也是最直接有效的补偿手段。

中期的实施重点是，给予受补偿方发展权补偿，即培养农业生产地的生态保护者自我发展能力。经济补偿仅仅是应急的短期行为，并不能真正解决农业生态保护者"环保致贫"，加之补偿资金的盲目使用和补偿资金的严重不足，经济补偿的效用大打折扣。通过发展权补偿使农业生产地由"输血"到"造血"转型，实现自我积累与自我发展，才是农业经济发展和生态环境保护可持续性的有效途径。

远期的实施重点是，生态补偿项目之后的接续发展。一般的生态补偿项目都有期限，在期限范围内，根据受偿方的需要而给予资金补偿、技术

---

① 李晓燕，蔡军. 生态文明理念下西部地区自然资源有偿化开发——基于构建资源开发补偿机制的视角［J］. 西南民族大学学报（人文社科版），2014（3）.

补偿、智力补偿等，到期以后随着补偿政策的取消，往往出现农民因生存需求再次粗放式、掠夺式开发农业资源，继而引发一系列突出的社会问题和环境问题。因此，从地区的长远发展考虑，农业生态环境补偿应支持当地实施产业转型战略，因地制宜培育多元的接续产业（又称接续替代产业），例如循环农业、生态农业、低碳农业等。

简言之，多中心治理下，政府主导和市场推进的"双轮"驱动，其目的是体现农业生态环境治理的真实成本，纠正外部性下农业生态环境价值被低估的不合理现象。"双轮"驱动着力在制度完善和交易市场的建立上，以及明确补偿中的利益损失和权益获得。从近期、中期和远期来看，农业生态保护者在不同时间段有不同的补偿诉求。近期给予受补偿方经济补偿，即以国家重点补偿项目的政策补贴、财政转移支付等为主，直接给予资金补助增加收益；中期给予受补偿方发展权补偿，即培养农业生产地的生态保护者自我发展能力；远期的实施重点是生态补偿项目之后的接续发展，即支持当地实施产业转型战略，因地制宜培育多元的接续产业。

第五章

农业生态环境的市场内生价格补偿

——制度框架与实现机制

市场化的农业生态环境补偿从庇古税的公共环境政策向科斯型生态有偿服务转型，然而在实践中，科斯方案的内在缺陷又使生态环境补偿回归到庇古型生态有偿服务的中间路线。在这样的制度框架下，构建一个市场化的生态补偿机制，关键是降低交易成本、构建治理结构、选择市场工具。本书在对农业生态系统服务进行市场化与非市场化分类的基础上，构建以阶梯式生态溢价为工具的农业生态环境内生价格补偿模型，并以案例分析印证内生价格补偿，提出品牌诱导、复合激励、风险分担等内生价格补偿的实现机制。

第一节　市场化生态补偿机制的演进

自 1999 年发端于中国西部地区、并于 2003 年扩大到 25 个省（市、区）和新疆生产建设兵团的国家退耕还林（草）工程首次大规模引入生态补偿机制以来，十多年间生态补偿机制在中国各地迅速推广、普遍建立起来。然而，随着生态补偿机制的深入实施，生态补偿领域、补偿内容、补偿范围、补偿主体和补偿标准日益呈现出多元化的趋势，政府主导、

"输血式"、"救济式"的生态补偿方式不断显露出政策错配、形式单一、补偿不足的弊端，亟须引入一种更具包容性、多样性、机制弹性和可持续性的生态补偿机制。2007 年国家环保总局开始在自然保护区、重要生态功能区、矿产资源开发区和重点流域等 4 个领域进行生态补偿制度试点。2013 年国务院关于生态补偿机制建设工作情况的报告明确提出，"在综合考虑生态保护成本、发展机会成本和生态服务价值的基础上，采取财政转移支付或市场交易等方式，对生态保护者给予合理补偿"①。市场化的生态补偿机制一直是我国生态补偿机制发展的重要方向之一，特别是在碳汇交易、排污权交易、水权交易这些产权归属清晰、相关利益主体明确、生态价值可测量、市场体系较为完善的领域发展尤为迅速。

一、庇古税

早期的生态补偿机制遵循的是"庇古税"的理论路线。"庇古税"是英国经济学家庇古（Arthur Cecil Pigou）设计的控制环境污染的经济手段，他认为：生态环境资源配置存在相关利益主体的私人成本与社会成本不一致的状况，外部性使市场在配置该类资源时失效，唯有政府通过征税、罚款和补贴的方式纠正外部性，改善生态环境资源配置。20 世纪 60 年代，《寂静的春天》等一批反思经济增长的环境代价的著作问世，环境议题逐渐进入公众视线，成为社会的焦点问题之一。为了应对环境危机，在 60 年代初 OECD 国家大力倡导"庇古税"的环境问题解决方案。然而，这种政府供给的生态补偿机制具有天然的资源配置缺陷：一是除了权力寻租以外，政府总是出于某种偏好、甚至是盲目地选择支持某个领域、某种类型的生态补偿机制，并且有持续扩大用于生态补偿的税费收入的冲动。二是由于是由政府主导的再分配式的间接补偿，生态服务提供者与受益者之

---

① 国务院关于生态补偿机制建设工作情况的报告［EB/OL］. 中国人大网，http：//www. npc. gov. cn/npc/xinwen/2013 - 04/26/content_1793568. htm，2013 - 4 - 26.

间缺乏直接联系，生态服务提供者不了解需求的主体是谁，市场需要什么内容、规模、标准、质量的生态服务，生态服务的受益者也无法通过市场信号将真实的生态服务需求和支付价格意愿传递给生态服务提供者①。虽然政府作为中间人，尽量"模拟"生态补偿的市场交易，但是在生态补偿内容选择、主体界定、补偿标准制定上仍然是低效的。三是在早期的实践中，"庇古税"方案并不是根据污染活动的整体社会利益制定，而是倡导"污染者付费"原则，"谁污染、谁治理"，通过向污染者征税或排除污染活动，由污染者来承担负外部性的损失②，而生态服务提供者（或环境利益受损者）并没有得到相应的经济补偿。

二、科斯型生态有偿服务

基于"庇古税"的缺陷，市场环境主义者希望找到基于市场机制的环境问题解决方案。他们将生态环境资源配置的市场失灵归因于市场本身的不完善，认为通过为可交易的生态服务创造有效市场才是克服市场失灵的正确途径，如表 5 - 1 所示。科斯定理为生态补偿提供了以市场信号纠正生态环境外部性的方案——通过初始产权配置，基于市场或准市场竞争性议价的政策选择就能实现环境外部性的社会最优水平③④。这就意味着政府在生态环境项目执行和行政监管中的作用理论上完全是冗余的。在生态补偿的科斯方案下，生态服务的受益者（或环境污染者）可以像购买普通商品一样，直接与土地所有者或使用者（或环境利益受损者）进行市

① Dixon John, Xie Jian. *Promoting market-oriented ecological compensation mechanisms: payment for ecosystem services in China* [R]. World Bank, 2007 (12): 1 - 28.

② Ronald H. Coase. *The problem of social cost* [J]. Journal of Law and Economics, 1960 (3): 1 - 44.

③ R. Kerry Turner, David W. Pearce, Ian Bateman. *Environmental Economics: An Elementary Introduction* [M]. Baltimore: Johns Hopkins University Press, 1994.

④ Unai Pascual, Roldan Muradian, Luis C. Rodríguez, Anantha Duraiappah. *Exploring the links between equity and efficiency in payments for environmental services: A conceptual approach* [J]. Ecological Economics, 2010 (69): 1237 - 1244.

场谈判、签订合同、确定付款条件，换取固定形式的生态服务（或排污权）。然而，这一理论方案首先遇到的问题就是生态服务（或排污权）的商品化问题，直到今天仍然是困扰生态补偿的核心问题之一，因为商品化是产权配置的前提条件，商品化程度越高的生态服务（或排污权）越需要经济激励，越有可能建立起产权交易市场①。而大多数生态环境问题具有强外部性的特征，生态环境系统在结构、功能和空间分布上并不是完全独立的②，如农业生态系统（agroecosystems）既有水调节、水供给等非市场化的调节服务，又有食物供给等市场化的供给服务③；而非市场化的生态服务，既是构成整个自然生态环境重要组成部分的生态公共品，又是决定农产品质量的农业生产条件；农业生态系统既形成了小尺度空间的生态环境，又会通过自然生态系统的物质循环和能量循环影响更广域空间内的生态环境。事实上，除了碳汇交易等少数高度商品化的市场外，大部分生态服务（或排污权）的产权交易仍然缺乏公认的内容界定、标准界定、价值界定、效果界定。2005 年联合国千年生态系统评估计划（Millennium Ecosystem Assessment）提出生态系统服务（ecosystem services）的理念，生态系统服务被划分为调节服务（regulating services）、供给服务（provisioning services）、文化服务（cultural services）、支撑服务（supporting services）四个方面④，是"与经济系统共同连接人类社会与自然界的桥梁"⑤，这大大突破了生态环境作为人类社会"资源提供者、环境承载者"的简

① Roldan Muradian, Esteve Corbera, Unai Pascual, Nicolás Kosoy, Peter H. May. *Reconciling theory and practice: An alternative conceptual framework for understanding payments for environmental services* [J]. Ecological Economics, 2010 (69): 1202 - 1208.

② Stefanie Engel, Stefano Pagiola, Sven Wunder. *Designing payments for environmental services in theory and practice: An overview of the issues* [J]. Ecological Economics, 2008 (65): 663 - 674.

③ Harpinder S. Sandhu, Neville D. Crossman, F. Patrick Smith. *Ecosystem services and Australian agricultural enterprises* [J]. Ecological Economics, 2012 (74): 19 - 26.

④ Millennium Ecosystem Assessment. *Ecosystems and Human Well - Being: Synthesis* [M]. Washington, D. C.: Island Press, 2005.

⑤ Leon C. Braat, Rudolf de Groot. The *ecosystem service agenda: bridging the worlds of natural science and economics, conservation and development, and public and private policy* [J]. Ecosystem Services, 2012 (1): 4 - 15.

单认知，并为生态系统服务的商品化提供了条件。以此为基础，生态补偿可以"通过支付方案创新和支付市场建设，从制度结构上实现生态系统服务的市场交易"①。

表 5 - 1　　　　　　　　　　可能的市场失灵与问题汇总

市场失灵	问题	注意事项
不完全产权	定义问题	创建和定义产权
	测量问题	开发指标来描述相关属性
	排他性问题	如果不能禁止搭便车行为，应授权公共机构购买生态服务
	转让问题	创建可以单独从其他权利转让的权利，如土地所有权分离
信息缺乏或信息不对称	生态服务的生产函数未知问题	开发指标，将土地管理与生态服务生产联系起来
	买方不清楚如何从管理行为中受益的问题	买方或公共机构用指标计算土地所有者管理行为的公共收益；非市场化评估公共的非使用价值
	生产者不清楚如何从管理行为中受益的问题	应用指标和推广方案，告知土地所有者如何提供生态服务及其可获收益
	科学的不确定性问题	将"风险溢价"纳入指标，并进一步研究降低不确定性
	缺乏共同市场的问题	创建市场
市场结构	清淡市场问题	扩大市场范围，吸引更多交易，并最大限度地提高参与率
	市场力量问题	扩大市场范围，引入更多的竞争者，规制以防形成卡特尔垄断
统筹支付与效果	委托—代理问题	基于绩效的支付；监测；在履行合约中培养信任

---

① Erik Gómez - Baggethun, Rudolf de Groot, Pedro L. Lomas, Carlos Montes. *The history of ecosystem services in economic theory and practice*：*From early notions to markets and payment schemes* [J]. Ecological Economics, 2010 (69)：1209 - 1218.

市场失灵	问题	注意事项
约束市场参与	资本问题	预付款
	交易成本问题	公共机构提供信息和建议；简化权利交易和投标交易程序
	在机制上缺乏经验的问题	提供关于市场机制的培训

资料来源：Stuart M. Whitten, Anthea Coggan, Andrew Reeson, Russell Gorddard. *Putting theory into practice: market failure & market based instrument design* [A]. Australian Agricultural and Resource Economics Society 2007 Conference (51st), pp. 1 – 21., Queenstown, New Zealand, 2007.

　　生态系统服务的提出，促进了科斯型生态有偿服务（payments for ecological services, PES)[1] 在全球生态环境的服务市场上取得巨大成功，并且成为 21 世纪以来生态有偿服务的主流形式[2]。生态有偿服务是一套建立在购买生态产品和服务基础上的生态环境保护机制，"纯粹"的科斯型生态有偿服务"是一项（最小的）生态服务的受益者从（最小的）生态服务提供者处购买良好界定的生态服务（或土地使用可能确保该服务）的自愿交易，当且仅当生态服务提供者保障生态服务的供给（条件）"[3]。这个狭义概念（narrow definition)[4] 的科斯型生态有偿服务，具有零交易费用、无政府干预、信息完备且对称等符合新制度经济学特征的前提条件。从理论上来说，只要通过一定的制度设计将交易成本降到足够低，无论何

---

　　① 国内大部分研究将"生态补偿"等同于"生态有偿服务"，认为"生态补偿"主要是中国的提法，国外的提法是"生态有偿服务"，这是有待商榷的。在国外，生态有偿服务与环境公共品（environmental goods）有着明确的区别；在中国，"生态补偿"的内涵包括这两部分。见 Bettina Matzdorf, Claudia Sattler, Stefanie Engel. *Institutional frameworks and governance structures of PES schemes* [J]. Forest Policy and Economics, 2013 (37): 57 – 64.

　　② Roldan Muradian, Esteve Corbera, Unai Pascual, Nicolás Kosoy, Peter H. May. *Reconciling theory and practice: An alternative conceptual framework for understanding payments for environmental services* [J]. Ecological Economics, 2010 (69): 1202 – 1208.

　　③ Sven Wunder. *Payments for Environmental Services: Some Nuts and Bolts* [A]. CIFOR Occational Paper no. 42, pp. 1 – 24., Bogor, Indonesia, 2005.

　　④ Claudia Sattler, Bettina Matzdorf. *PES in a nutshell: From definitions and origins to PES in practice——Approaches, design process and innovative aspects* [J]. Ecosystem Services, 2013 (6): 2 – 11.

种初始产权的配置都将产生该前置条件下的最优解，并且最优解的福利水平显著高于庇古税的均衡解①，这表明科斯型生态有偿服务"似乎"能更有效率地解决生态环境外部性问题。支持者认为，科斯型生态有偿服务具有明显的优势：一是提供了不依赖于公共行政部门的生态补偿机制。在庇古型生态有偿服务中，政府以公共利益的名义直接用公共财政补偿生态服务提供者，或以第三方支付的方式促进生态环境保护，并不需要基于市场的自愿交易。而由政府主导资源配置也会存在政府失灵的现象，生态环境问题将面临双重"失灵"的效率损失，即在市场失灵的基础上进一步叠加政府失灵。相反，科斯型生态有偿服务在避免政府失灵的同时，可以通过完善市场交易来缓解市场失灵。二是发现生态服务的市场价格。生态服务作为一种商品有其内在价值和市场定价。在有效的市场中，任何一项生态服务的价格必然已经反映所有的提供这项生态服务的成本、费用以及市场交易的信息。生态服务无非像碳汇交易、水权交易、排污权交易一样外化成一种独立的生态环境商品，独立定价、独立交易；或是像资源税费一样内化成商品的生产成本，以更高的销售价格（或价内税的形式）向消费者转嫁，从而真实反映商品生产的社会成本，抑制生态环境的过度消费。三是鼓励生态创新。在市场价格信号的激励下，生态服务提供者和受益者都将努力推动生态创新②③。当生态服务成为独立的商品时，基于生态服务交易的金融创新就孵化出生态金融的新领域。如在 1992 年《联合国气候变化框架公约》和 1997 年《京都议定书》通过之后，全球碳金融快速发展起来，形成以清洁发展机制（CDM）项目下核证减排量（CER）合约为代表的碳远期交易、以欧盟碳排放配额交易（EUAs）为代表的碳期货交易、以 EXC 的 EUA 期权为代表的碳期权交易、以 EUA 和 CER 互

---

① 陈挺，生态补偿中市场环境主义与非市场环境主义的争论——基于科斯定理的质疑 [J]．财政研究，2013（11）：10 – 12.

② Dargusch Paul, Griffiths Andrew. *Introduction to special issue：a typology of environmental markets* [J]. Australasian Journal of Environmental Management, 2008（15）：70 – 75.

③ Richard B. Norgaard. Ecosystem services：From eye-opening metaphor to complexity blinder [J]. Ecological Economics, 2010（69）：1219 – 1227.

换为代表的碳互换交易及其他衍生品交易①。当生态服务内化为商品的生产成本并最终转化为消费支出时，提高生态环境资源投入的技术效率、转变生态环境资源的利用方式、改善生态环境商品的消费模式，成为重要的创新方向。如在能源领域，能源税收改革使传统化石能源的消费价格更真实反映能源的稀缺性和能源开发的环境代价，光伏发电、风电、页岩气等新能源技术和合同能源管理等消费方式才有了市场价格空间和技术应用空间。

　　科斯型生态有偿服务的兴起，也使得生态有偿服务的理论研究和政策实践发生了重大调整。一方面，生态经济学逐渐取代环境经济学成为生态有偿服务的主要理论基础，生态有偿服务的研究视角也从环境经济学②的视角，转向生态经济学③的视角以及反思生态环境资本化、私有化的视角（拒绝生态服务概念和生态有偿服务④）⑤。另一方面，"污染者付费"原则向"受益者付费"原则转变，"受益者付费"成为生态有偿服务的主流方式。"污染者付费"是将生态破坏和环境污染视为经济增长的负产品，试图通过惩罚性措施减少生态环境损害，而"受益者付费"把生态环境定义为一种生态产品，通过正向激励促进生态环境保育和生态服务供给。这就意味着生态环境服务应该有一个"真实"的市场定价，生态环境服务提供者通过获取合理的市场回报，实现更好的生态环境保护。因此，一些学者提出了近似于 Wunder（2005）定义的生态服务市场（market for ecological services，MES）的概念，即"创立一套自由交易的市场机制，生

---

① 全球主要碳金融衍生品分析［N］. 期货日报，2014 – 6 – 24.

② Stefanie Engel, Stefano Pagiola, Sven Wunder. *Designing payments for environmental services in theory and practice：An overview of the issues*［J］. Ecological Economics，2008（65）：663 – 674.

③ Roldan Muradian, Esteve Corbera, Unai Pascual, Nicolás Kosoy, Peter H. May. *Reconciling theory and practice：An alternative conceptual framework for understanding payments for environmental services*［J］. Ecological Economics，2010（69）：1202 – 1208.

④ McCauley, D. J.. *Selling out on nature*［J］. Nature，2006（443）：27 – 28.

⑤ Joshua Farley, Robert Costanza. *Payments for ecosystem services：From local to global*［J］. Ecological Economics，2010（69）：2060 – 2068.

态服务的价格由市场竞争决定、受供求关系影响"①。2003 年以来，这套机制在全球碳汇市场领域快速发展，典型的案例有芝加哥气候交易所（CCX）、欧盟的排放交易体系（EU ETS）、联合国在发展中国家开展的防止毁林和森林退化减少温室气体排放（REDD）项目及其升级版 REDD + 项目。

三、庇古型生态有偿服务

然而，由于现实条件与理论假设的差距，Wunder（2005）定义的"纯粹"的生态有偿服务通常很难实现②：一是自愿交易的生态有偿服务在各国实践中仅占很小的比重。特别是在存在多个生态服务提供者的生态有偿服务中，生态有偿服务的支付费用是按照生态服务提供者平均的机会成本核算确定，在有些发展中国家，甚至是按照生态服务提供者（如土地所有者）最小的机会成本来确定③。一些生态服务提供者（如佃农）获得的生态补偿不能满足机会成本，生态有偿服务并不是在"自愿"的价格水平上达成。这也是发展中国家和地区"补偿致贫"现象的原因之一④⑤。二是政府、社会组织等中介组织广泛参与生态有偿服务，在很大程度上起

①　Anantha Kumar Duraiappah. *Markets for Ecosystem Services: A Potential Tool for Multilateral Environmental Agreements* [R]. International Institute for Sustainable Development, 2006.

②　Luca Tacconi. *Redefining payments for environmental services* [J]. Ecological Economics, 2012 (73): 29 – 36.

③　如拉丁美洲的一些土地所有者，拥有大面积土地的所有权。他们将土地租给佃农，收取土地地租，因此利用土地的机会成本并不高。一旦他们的土地有机会参与到生态有偿服务项目中，他们更倾向于从佃农手中收回土地，或者限制佃农的某些权利和生产方式，转而从生态服务中获取收益。

④　Stefano Pagiola, Agustin Arcenas, Gunars Platais. *Can Payments for Environmental Services Help Reduce Poverty? An Exploration of the Issues and the Evidence to Date from Latin America* [J]. World Development, 2005 (33): 237 – 253.

⑤　Roldan Muradian, Esteve Corbera, Unai Pascual, Nicolás Kosoy, Peter H. May. *Reconciling theory and practice: An alternative conceptual framework for understanding payments for environmental services* [J]. Ecological Economics, 2010 (69): 1202 – 1208.

到决定性作用①。在许多生态有偿服务的案例中，政府、社会组织常常为生态服务的交易双方提供信任保障、初始投入、信用贷款等，逐渐培育起生态有偿服务的市场机制。Wunder（2008）在对发达国家和发展中国家的比较研究中也承认，生态有偿服务有受益者融资型和政府融资型之分。在政府融资型生态有偿服务中，政府的角色从行政监管者变成了"第三方代理人"，以近似"总需求人"的身份向生态服务提供者集体购买生态服务，而仅有受益者融资型生态有偿服务才高度契合科斯型生态有偿服务②。三是生态服务的效果很难进行精确评价。生态环境的改善有多少来自自然修复和环境净化，有多少来自相邻空间生态环境改善的溢出效应，又有多少直接来自供给方的生态服务本身。这种不确定性，使生态服务的监管和评价具有很强的主观性，同时也导致生态服务的支付金额有长期走高的趋势。生态服务的效果欠佳，有可能是前期投入不足，生态服务的成本和价格相应上涨；生态服务的效果较好，就更应该在支付金额上对额外的努力进行充分激励。因此，生态有偿服务普遍缺乏连续、稳定、可持续的资源支付机制。

在实际操作中，生态有偿服务的生态服务内容、价值标准、主体界定、资金支付形式、补偿方式往往依据具体项目设定，生态有偿服务呈现出高度多样性，更像是一个容纳各种市场化保护机制的"概念伞（a broad umbrella）"③，其中绝大部分是包含某类政府干预机制（税收或补贴）的广义概念（broad definition）的庇古型生态有偿服务④。为了调和生态有偿服务理论（科斯理论）与实践（庇古倾向）的脱节问题，Muradian（2010）

①　Arild Vatn. *An institutional analysis of payments for environmental services* ［J］. Ecological Economics，2010（69）：1245–1252.

②　Sven Wunder，Stefanie Engel，Stefano Pagiola. *Taking stock：A comparative analysis of payments for environmental services programs in developed and developing countries* ［J］. Ecological Economics，2008（65）：834–852.

③　Stefanie Engel，Stefano Pagiola，Sven Wunder. *Designing payments for environmental services in theory and practice：An overview of the issues* ［J］. Ecological Economics，2008（65）：663–674.

④　Claudia Sattler，Bettina Matzdorf. *PES in a nutshell：From definitions and origins to PES in practice——Approaches，design process and innovative aspects* ［J］. Ecosystem Services，2013（6）：2–11.

从多重社会目标的视角，用 3 条标准重新定义了广义概念的生态有偿服务：一是经济激励的重要性，是与促进生态服务实际供给相关的激励作用；二是资金转移的直接性，是指生态服务提供者与最终受益者之间的调解程度；三是商品化率，是指可量化地评估和获取生态服务的程度和明确度①。Rodríguez（2011）沿着 Muradian（2010）统一环境保护与社会保护解决方案的研究路线，比较研究了"生态有偿服务"（PES）与"有条件现金转移支付"（CCT）在减贫中的作用机制，提出了生态有偿服务的概念特征②，如表 5-2 所示。然而，一些学者批评 Muradian（2010）的定义过于宽泛，模糊了生态有偿服务的概念边界。Tacconi（2012）提出了一个介于 Wunder（2005）与 Muradian（2010）之间的定义：生态有偿服务是一套透明的制度，即通过有条件支付，自愿提供额外的环境服务③。这个定义涵盖了不同类型的生态有偿服务，不仅符合 Muradian（2010）的 3 条标准，而且突出参与的自愿性、成本效益、帕累托效率、生态服务双方的选择权、中介组织等理论与实践中的关键特征。

表 5-2　　　　　　　　　　生态有偿服务的概念特征

特征	具体内涵
市场工具	设计环境外部性内部化的方案，以解决市场失灵时个体决策与社会偏好不匹配的问题
受偿者义务	以增加补偿效率为目标；以环境质量为主要标准；以地理为条件；以家庭、土地等为对象

① Roldan Muradian, Esteve Corbera, Unai Pascual, Nicolás Kosoy, Peter H. May. *Reconciling theory and practice*：*An alternative conceptual framework for understanding payments for environmental services* [J]. Ecological Economics, 2010（69）：1202 – 1208.

② Luis C. Rodríguez, Unai Pascual, Roldan Muradian, Nathalie Pazmino, Stuart Whitten, *Towards a unified scheme for environmental and social protection*：*Learning from PES and CCT experiences in developing countries*，Ecological Economics, 2011（70）：2163 – 2174.

③ Luca Tacconi. *Redefining payments for environmental services* [J]. Ecological Economics, 2012（73）：29 – 36.

特征	具体内涵
金额偿付	国家项目从国家税收和社会捐助建立起来的公共基金中筹资，私人项目还可以通过环境服务市场实现；支付款项不仅要补偿已获收益，还要补偿用于环境服务的土地管理活动所形成的机会成本；现金或实物支付；规划定期、可预测的支付频率，以降低环境保护的进入壁垒；支付款项有助于完善生态环境安全网络、降低生态环境风险
受偿者责任	调整个体行为，以适应社会环境目标；设计合规性检验监督机制和惩罚机制

资料来源：整理自 Luis C. Rodríguez, Unai Pascual, Roldan Muradian, Nathalie Pazmino, Stuart Whitten, *Towards a unified scheme for environmental and social protection: Learning from PES and CCT experiences in developing countries*, Ecological Economics, 2011 (70)：2163 – 2174.

当然，到底采用科斯型生态有偿服务，还是庇古型生态有偿服务，还与生态服务的地理层次密切相关。对于地方性的生态服务，服务的提供者、受益者和空间半径十分有限，而且没有复杂的法律条文约束，因此更多地会采用针对个人和企业的纯科斯方案。对于国际性的生态服务，事实上任何一个商业机构都难以独立承担起促进生态服务跨区域市场交易的任务，政府干预是降低交易费用的有效途径，因此更多地会采用庇古型方案。从国际案例来看，庇古型生态有偿服务在建设生态功能区域、提供具有公共性的基础生态环境服务方面发挥了积极作用，并且有效地降低了面向众多分散的生态服务提供者进行集体谈判的交易成本。然而，正如许多政府主导的项目一样，政府在集体购买、监督生态服务上的有效率与激励上的无效率同时并存。政府既不能像生态服务的受益者那样用货币投票来评估生态服务，也不能向生态服务提供者提出异质性的生态服务绩效评估方案，因此，事实上生态服务的提供者缺乏应有的激励。庇古型生态有偿服务的典型例子，就是著名的欧洲"农业环境计划"（Agri-environment Scheme）。为了在欧洲多个国家建设生态网络（ecological network）以及促进农业的可持续发展，欧洲"农业环境计划"通过给农民资金补贴，要求农民自愿保护所耕作农田的生物多样性[1]。然而，在项目评估中发现，虽然欧洲"农业环境计划"的经费支出不断攀升，但农田生物多样性并没有明显改善，甚至对物种的丰度还有负面影响。欧洲"农业环境计划"的生态补偿方式、生态服务质量、资金投入绩效等受到了广泛批评。

第二节　市场化生态补偿机制的构建

经过近 20 年的发展，生态有偿服务在全球的影响持续上升，许多国家和地区都在开展生态有偿服务，以市场工具促进生态服务供给[2]，发展中国家还借此推动减少贫困和促进社会平等公平[3]。自 1997 年生态有偿服务作为新的环境政策工具在哥斯达黎加率先开发出来[4]，以拉丁美洲的厄瓜多尔的 PROFAFOR 固碳项目[5]、哥伦比亚的 Silvopastoral Project 林牧项目[6]、巴西的 Bolsa Floresta 护林项目[7]、墨西哥的 PSA – CABSA Niños Heroes 环境

① D. Kleijn, R. A. Baquero, Y. Clough, M. Díaz, J. De Esteban, F. Fernández, D. Gabriel, F. Herzog, A. Holzschuh, R. Jöhl, E. Knop, A. Kruess,, E. J. P. Marshall, I. Steffan – Dewenter, T. Tscharntke, J. Verhulst, T. M. West, J. L. Yela. *Mixed biodiversity benefits of agri-environment schemes in five European countries* [J]. Ecology Letters, 2006 (9): 243 – 254.

② Walters Nsoh, Colin T. Reid. *Privatisation of Biodiversity*: *Who Can Sell Ecosystem Services?* [J]. Environmental Law and Management, 2013 (25): 12 – 20.

③ Stefano Pagiola. Guidelines for "Pro – Poor" Payments for Environmental Services [R]. World Bank, 2007. http://siteresources. worldbank. org/INTEEI/Resources/ProPoorPES – 2col. pdf.

④ Stefano Pagiola. *Payments for environmental services in Costa Rica* [J]. Ecological Economics, 2008 (65): 712 – 724.

⑤ Sven Wunder, Montserrat Albán. *Decentralized payments for environmental services*: *The cases of Pimampiro and PROFAFOR in Ecuador* [J]. Ecological Economics, 2008 (65): 685 – 698.

⑥ Ana R. Rios., Pagiola Stefano. *Poor household participation in payments for environmental services in Nicaragua and Colombia* [R]. World Bank, MPRA Paper No. 13727, 2009 (2).

⑦ Virgílio M. Viana. *Bolsa Floresta* (*Forest Conservation Allowance*): *An innovative mechanism to promote health in traditional communities in the Amazon* [EB/OL]. http://www. scielo. br/pdf/ea/v22n64/en_a09v2264. pdf.

有偿服务项目①、尼加拉瓜的 Silvopastoral Project 林牧项目②，亚洲的柬埔寨的 Biodiversity Conservation Payments 生物多样性保护项目③、印度尼西亚的 Tlekung and Cidanau Watershed Payments 流域补偿项目④、菲律宾的 Bakun Watershed Protection 流域保护项目⑤，非洲的肯尼亚的 Wildlife Conservation Lease Program 野生动物保护项目⑥、莫桑比克的 Nhambita Community Carbon 固碳项目⑦为代表，生态有偿服务在发展中国家已有一些成功的项目案例。对于这些高度差异化的样本，研究者试图将其纳入统一的分析框架内，梳理促使生态有偿服务成功的关键环节和关键因素，找出生态有偿服务开展的一般范式和技术路线。从本质上讲，生态有偿服务所涉及的核心问题无非是"提供什么样的生态服务、谁来提供、怎么支付（补偿）"，因此从技术流程来审视如何规范地开展生态有偿服务，生态系统服务的形成和供给机制、生态补偿的融资机制与支付机制、补偿对象的空间定位、激励方式选择、公平与效率的权衡、泄露、额外性与不正当激励以及中介机构的影响力都是必须要关注的关键问题⑧。而从后置的结果导向（output-based）来看，以美国和德国生态有偿服务的 22 个项目样本为

① Esteve Corbera, Carmen González Soberanis, Katrina Brown. *Institutional dimensions of Payments for Ecosystem Services: An analysis of Mexico's carbon forestry programme* [J]. Ecological Economics, 2009 (68): 743 – 761.

② Ana R. Rios. , Pagiola Stefano. *Poor household participation in payments for environmental services in Nicaragua and Colombia* [R]. World Bank, MPRA Paper No. 13727, 2009 (2).

③ Tom Clements, Ashish John, Karen Nielsen, Dara An, Setha Tan, E. J. Milner – Gulland. *Payments for biodiversity conservation in the context of weak institutions: Comparison of three programs from Cambodia* [J]. Ecological Economics, 2010 (69): 1283 – 1291.

④ Munawir, Sonja Vermeulen. *Fair deals for watershed services in Indonesia* [R]. International Institute for Environment and Development, IIED code: 13539IIED, London, 2007 (7).

⑤ Beria Leimona, Laxman Joshi, Meine Van Noordwijk. *Can rewards for environmental services benefit the poor? Lessons from Asia* [J]. International Journal of the Commons, 2009: 82 – 107.

⑥ World Bank. *Kenya Wildlife Conservation Leasing Demonstration Project* [R]. GEF Project Brief Report 37471, 2008.

⑦ Rohit Jindal, Brent Swallow, John Kerr. *Forestry-based carbon sequestration projects in Africa: Potential benefits and challenges* [J]. Natural Resources Forum, 2008 (32): 116 – 130.

⑧ 赵雪雁，李巍，王学良. 生态补偿研究中的几个关键问题 [J]. 中国人口·资源与环境，2012 (2): 1 – 7.

例，成功的生态有偿服务具有 4 个共同特征：一是中介组织，82% 的项目有中介组织参与，其中大部分中介组织是各种社会组织；二是政府介入，73% 的项目有政府介入，政府主要是发挥生态服务购买者的中介作用；三是共同利益，68% 的项目有与生态、社会、制度相关的正面效应；四是结果导向，36% 的项目是结果导向型生态有偿服务（output-based PES）①②，占有绝对比重③。总体而言，在理论与实践的调和中，生态有偿服务越来越超越科斯型与庇古型的类型划分，呈现出融合发展的趋势：以科斯定理为基本内核、政府和社会组织参与为实施保障，推动可量化的生态服务以有效率、可持续的价格和支付方式进行市场化交易。其中，有效率不仅包括 Wunder（2005）等倡导的竞争性效率，即按科斯定理，生态服务提供者与受益者的福利通过生态服务的市场化交易达到帕累托效率；而且还包括 Muradian（2010）等倡导的包容性效率，即生态服务自身要容纳更多减少贫困、促进公平正义的社会成本，不同产权地位与机会成本的生态服务提供者的福利也应通过生态服务的市场化交易达到帕累托效率。而可持续不仅要求通过新的技术手段和管理手段，更准确量化生态服务内容与数量、空间范围与受益对象，以实现有效监督和科学评估生态服务的实施质量；而且还要求按照 Muradian（2010）的 3 条标准，更新生态服务支付的形式和模式，以达到更佳的正向激励效果。这就需要重视降低交易成本、构建"市场增进"的制度框架、选择市场工具等三个问题。

一、降低交易成本

科斯型生态有偿服务的弱点之一，就是在现实中交易成本并不总是处

---

① Sven Wunder. *Payments for Environmental Services: Some Nuts and Bolts* [A]. CIFOR Occational Paper no. 42, pp. 1 - 24., Bogor, Indonesia, 2005.

② Kathy Baylis, Stephen Peplow, Gordon Rausser, Leo Simon. *Agri - environmental policies in the EU and United States: A comparison* [J]. Ecological Economics, 2008 (65): 753 - 764.

③ Claudia Sattler, Susanne Trampnau, Sarah Schomers, Claas Meyer, Bettina Matzdorf. *Multi - classification of payments for ecosystem services: How do classification characteristics relate to overall PES success?* [J]. Ecosystem Services, 2013 (6): 31 - 45.

于极低的状态。以上述的欧洲农业环境计划为例，在 1992～1993 年项目执行初期阶段，仅欧洲各国与项目相关的公共行政成本就达到支付给土地所有者补偿资金的102%，直到1998～1999年才下降至18%[①]；连长期被忽略的作为项目实施对象的私人部门也有不菲的交易成本，平均达到项目总成本的15%[②]。从制度经济学的角度来看，交易成本是产品和服务的生产成本之外[③]，用于界定、建立、维护和转让资源产权的成本[④]，其产生是由于信息不确定性的存在以及交易者对这种不确定性的管控行动，如搜寻合作伙伴、获取生产知识、谈判签订合约、监督执行合约等[⑤]。交易成本在生态有偿服务的全领域和全过程都广泛存在，Coggan（2010）在 Mc-Cann（2005）的框架上，进一步按活动类别和时间序列，梳理出生态有偿服务中公共部门和私人部门的交易成本，如表5-3所示。这些交易成本既由交易中资产专用性、交易频率、不确定性、可观测性等特征所决定，又受到交易者有限理性、机会主义、信任与共识等因素以及现有制度环境安排的影响。如农民参与欧洲农业环境计划时，不确定性会在信息收集中产生较高的的交易成本；只有当他加入农民组织或推广机构后，这类交易成本才会下降[⑥]。因此，在生态有偿服务中，降低交易成本的关键在于交易者、时间机会和政策工具三个方面：一是公共部门和私人部门之间

---

①　Katherine Falconer, Pierre Dupraz, Martin Whitb. *An Investigation of Policy Administrative Costs Using Panel Data for the English Environmentally Sensitive Areas* [J]. Journal of Agricultural Economics, 2001 (52): 83 - 103.

②　Evy Mettepenningen, Ann Verspecht, Guido Van Huylenbroeck. *Measuring private transaction costs of European agri-environmental schemes* [J]. Journal of Environmental Planning and Management, 2009 (52): 649 - 667.

③　Mats Nilsson, Thomas Sundqvist. *Using the market at a cost: How the introduction of green certificates in Sweden led to market inefficiencies* [J]. Utilities Policy, 2007 (15): 49 - 59.

④　Laura McCann, Bonnie Colby, K. William Easter, Alexander Kasterine, K. V. Kuperan. *Transaction cost measurement for evaluating environmental policies* [J]. Ecological Economics, 2005 (52): 527 - 542.

⑤　Daniel W. Bromley. *Environment and Economy: Property Rights and Public Policy* [M]. Oxford: Blackwell, 1991.

⑥　Géraldine Ducos, Pierre Dupraz, François Bonnieux. *Agri-environment contract adoption under fixed and variable compliance costs* [J]. Journal of Environmental Planning and Management, 2009 (52): 669 - 687.

交易成本变化的影响取决于两者的自身行为和相互作用，应鼓励一方的积极行动（诸如信息收集和传播），以显著降低各方共同面临的交易成本。二是项目初始阶段的方案优化可以有效降低后续阶段的交易成本[①]，应分析项目的生命周期，以对交易成本的总量和阶段分布进行精确反应。三是市场化的政策工具与规制政策工具有不同的交易成本，应分析不同政策工具的交易成本及其对各方的影响，选择适用的政策工具组合。

表 5 - 3　　　　　　　　　　创建和执行环境政策的交易成本

活动类别	时间序列	交易成本	
		公共行政部门	私人部门
研究、信息收集和分析、政策设计	实施前	调查问题、分析备选方案的成本收益所耗费的时间和资源	政策分析（咨询等）、信息收集所耗费的时间和资源，以确保合规性和用于机构游说
	开发和实施	完善诸如试点、公共咨询、培训、程序开发、监管和审计基础设施建设等政策设计所耗费的时间和资源	参与试点的时间和机会成本；政策学习的时间和资源投资；启动合规性监管的资源投入
	进行中	政策评估与调整、用于支持法律诉讼、审计、监管和执法的信息收集所耗费的时间和资源	寻找交易伙伴、研究合同需求、了解不同环境下的政策修订或应用、进行监管和支持法律诉讼所耗费的时间和资源
制度设定	开发和实施	政策解释、政策变化的时间和资源投入；为推动立法发展（如果需要）准备背景文档所耗费的时间和资源（职员、打印成本）	游说机构以支持或反对新政策（会议、材料）所耗费的时间和资源。等待立法完成和明确的行为清单的机会成本
建立	开发和早期实施	雇佣、培训职员、采购设备、宣传广告所耗费的时间和资源	雇佣、培训职员和采购设备所耗费的时间和资源
合约实施	实施并推进	实施政策、配置许可证、经纪合约、验证合约所耗费的时间和资源	谈判和完成合同所耗费的时间和资源

---

① Kuperan, K., Abdullah, Nik Mustapha Raja, Pomeroy, Robert, Genio, E. L., Salamanca, A. M.. *Measuring Transaction Costs of Fisheries Co - Management* [J]. Coastal Management, 2008 (36): 225 - 240.

续表

活动类别	时间序列	交易成本	
		公共行政部门	私人部门
支持和管理	进行中	评估申请、审计程序、记录保存、解释政策所耗费的时间和资源	应用、记录上的时间和资源投资
监管	进行中	合规性审计、有效性报告所耗费的时间和资源	提供监管数据、遵守监管流程所耗费的时间和资源
执法	进行中	执法时间的机会成本；诉讼成本（如果需要）	时间、罚款、法律投入的机会成本

资料来源：Anthea Coggan, Stuart M. Whitten, Jeff Bennett, *Influences of transaction costs in environmental policy* [J]. Ecological Economics, 2010 (69)：1777 – 1784.

二、构建治理结构

从狭义的科斯型生态有偿服务到广义的庇古型生态有偿服务，似乎又向解决生态环境问题的庇古方案回归。理论上，在"纯粹"的科斯方案与"纯粹"的庇古方案之间，还存在若干混合状态的制度结构。Vatn（2010）指出，大多数生态有偿服务案例是科层制的治理结构，仅有少部分才是基于市场和基于社区的治理结构[1]。而在科层制的治理结构中，政府除了充当生态服务购买者的角色或更为理想的"生态服务购买者的第三方代表"[2] 外，越来越多地在生态有偿服务的法律建构上发挥重要作用[3][4]。因此，Matzdorf（2013）在传统的科斯方案和庇古方案的基础上，又定义了

---

[1]　Arild Vatn. *An institutional analysis of payments for environmental services* [J]. Ecological Economics, 2010 (69)：1245 – 1252.

[2]　Stefanie Engel, Stefano Pagiola, Sven Wunde. *Designing payments for environmental services in theory and practice：An overview of the issues* [J]. Ecological Economics, 2008 (65)：663 – 674.

[3]　Milder Jeffrey C., Scherr Sara J., Bracer Carina. *Trends and Future Potential of Payment for Ecosystem Services to Alleviate Rural Poverty in Developing Countries* [J]. Ecology & Society, 2010 (15)：1.

[4]　Sarah Schomers, Bettina Matzdorf. *Payments for ecosystem services：A review and comparison of developing and industrialized countries* [J]. Ecosystem Services, 2013 (12)：16 – 30.

两类新的制度结构，即合规性支付（compliant payments）和法律限制下的补偿支付（compensation payments for legal restriction）[①]，如表 5 - 4 所示。在合规性支付中，政府作为法规制定者，将需求者的"支付义务"制度化来确保生态有偿服务的资金来源，并最终将资金支付给"自然开发者"以激励生态服务的供给。如美国法律规定，湿地缓解银行（Wetland Mitigation Banks）必须按照"增减挂钩"原则或"零净损失"原则[②]运作，即开发者排干开发湿地的前提是在别处重建一块相等面积的湿地。法律限制下的补偿支付是政府在实施针对负外部性的环境规制后，出于规制接受和政策公平的考虑，对生态服务提供者进行的额外补偿。这种治理结构常见于大型区域生态补偿项目，如欧洲的 Natura 2000 自然保护区网络项目。

表 5 - 4　　　　政府角色与科层制影响下的生态有偿服务治理模型

模型		作为法律角色的政府参与	
		否	是
作为生态服务购买者的政府参与	否	用户融资（科斯方案）和非政府融资的支付	合规性支付
	是	政府融资的支付	法律限制下的补偿支付

资料来源：Bettina Matzdorf, Claudia Sattler, Stefanie Engel. *Institutional frameworks and governance structures of PES schemes* [J]. Forest Policy and Economics, 2013 (37)：57 - 64.

　　总体而言，生态有偿服务不再拘泥于是否符合纯粹的市场原则，庇古特征越来越多地融入生态有偿服务项目，并得到生态经济学家的理论支持。如何界定市场与政府的边界，发挥各自的积极作用，仍然困扰着生态

---

① Bettina Matzdorf, Claudia Sattler, Stefanie Engel. *Institutional frameworks and governance structures of PES schemes* [J]. Forest Policy and Economics, 2013 (37)：57 - 64.

② Morgan M. Robertson. *The neoliberalization of ecosystem services：wetland mitigation banking and problems in environmental governance* [J]. Geoforum, 2004 (35)：361 - 373.

有偿服务的理论与实践。一种思路是根据生态服务的具体内容及其商品、俱乐部产品①、公共品、公共池资源的性质进行分类，从而选择不同的市场与政府组合，如 Matzdorf（2013）的讨论。然而，生态服务是一个有机整体，生态系统的调节服务、供给服务、文化服务、支撑服务（MEA，2005）一方面是生态系统的自我循环、净化、代谢功能，另一方面是基于人的需求所形成的服务价值，两者相互衔接、不可分割，因此生态有偿服务将某种类型的生态服务独立出来并商品化，从而使其他类型的生态服务将受到很大影响甚至作为负产品被放弃。此外，明确界定某类生态服务的性质也十分困难，何况这种性质还是动态变化的，不同的治理结构有时也会使同一类生态服务呈现出不同的性质。如中国的流域生态补偿项目中，29.17%是国家生态补偿项目，29.17%是地方政府主导的生态补偿项目，16.67%是小流域的自愿市场交易，16.67%是水权交易，8.32%是基于水量收费的生态补偿②。

另一种可行的思路是通过有效的"市场增进"，逐渐孵化出趋近科斯方案的生态有偿服务。市场增进论是"比较制度分析"学派在分析政府在东亚经济发展过程中的作用所提出的观点：针对市场缺陷，传统的亲善市场论认为民间部门的制度能解决大部分市场缺陷，国家推动发展论视政府干预为主要工具③；而市场增进论主张要走一条中间路线，即亲善市场论忽视了发展中国家产权匹配不明晰、市场经济不发达、制度机制不健全的现实状况，国家推动发展论会导致干预不当，唯有通过政府政策来增进和补充民间部门的协调功能，才能推动经济从指令型经济逐渐转变到完全

---

① 俱乐部产品（Club goods）是介于商品与公共品之间的中间类别，其产品消费在"俱乐部"成员（许多个体）之间无排他性，而在"俱乐部"成员与非"俱乐部"成员之间存在排他性。参见：Stefanie Engel, Stefano Pagiola, Sven Wunder. *Designing payments for environmental services in theory and practice：An overview of the issues* [J]. Ecological Economics, 2008 (65)：663 – 674.

② Haixia Zheng, Lubiao Zhang. *Chinese Practices of Ecological Compensation and Payments for Ecological and Environmental Services and its Policies in River Basins* [R]. World Bank, 2006 (8)：11.

③ 青木昌彦，凯文·穆尔多克，奥野（藤原）正宽. 东亚经济发展中政府作用的新诠释：市场增进论（上篇）[J]. 经济社会体制比较，1996 (5)：1 – 11.

由价格决定的瓦尔拉式的市场①。相应地，生态有偿服务项目也能通过市场增进提高效率。政府（或社会组织）的作用是有效降低交易成本，使生态服务的市场交易得以建立并可持续运行。在项目开发阶段，政府可能以项目组织者或直接参与者的身份出现，垫付项目的启动资金，推动项目各方的信息交流，组织生态有偿服务项目的科学研究、经济可行性分析、支付方案与合同设计，并以政府信用担保生态服务与资金支付的持续进行。在项目实施阶段，经过多次重复交易，生态有偿服务的交易双方形成基本的交易经验、商业模式和信任关系，科斯型市场交易逐渐成熟，政府的角色就退居为法规制定者和监管者，负责制度必要的法律或规章，确保生态有偿服务及其交易趋于规范，并为生态有偿服务的成效提供权威的第三方评估。在这一阶段，法规制度代替政府信用保障生态服务与资金支付的持续进行，而组织市场交易的中介人也由专业的经纪人担任②。在项目深入实施阶段，道德风险、逆向选择、收入不平等等市场缺陷在科斯型市场交易中不断累积，政府政策应倾向于完善法律规章，矫正市场缺陷，确保生态有偿服务项目的健康运行。

三、选择市场工具

即使在庇古型生态有偿服务中，各种形式的市场工具（market-based instruments，MBIs）仍然是内生而有效地克服市场失灵的基础手段③。所谓市场工具，是一套利用市场信号而非行政指令引导行为的规则④，甚至

---

① 青木昌彦，凯文·穆尔多克，奥野（藤原）正宽. 东亚经济发展中政府作用的新诠释：市场增进论（下篇）［J］. 经济社会体制比较，1996（6）：48 –57.

② Anthea Coggan, Edwin Buitelaar, Stuart M. Whitten, Jeff Bennett. *Intermediaries in environmental offset markets: Actions and incentives* ［J］. Land Use Policy, 2013（32）：145 –154.

③ Valérie Boisvert, Philippe Méral, Géraldine Froger. *Market – Based Instruments for Ecosystem Services: Institutional Innovation or Renovation?* ［J］. Society & Natural Resources, 2013（26）：1122 –1136.

④ Paul Portney, Robert Stavins. *Market-based Environmental Policies* ［EB/OL］. http：//belfercenter. hks. harvard. edu/files/disc_paper_98_02. pdf, 1998.

少符合以下一种以上模式：一是基于动机和规范的工具，如公共奖励和惩戒；二是不涉及直接转移支付、而集中在克服生产的信息与制度约束的推进工具；三是涉及现金收益或处罚的财务工具；四是需要强制性行动的监管工具①。对于规制政策，市场工具善于利用组织优势和市场竞争，传递适当的市场信号，鼓励政策客体追求利润和开展创新，从而达到改善生态环境的目的。

市场工具主要有三类：一是基于价格的工具。这类工具包括拍卖、环境工程退税等，特点是直接设定和优化价格，以反映生态服务价值，并将修正的市场信号传递给个人和企业，个人和企业随之采取符合利益最大化原则的资源使用与管理方式。虽然这类工具不能确保市场变化的程度，但它对政策成本进行了总量控制。二是基于数量的工具，又称为交易权利工具。这类工具包括限额交易等，旨在创建一个关于破坏性活动（如水污染权）或获得稀缺性资源（如清洁饮用水）的权利市场，其使用条件是获得明确界定的环境成果，并设定获得和维持生态服务的目标。政府或指定机构必须确定权利商品总量、权利初始配置状况、交易条件以及如何监控和执行②。三是市场摩擦机制。这类工具包括产品歧异、循环基金、生态认证与生态标签等，通过引入经纪人、简化交易程序等方式，减少交易成本，消除制约生态服务市场形成和发展的障碍，提高所需生态服务的市场效率③。

在生态有偿服务项目中，如何选择合适的市场工具？首先是在三类市场工具中进行比选：市场摩擦机制瞄准的是劣等市场设计或减少现有市场

---

① Stuart M. Whitten, Anthea Coggan, Andrew Reeson, Russell Gorddard. *Putting theory into practice: market failure & market based instrument design* [A]. Australian Agricultural and Resource Economics Society 2007 Conference (51st), pp. 1 – 21., Queenstown, New Zealand, 2007.

② Murtough Greg, Aretino Barbara, Matysek Anna. *Creating Markets for Ecosystem Services* [J]. Canberra: Productivity Commission Staff Research Paper, Ausinfo, 2002.

③ NMBIPP 2004. *Managing our Natural Resources: Can Markets Help?* [R]. National Action Plan for Salinity and Water Quality – National Market Based Instruments Pilots Program, Australian Federal Government, Canberra, 2004.

中的交易成本；而基于价格的工具和基于数量的工具之间的选择是由边际成本与生态服务的边际收益之比决定，当生态服务的边际收益曲线比边际成本曲线陡峭时，基于数量的工具是优选，反之，则基于价格的工具是优选；此外，两者的选择还受到产权预期、司法权、产生预期结果的时机、机制的交易成本、变化程度等非市场因素的影响。在实际操作中，项目可能提供多方面的生态服务，同时多样化的管理也会产生多重结果，生态有偿服务往往采用的是复合型市场工具。其次是按照一定的决策程序进行机制设计。在构建一个合适的市场工具包时，一般有以下决策过程：一是当管理变化的追求程度较高时，应采用规制措施；较低时，应采用基于动机和规范的措施；中等时，则考虑异质性程度或生态环境、生态服务提供者、生态服务受益者的交易收益水平。二是当异质性水平较低时，应采用非市场工具激励；较高时，从三类市场工具中选择具体形式。三是选择单一或复合市场工具。四是设计合适的市场工具。进一步细化决策过程，按照决策树，分别选择不同的市场工具形式，包括建立产权、基于数量的工具、基于价格的工具、市场摩擦机制、不采取市场工具等，如图 5 - 1 所示。

从市场工具的发展来看，其创新较多集中在基于价格的工具上，因为修正的市场价格是最佳的市场信号，直接引导市场主体的生态环境行为并获得效果反馈。有学者认为，基于价格的工具创新可以细分为两个不同的趋势①。一是设置或调整价格以使市场纳入生态系统服务成本，通过现有市场的改革鼓励现有市场内化环境成本的机遇价格的机制。常见的有政府征收的各类生态税，如中国政府正在推动的深化资源性产品价格和税费改革，其目标是"建立反映市场供求和资源稀缺程度、体现生态价值和代际补偿的资源有偿使用制度和生态补偿制度"②。随着 20 世纪 60 年代以来

①　武瑞杰. 生态系统服务、产权与生态补偿市场工具的选择 [J]. 人民论坛，2013 (8).

②　坚定不移沿着中国特色社会主义道路前进　为全面建成小康社会而奋斗——在中国共产党第十八次全国代表大会上的报告 [M]. 北京：人民出版社，2012.

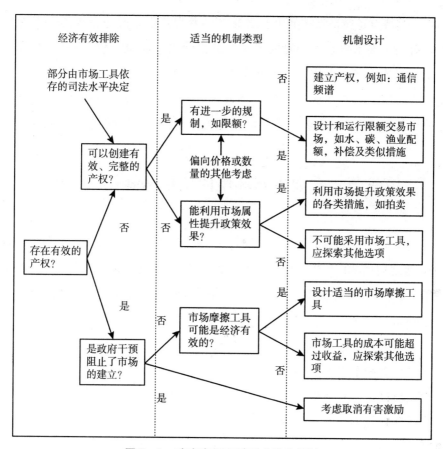

图 5 - 1 确定市场工具形式的决策树

资料来源：Stuart M. Whitten, Anthea Coggan, Andrew Reeson, Russell Gorddard. *Putting theory into practice：market failure & market based instrument design* ［A］. Australian Agricultural and Resource Economics Society 2007 Conference（51st）, pp. 1 - 21. Queenstown, New Zealand, 2007.

国际绿色运动的发展，新的生态经济模式的出现，使个人和企业也能通过提供和交易生态服务获得额外的报酬。如在有机农业市场中，消费者对有机农产品要求有较高的可持续性标准，并有意愿对高可持续性及其不确定性支付更高的价格。这种超出同类型的一般农产品的市场价格之上的部分，可视为生态溢价（eco-premium），它事实上是一种价格内的生态补偿费用。二是创造新的生态系统服务市场，分配生态系统服务付费的机制。常见的有招标、拍卖，其特点是邀请潜在的生态服务提供者为其生态服务合约提交报价①。拍卖有助于揭示生态服务提供者的意愿接受水平和机会成本②，发现合理的生态服务价格；也使购买者的支出最小化③，或在固定预算下获得最大化的生态服务。它在保护储备计划（conservation reserve program）中被成功应用④。本书关于农业生态环境市场化补偿重点探讨的是生态溢价。

第三节　农业生态环境内生价格补偿的提出

农业生态系统是全球最重要的生态系统之一。从生态功能来看，自1950年之后的30年中，大量土地已经被开垦为农田，开垦的土地面积超过了1700~1850年这150年开垦的总和⑤。农业生态系统覆盖了全球陆地表面的28%~37%，其中70%为草场、30%为农作物。相比流域、湿地等生态系统，农业生态系统的单位面积的生态服务价值相对较低，有潜力通过设定有利于生态服务供给的农业目标和土地管理制度，来推动全国性乃至全球性生态服务发展⑥。从生产功能来看，20世纪至今，现代农业是人类已践行过的、有潜力消除饥饿的农业最高形式⑦，在全球范围内喂养

①　Sarah Schomers, Bettina Matzdorf. *Payments for ecosystem services: A review and comparison of developing and industrialized countries* [J]. Ecosystem Services, 2013 (6): 16 – 30.

②　Paul J. Ferraro. *Asymmetric information and contract design for payments for environmental services* [J]. Ecological Economics, 2008 (65): 810 – 821.

③　U. Pascual, C. Perrings. *Developing incentives and economic mechanisms for in situ biodiversity conservation in agricultural landscapes* [J]. Agricultural Ecosystems and Environment, 2007 (121): 256 – 268.

④　Kathy Baylis, Stephen Peplow, Gordon Rausser, Leo Simon. *Agri-environmental policies in the EU and United States: A comparison* [J]. Ecological Economics, 2008 (65): 753 – 764.

⑤　Millennium Ecosystem Assessment 2005. *Ecosystems and Human Well-being: Synthesis* [M]. Washington DC: Island Press, 2005: 2.

⑥　John Porter, Robert Costanza, Harpinder Sandhu, Lene Sigsgaard, Steve Wratten. *The Value of Producing Food, Energy, and Ecosystem Services within an Agro – Ecosystem* [J]. Ambio, 2009 (38): 186 – 193.

⑦　Giovanni Federico. *Feeding the World: An Economic History of Agriculture*, 1800 – 2000 [M]. Princeton: Princeton University Press, 2005.

了超过 60 亿人口（其中有 8 亿人营养不良）[①]，今后 50 年人类人口总量有望达到 90 亿，全球粮食需求量还将加倍[②]。然而，据联合国千年生态系统评估（MEA）报告显示，全球性的生态系统服务呈现出退化的趋势，其中 60% 的生态系统服务在过去 50 年已经处于退化或不可持续利用的状态[③]。而承载 60 亿人口的现代农业也产生了大量外部成本[④]，包括水、空气、土壤、生物多样性、自然景观、人的健康的破坏等。更大的挑战是，在保持现有生态服务损失规模的基础上，提高农业系统生产率以满足日益增长的人口消费需求[⑤]。这就需要对现有农业生态系统服务进一步细分，发展与现代农业相补充的农业形式或商业模式，提高农业的生产效率与生态效率。

一、市场化的农业生态系统服务分类

生态系统服务的框架已经越来越多地用于说明生态系统与人类福祉（human well-being）之间的相互关系。现有的研究根据自然生态系统的功能，对生态系统服务进行分级成不同的类别。Costanza 等（1997）开创性地将生态系统服务分为空起质量调节、气候调节、噪声调节、水调节、水供应、水土流失防治、土壤肥力、养分循环、水处理、授粉、生物防治、自然灾害控制、食物生产、原材料供给、基因资源供给、休闲、文化等

---

① United Nations. *Millennium Development Goals*：*Report* 2005［M］. New York：United Nations，2005.

② David Pimentel，Anne Wilson. *World Population*，*Agriculture*，*and Malnutrition*［J］. World Watch，2004（17）：22 – 25.

③ Millennium Ecosystem Assessment 2005. *Ecosystems and Human Well-being*：*Synthesis*［M］. Washington DC：Island Press，2005：6.

④ Erin M. Tegtmeier，Michael D. Duffy. *External Costs of Agricultural Production in the United States*［J］. International Journal of Agricultural Sustainability，2004（2）：1 – 20.

⑤ Robertson，G. P.，Swinton，S. M.. *Reconciling agricultural productivity and environmental integrity*：*a grand challenge for agriculture*［J］. Frontiers in Ecology and the Environment，2005（3）：38 – 46.

17 大类①。在此基础上，De Groot 等（2002）进一步按照调节功能（Regulation Functions）和栖息地功能（habitat functions），将生态系统服务分为 23 大类②。为了评估生态系统相对人类福祉的变化结果，联合国千年生态系统评估建构了一个生态服务识别和分类框架，从而为通过生态系统的可持续利用来平衡自然与人类福利的行动奠定了科学基础。它将生态系统服务定义为人类从自然的生态系统和有效管理的生态系统中获得的好处。最近的研究有助于进一步加深对生态系统服务的认识，Wallace（2007）分析了自然资源管理中的生态系统服务分类③；Boyd 和 Banzhaf（2007）从标准环境核算单位的角度探讨了生态系统服务的会计核算④；Fisher 和 Turner（2008）从估价的角度研究了生态系统服务分类⑤；Balmford 等（2011）从相关政策分析的角度建构了生态系统服务分类⑥；Sagoff（2011）在评估和估价生态系统服务中生态标准与经济标准的差异，并提出一个概念框架，整合基于市场与基于科学的方法，来管理面向人类福祉的生态系统⑦。

① Robert Costanza, Ralph RobertCostanza, Ralph d'Arge, Rudolf de Groot, Stephen Farberk, Monica Grasso, Bruce Hannon, Karin Limburg, Shahid Naeem, Robert V. O'Neill, Jose Paruelo, Robert G. Raskin, Paul Sutton, Marjan van den Belt. *The value of the world's ecosystem services and natural capital* [J]. Nature, 1997 (387): 253 – 260.

② Rudolf S. De Groot, Matthew A. Wilson, Roelof M. J Boumans. *A typology for the classification, description and valuation of ecosystem functions, goods and services* [J]. Ecological Economics, 2002 (41): 393 – 408.

③ Ken J. Wallace. *Classification of ecosystemservices: problems and solutions* [J]. Biological Conservation, 2007 (139): 235 – 246.

④ James Boyd, Spencer Banzhaf. *What are ecosystem services?* [J]. Ecological Economics, 2007 (63): 616 – 626.

⑤ Brendan Fisher, R. Kerry Turner. *Ecosystem services: Classification for valuation* [J]. Biological Conservation, 2008 (141): 1167 – 1169.

⑥ Andrew Balmford, Brendan Fisher, Rhys E. Green, Robin Naidoo, Bernardo Strassburg, R. Kerry Turner, Ana S. L. Rodrigues. *Bringing ecosystem services into the real world: an operational framework for assessing the economic consequences of losing wild nature* [J]. Environmental and Resource Economics, 2011 (48): 161 – 175.

⑦ Mark Sagoff. *The quantification and valuation of ecosystem services* [J]. Ecological Economics, 2011 (70): 497 – 502.

农业生态系统提供了多样的生态系统服务，既有公共福利，如美学、碳汇、文化服务供给，又有私人利益，如水土流失防治、生物防治虫害/疾病、土壤健康、水调节①。其中一些农业生态系统服务已广泛参与市场交易，如食品供给等，还有一些无形的农业生态系统服务属于非市场化的生态系统服务，需要用非市场的估价方法进行评估②。区分农业生态系统服务的市场类型和非市场类型，不仅对获得生态保护计划的公共投资非常重要，而且预期有较大的经济价值潜力③。本文借鉴 Sandhu（2012）④ 的农业生态系统服务分类方法。该方法是基于 MEA 的生态系统服务分类方法提出的，由于 MEA 的方法是专门针对自然生态系统，因此 Sandhu（2012）的方法对此进行了优化，确保生态系统服务与农业生态系统之间的相关性，如图 5 - 2 所示。

Sandhu（2012）的方法将农业生态系统服务分为以下四类⑤：一是调节服务。包括空气质量调节、气候调节、噪声调节、水调节、水供给、控制侵蚀和泥沙滞留、废弃物处理、自然灾害控制等。生态系统通过生物地球化学循环和其他生物圈过程调节基本的生态过程和生命支持系统⑥。二是供给服务。包括食物、原材料、基因资源、观赏资源、药用资源等人类消

① Harpinder S. Sandhu, Stephen D. Wratten, Ross Cullen. *From poachers to gamekeepers: perceptions of farmers towards ecosystem services on arable farmland* [J]. 2007 (5): 39 - 50.

② Milne, Markus J. *Accounting, Environmental Resource Values, and Non-market Valuation Techniques for Environmental Resources: A Review* [J]. Accounting, Auditing & Accountability Journal, 1991 (4): 52 - 67.

③ Porter J, Costanza R, Sandhu H, Sigsgaard L, Wratten S. *The value of producing food, energy, and ecosystem services within an agro-ecosystem* [J]. Ambio, 2009 (38): 186 - 193.

④ Harpinder S. Sandhu, Neville D. Crossman, F. Patrick Smith, *Ecosystem services and Australian agricultural enterprises* [J]. Ecological Economics, 2012 (74): 19 - 26.

⑤ Harpinder S. Sandhu, Neville D. Crossman, F. Patrick Smith, *Ecosystem services and Australian agricultural enterprises* [J]. Ecological Economics, 2012 (74): 19 - 26.

⑥ Gretchen Daily, John Peterson Myers, Joshua Reichert, Sandra Postel, Kamaljit Bawa, Les Kaufman, Charles H. Peterson, Stephen Carpenter, David Tillman, Paul Dayton, Susan Alexander, Kalen Lagerquist, Larry Goulder, Pamela A. Matson, Harold A. Mooney, Rosamond Naylor, Peter Vitousek, John Harte, Stephen H. Schneider, Stephen L. Buchmann. *Nature's Services: Societal Dependence on Natural Ecosystems* [M]. Washington DC: Island Press, 1997.

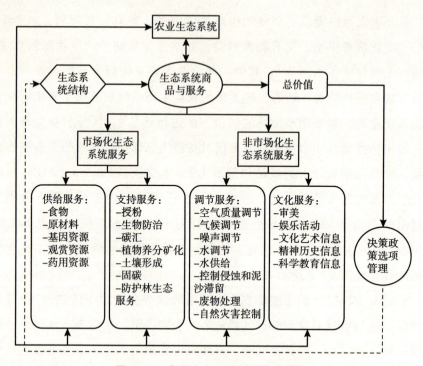

图 5 - 2　农业生态系统服务概念模型

注：虚实线表示联系强度。

资料来源：Harpinder S. Sandhu，Neville D. Crossman，F. Patrick Smith，*Ecosystem services and Australian agricultural enterprises* [J]. Ecological Economics，2012（74）：19 - 26.

费的产品和服务。这些在农业土地上产出的商品和服务需要消耗一些其他类型的农业生态系统服务，如支撑服务和调节服务。三是文化服务。包括审美、娱乐活动、文化艺术信息、精神历史信息、科学教育信息等。文化服务为维持人类的健康和福祉做出了重要贡献，如农民保护土地边界的植被，或通过种植绿篱、防护林、本地树种实现景观提升[①]；农场兼营生态休闲旅游，为国内外游客提供住宿、餐饮、休闲、娱乐等服务。新发展起

---

① G. D. Garrod，K. G. Willis. *Valuing the benefits of the South Downs environmentally sensitive area* [J]. Journal of Agricultural Economics，1995（46）：160 - 173.

来的文化服务还有参与式教育①、文化遗产等。四是支持服务。包括授粉、生物防治、碳汇、植物养分矿化、土壤形成、固碳、防护林生态服务等。支付服务为其他农业生态系统服务（如食品、纤维、饲料和木材等）的生产提供了支持体系。离开支持服务，农业生产无法持续，必须要找到相关的替代服务或外部技术输入。

在Sandhu（2012）构建的农业生态系统服务的概念模型中，农业生态系统有四类生态系统服务，其中供给服务和支持服务是市场化的生态系统服务，共有12项服务内容，调节服务和文化服务是非市场化的生态系统服务，共有13项服务内容。生态系统服务根据生态价值、社会文化价值、经济价值等方面确定总价值，并据此做出决策政策选项管理；而决策政策选项管理又会反馈到生态系统结构，根据市场交易情况，特别突出某些生态系统服务，从而增加相应的生态系统功能，并按生态系统功能调整生态系统产品和服务。而部分非市场化的生态系统服务事实上也通过某种商业模式创新，间接建立起生态系统服务的交易市场。

二、内生价格补偿的概念模型

根据以上讨论，本书设计了一个农业生态环境内生价格补偿的概念模型，如图5-3所示。该模型模拟了准科斯型生态服务交易市场：一是市场上存在农业生产者和农产品消费者两大主体。因可提供有效生态系统服务的农业土地的稀缺性，农业生产者是一个确定而数量有限的群体，包括农民和农业专业合作组织。他们既是农产品的生产者，同时也是农业生态服务的提供者；或者根据Sandhu（2012）的农业生态系统服务分类，他们是各类农业生态系统服务（包括食品供给）的统一提供商。农产品消费者分散分布、规模变化的群体，他们消费各类农业生态系统服务，这些

① Keith Douglass Warner. *Extending agroecology*：*Grower participation in partnerships is key to social learning* [J]. Renewable Agriculture and Food Systems, 2006 (21)：84 - 94.

农业生态系统服务集中体现在干净、健康、有机的农产品及其他增值服务上。这个群体由现实的消费者、流动的消费者、潜在的消费者构成，现实的消费者对于优质的农业生态系统服务有强偏好，流动的消费者有弱偏好，潜在的消费者是未来有可能成为现实消费者和流动消费者的群体，对于农业生产者来说，他们都是未知的。二是市场交易的商品是农业生态系统的各类产出。按照传统的观点，农业生态环境具有生产功能和生态功能，既是农产品的生产条件，本身又是一种生态环境公共品。按照 Sandhu（2012）的分类，这些农业生态系统的产出，包括市场化的生态系统服务和非市场化的生态系统服务。市场化的生态系统服务直接可以在市场上交易，以价格来调节市场供需。非市场化的生态系统服务虽然不能直接交易，但也有其自身的价值，只是由于产权配置、服务范围界定、受益程度界定等方面的困难而无法建立起交易市场。理论上，非市场化的生态系统服务的效果和价值已经转移到最终的农产品及其增值服务当中，因此，以最终的农产品及其增值服务为价值载体，通过非市场化的生态系统服务的价值估算，并将价值总量折算到最终的农产品及其增值服务的单位价格当中，就可间接地参与市场交易。

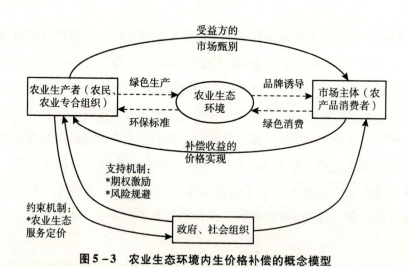

图 5 - 3　农业生态环境内生价格补偿的概念模型

注：虚线为市场供求机制；曲线为市场化生态补偿机制。

内生价格补偿的市场交易过程如下：

（1）农业生产者建立生态品牌，通过生态认证，取得生态标识，或公开承诺进行绿色生产，制定高于同类型一般商品价格的农产品与服务价格，向市场传递信号，诱导消费者的购买和消费行为，以市场摩擦机制减少信息不对称。

（2）农产品消费者接收到交易品品质及其价格信号后，根据消费者偏好和预算，选择购买或拒绝购买。这就通过市场信号甄别出农产品的消费群体，同时也是农业生态系统服务的消费群体。

（3）农产品消费者的绿色消费行为形成了农业生产者与农产品消费者之间的契约关系，这种契约关系的前置条件是良好的农业生态系统，消费者正是出于对良好的农业生态系统的偏好，才愿意购买其产品和服务。

（4）交易契约使农业生产者必须自觉履行农业生产者与农产品消费者之间关于可持续性标准的约定，实行强制性的农业生态环境保护，如保持高质量的土地、水源、空气，控制病虫害和自然灾害，监管农产品生产要素投入和生产流程，加强农产品的品质管控等。这些农业生态系统服务最终都凝结到最终的农产品及其增值服务当中，通过生态溢价得到回报（或补偿）。

（5）政府和社会组织有限参与市场交易，一是为农业生产者建立对农业生态系统的产权关系；二是通过交易信息交流、启动资金垫付、生态系统服务价值评估与科学研究等降低交易费用；三是宣传绿色消费理念，教育农产品消费者，增进农业生态系统服务市场的培育和发展；四是为市场交易提供一定的财政补贴和政策性保险，以将农业生态系统服务的交易价格维持在一个可持续的水平，保障交易市场的长期运行。

（6）市场交易的存续是依靠品牌诱导机制、复合激励机制、风险分担机制来实现。农业生态环境内生价格补偿的概念模型，如图5-3所示。

内生价格补偿的基本特征是：

（1）生态补偿的内生性。一是具有经济层面的内生性。内生价格补偿注重用价格标示一项或多项农业生态系统服务的总价值，用价格信号直接引导市场交易，用价格信号甄别农业生态系统服务的消费者，通过包含外部成本的生态溢价实现农业生态环境的补偿。虽然有政府或社会组织的有限参与，但它总体上是农业生态系统服务市场的自发调节，是一种补偿收益的价格实现。二是具有生态层面的内生性。内生价格补偿通过价格对农业生态系统服务进行总支付，是对多项农业生态系统服务的"集合"补偿，也是对市场化农业生态系统服务和非市场化农业生态系统服务的综合补偿。这就解决了生态系统的有机整体问题，避免了在单一生态系统服务中，突出某一生态系统功能，而忽略甚至损害了其他生态系统功能。

（2）以基于价格的工具为中心。在全球生态系统服务持续退化的趋势下，基于价格的工具和基于数量的工具具有广泛的应用前景。然而，农业生产除了减少环境代价、提供生态系统服务外，还要支持快速增长的人口，因此，相对于基于数量的工具，基于价格的工具更适应农业发展的特点。在内生价格补偿中，基于价格的工具主要表现为生态溢价，相当于农业生产者对自愿交易的消费者收取类似生态税的生态服务费。这种生态溢价的上限有多高？虽然价格上涨理论上会抑制消费，但是经验研究表明，价格上涨有时也会增加消费，如水价上涨有可能引起自建设施用水的替代加剧，使居民用水不降反升[①]。因此，根据农业生态系统服务的内容组合和质量等级，来制定阶梯式的生态溢价，满足更加细分的消费市场，是内生价格补偿的重要手段。

三、内生价格补偿的现实案例

（一）企业对企业：美国的"农场—机构"计划

美国的"农场—机构"计划（Farm to Institution Program，FTI）是一

---

① 郑新业，李芳华，李夕璐，郭琎. 水价提升是有效的政策工具吗？［J］. 管理世界，2012（4）：47-69.

种新的生鲜食品供应模式，它将追求本地产的高品质食物的机构，诸如医院、学校、大学、高级餐馆、惩教机构，与本地家庭农场（family-owned farms）直接链接，或通过基于共同价值的分销商的中介作用形成合作伙伴关系。"农场—机构"计划最早萌发于 1996～1997 年由农场向学校直供生鲜食品的设想，2004 年得到官方授权并开始在 22 个州进行推广。其后，"农场—机构"计划在最初的"农场—学校"计划的基础上，逐渐衍生出"农场—医院"计划、"农场—大学"计划等。以宾夕法尼亚州的大理海山谷地区（Greater Lehigh Valley）为例，在这个知识经济密集区域，41 个学术与医疗机构都加入了"农场—机构"计划，其中包括 10 所学院和大学，每天消耗 56000 份食品。"农场—机构"计划不仅提高了当地农场的经济活力，为消费者提供了口味多样化的食品选择，而且还在创造就业和推动食品美元再投资到当地经济方面起到重要的增长促进作用。据美国农业部 2012 年农业监测报告显示，在"农场—机构"计划的带动下，美国国内的本地种植者不断扩大产量；2012 年本地农场种植蔬菜平均获得 32000 美元收入，而在 2007 年仅为 28000 元[①]。

"农场—机构"计划最为成熟的模式还是"农场—学校"计划。其初衷是为了解决学校午餐营养结构不健康、来源混乱而造成的儿童肥胖问题，通过发展家庭农场，构建起基于社区的食品供应系统。学校和幼儿园按照菜单通过该计划购买标有本地农场生产的新鲜食物，如水果，蔬菜，鸡蛋，蜂蜜，肉类，豆类等。同时，学校也将营养课程与该计划结合起来，为学生提供农场参观、园艺实践、回收项目等体验型学习机会；农民也参与其中，为学生讲授关于当地食品和农业的知识。因此，"农场—学校"计划事实上包含三个层次：购买本地食品，农业、食品、健康和营养教育，园艺学习与实践。

作为一套独特的共享规则设定，价格是区分"农场—机构"计划与传

---

① Local farm-to-institution pipeline has great potential ［EB/OL］. 2014 - 12 - 1，http：//www.lvb.com/article/20141201/LVB01/311269993/Local-farm-to-institution-pipeline-has-great-potential.

统食品供应链的核心要素。一个突出的问题是，虽然购买本地食品的初始成本低于它带来的潜在收益，但是随着机构需求量的增加，有机食品的边际生态成本不断提高，从而进一步推高了"农场—机构"计划的食品价格，甚至超过机构的食品购买预算。"农场—机构"计划往往会从政府财政或社会组织公益性基金当中寻求资助，以短期缓解定价冲突①。

作为一种新的食品供应模式，"农场—机构"计划对农业生态环境有了新的改善。虽然参与"农场—机构"计划的家庭农场规模小，从而导致能源效率偏低等"规模不生态"②，但是有机食品的生产需要良好的生态环境，农民倾向于自觉保护农业生态环境，如使用清洁的水源，减少化肥和农药使用，保护优质土壤、避免水土流失和土壤养分耗竭，提供健康的饲料、尽量不缩短动物的生长时间，减少运输时间以减少食品污染的概率。农民将环保成本纳入有机食品的价格之中，直接通过市场交易进行补偿。同时，"农场—机构"计划也对地方经济产生了积极影响。如在明尼苏达州中部，根据"农场—机构"计划的支付价格和供应频率，估算发现，"农场—机构"计划对包括就业、劳动者收入等区域经济的影响大致在 2 万 ~ 50 万美元。

（二）企业对企业：社区支持农业

社区支持农业（community-supported agriculture，CSA）也称为社区共享农业，是一种基于可持续农业、社区发展、食品安全等共同价值，在食品生产者与消费者之间结成的合作伙伴关系；是一种使用有机或生物动力的农业生产方式和本地化的新鲜食品配送模式，为当地社区提供高品质的季节性食品；是一种风险分担的会员制营销架构，参与者通过公平合理的

---

① Sarah N. Heiss, Noelle K. Sevoian, David S. Conner, Linda Berlin. *Farm to institution programs: organizing practices that enable and constrain Vermont's alternative food supply chains* [J]. Agriculture and Human Values, 2015 (32): 87 – 97.

② Elmar Schlich, Ulla Fleissner. *The Ecology of Scale: Assessment of Regional Energy Turnover and Comparison with Global Food* [J]. The International Journal of Life Cycle Assessment, 2005 (10): 219 – 223.

价格为农民分担歉收风险、污染风险等农产品生产的实际成本①。早在20世纪60年代，美国亚拉巴马州农业教授布克·惠特利博士（Dr. Booker T. Whately）就提出顾客会员俱乐部的倡议。70年代第一个社区支持农业项目在瑞士苏黎世创立，同时期在日本一种名为Teiki的健康农产品运动也悄然兴起，消费团体通过订单、预付款等方式从农业协会获得无化学污染的农产品的直接供应。80年代，受欧洲生物动力农业思想的影响，美国东北地区开始推广社区支持农业，著名的有大巴灵顿地区的社区支持农业花园（CSA Garden）、新罕布什尔州的坦波-威尔顿社区农场（Temple - Wilton Community Farm）②。目前，社区支持农业项目已遍布北美，主要集中在美国新英格兰地区、西北地区、太平洋沿岸、上中西地区和加拿大，据2007年美国农业部统计数据，北美地区至少有13000个社区支持农业的农场，其中12549个在美国。

　　社区支持农业深受奥地利哲学家鲁道夫·施泰纳（Rudolf Steiner）的人智学和生物动力农业思想的影响，主张：社区共同拥有土地并以法律信托形式租给农民耕种；人际网络的合作关系代替传统的雇佣关系；项目不以利润增长为目标，而是以人和土地的真实需求为基础。社区支持农业主要有四种成熟的类型：一是农户管理型，即农户建立和维持社区支持农业项目，招揽用户，并控制社区支持农业项目的管理；二是股东/用户型，即本地居民建立社区支持农业项目并雇佣农民种植，股东/用户控制大部分的项目管理；三是农民合作型，即多个农民共同开发社区支持农业项目；四是农民—股东合作型，农民与当地居民建立并合作管理社区支持农业项目。

　　社区支持农业是有别于传统农业产业化的农业生产方式和食品供给方案。为了实现农业生产与生态的平衡、食品健康、亲近自然等目标，社区

---

① Paul Fieldhouse. *Community shared agriculture* ［J］. Agriculture and Human Values, 1996 (13)：43 - 47.

② Steven McFadden. *Community Farms in the 21st Century：Poised for Another Wave of Growth?* ［EB/OL］. http：//www. newfarm. org/features/0104/csa-history/part1. shtml.

支持农业一般采取环境友好的生产方式，使用有机方法和人工操作来替代化学农药和机械设备，在保障土地生物多样性的同时，防止外来生物入侵和农业转基因生物生长。当然，这种农业生产方式是以产量降低（比传统农业产业化方式低20%左右产量）、农业劳动生产率降低、食物最终价格提高①为代价的。同时，以社区支持农业的食品供给方案替代全球化的食品供给方案，可以把生鲜的食品以最快的速度配送到消费者的餐桌上，避免了食品在物流途中的二次污染，同时减少了食品的全生命周期中的物流能源消耗及其碳排放。以社区支持农业的重要组成部分社区支持渔业（community-supported fisheries）为例，美国的社区支持渔业不仅部分替代了从离美国本土11170公里远的中国（占总量的23%）、14172公里远的泰国（占总量的15%）和732公里远的加拿大（占总量的12%）等国家进口渔业产品，而且还对本国渔业带来了积极的环境效应：开发了渔业兼捕和废弃产品的市场；创建了未充分利用、多样化物种的市场；创造了产品的本地需求，以替代产品出口或产品进口；使用较低环境冲击的工具和装备；促进环境教育和环保合作②。

（三）企业对客户：预售制农业

预售制农业是在电子商务的促进下订单农业发展的新形式。近年来，电子商务的兴起逐渐改变了消费者的消费习惯，商品预售制度成为电子商务的新兴商业模式，其中农产品的预售成为增长最为迅速的领域，并形成了两个重要的方向：一是规模化全球配送。中间商或零售商以"团购"的方式从分散的消费者手中集中大量的订单，形成大宗的商品采购，向国内外农业生产者采购时鲜农产品。如2014年优惠活动"双十一"期间，某海鲜品牌通过天猫旗舰店推出的加拿大进口700克活龙虾，预售量已经

---

① 栾敬东. 适度发展可持续社区支持农业 [N]. 农民日报，2014 - 8 - 9：3.

② Loren McClenachan, Benjamin P. Neal, Dalal Al - Abdulrazzak, Taylor Witkin, Kara Fisher, John N. Kittinger. *Do community supported fisheries（CSFs）improve sustainability?* [J]. Fisheries Research，2014（157）：62 - 69.

超过 2.44 万只；此外，水果、干果等农副产品也通过预售获得大量订单，预售商品普遍比非预售商品便宜 20% 以上[①]。二是生态农产品预售。生态农业的生产者直接通过电子商务，向消费者预先销售其所承诺的符合可持续性标准的农产品，并在指定期限内交割符合承诺条款的农产品，用快递物流配送至消费者手中。如在淘宝网的生态农业频道，专门开辟了预售板块。

　　预售制农业继承了订单农业的基本内核——合约。在订单农业中，合约是在农业食品价值链中协调交易的主要工具，尤其是作为连接农业生产者与采购商的机制，减少开放市场中交易的不确定性，诸如难以预测的价格、质量和数量。采购商签订合约的目的是采购一批遵循严格质量标准和技术规范的农业产品，并在计划时间表内交付。农业生产者签订合约的目的是保障市场的预期收入，以及便于获得资金和技术。订单农业的出现，最大的意义是改善了农业生产者收入的风险结构，使农业生产者获得较为稳定的收入。但也有批评者认为，订单农业是处于强势地位的采购商对处于弱势地位的农业生产者的剥夺，他们将订单农业称为代耕（农业领域的 OEM 生产）。除了采购商预置的关于可持续性标准的技术规范外，订单农业的生态环境效率远不如经济效率，其最突出的可持续性表现就是由订单所确定的农产品供应量，一方面使得农业生产者不会过度生产，另一方面也节约了要素投入[②]。

　　相对来说，预售制农业、特别是生态农产品预售对改善农业生态环境有更大的贡献。一是预售可以减少中间分销的流通环节，缩短供应链，使生产与消费直接对接起来，忽略了中间商有悖可持续性标准的其他目标诉求，减少了流通环节对生态农产品的价值分利，确保生态农业生产者有足够的利润空间以及消费者可负担产品价格，从而弱化生态农业生产者的机会主义倾向。二是生态农业生产者需要对农产品的质量标准、生产流程、

---

① 任翀．"预售制"推动订单农业发展［N］．解放日报，2014 - 11 - 9.
② 祝宏辉，尹小君．订单农业生产方式对生态环境的影响分析［J］．生态经济，42 - 45.

技术规范等向消费者预先作出承诺，由于消费者预订产品的依据是承诺的吸引力和承诺者的商誉，因此生态农业生产者倾向于提供更具有可持续性的承诺，或者提供额外的增值服务，并严格履行承诺。同时，通过预售制度，生态农业生产者事实上随机筛选出生态消费偏好的消费者，两者在交易市场上自动达成匹配；而消费者预付部分订金，相当于给生态农业生产者进行供应链融资，可以缓解生态农业大额投资的资金需求。三是预售制的电子商务平台具有扁平化、公平化、透明化的特点，使消费者在多样化的生态农产品系列中有更多选择，也便于消费者监督生态农产品的生产过程和开展生态农产品的质量追溯。

第四节　价格补偿的实现机制

根据农业生态环境的内生价格补偿模型，核心的机制可以分为补偿机制和支持机制，包括以农业品牌为主的补偿实现机制、以复合激励为基础的农民激励机制和以互助保险、稳定契约为主的风险分担机制。

一、以农业品牌为主的补偿实现机制

品牌是企业给自己的产品规定的商业名称。它是加在商品上的标志，用以识别一种产品，使之与其他竞争者的产品相区别[1]。品牌内含产业的质量、形象、风格、要求、创意及消费者偏好等。农业品牌则是指农作物或动物本身或它们所产出的产品或以它们为原料经加工后而制成的产品，或以它们为素材所营造出具有教育性、休闲性、资源再生性、医疗保健性及环保效果等之产品或环境[2]。在全球范围内，消费者对农业产品的关注

---

① 刘树成. 现代经济词典 [M]. 南京：江苏人民出版社, 2005：764.
② 吴文希. 现在及未来不可或缺的农业品牌 [J]. 世界农业, 2013 (11)：190 – 195.

点已从质量、美感、创意等要素向生态、健康等更内在的要素转变，因此，今天的农业品牌已不立足于市场销售绩效、产品盈利水平，而是肩负自然环境、生态平衡、生物多样性、生物健康等生态责任、社会责任的生态标签（Eco-Labels）。

农业品牌的生态补偿效应，来源于它对上游的农业生产者（农民、农民合作组织）的生产决策与行为、下游的市场主体（农产品消费者）的消费决策与行为的诱导功能[①]。对于农业生产者来说，农业品牌的诱导作用体现在以下三个方面：一是在市场效率方面，促进生产者以成本—效率和可盈利的方式构建绿色供应链。较高的价格（包括生产成本和品牌建设成本，如生态认证费用）限制了生态农业产品的可持续供应数量。鉴于农业产品市场充分竞争的市场结构，价格偏高和规模不经济，使生态农业的生产者在与常规农业的生产者的竞争当中处于劣势地位。这就倒逼生态农业的生产者进一步对整个供应链进行生态化改造，全面建立绿色壁垒的品牌垄断优势，以提升其对市场的议价能力。二是在责任方面，促进生产者主动满足可持续性要求。从事生态农业的生产者更倾向于确保产品符合可持续发展的标准，因此在农业要素投入、农业装备投入、农业科技选择时会深入了解供应商的资质，全流程监测相关产品的生产条件、技术参数等，甚至引入第三方审计检查生产的流程和设施。三是在创新激励方面，促进生产者提升生态产品的创新能力。这些生态创新包括：符合可持续性标准的产品和服务的开发；对附属品以及其他方面额外的可持续性规定，如禁止使用人工香精和配料、可生物降解包装、可回收承诺等；超过国家标准、行业标准的更严格的替代标准或第三方认证计划，如动物福利，野生动植物保护、生物多样性承诺、产品可追溯性等。

对于农产品消费者来说，农业品牌的诱导作用体现在以下三个方面：一是在市场定位方面，降低消费者的信息成本，提高消费者的体验感受。

---

① Olga Chkanikova, Matthias Lehner. *Private eco-brands and green market development：towards new forms of sustainability governance in the food retailing* [J]. Journal of Cleaner Production, 2014：1-11.

虽然农产品消费者越来越关注生态、环保、健康对自我福利和社会福利的价值，但是复杂的生态学原理、可持续性划分标准、产品生态价值核算、生态品牌体系使他们很难准确辨识和区分具有不同可持续性特征的农产品，如生态产品、绿色产品、有机产品之间的区别。而生态品牌及其分级制度、可持续性标准的产品特性表征，可以使农产品消费者简单明了地了解生态农产品，如生态农产品的保健作用、良好口感等，从而促进生态农产品的消费。同时，农业生产者通过邀请消费者参观生态农场，开展烹饪和园艺教学，使消费者更直观、深入地了解生态农产品，建立起消费者的品牌信任和品牌忠诚。二是在可用性方面，为消费者提供更多、更好、更廉价的绿色产品。对生态产品品牌化，可以不断丰富各类差异化但符合可持续性标准的农产品，满足多样化的市场需求；生态产品高昂的价格往往超过一般消费者的经济承受能力，而按照不同等级的可持续性标准、采取高中低搭配的生态品牌策略可以满足不同消费能力的消费者；同时，生产者通过消费者体验等增值服务为消费者创造更多价值。三是在信任方面，促进消费者对农产品的可持续性声明建立起信任。生态品牌或第三方认证在消费者信任和接受生态农产品方面起到至关重要的作用。特别是，由于信息不对称，生态品牌有时呈现出"吉芬商品"的特征，价格越高，消费者越倾向于认同生态农产品的可持续性以及其他功效。因此，对于一般消费者可接受的、较为廉价的生态农产品，生态品牌是建立信任的基础。

二、以复合激励为基础的农民激励机制

分散的农业生产者受土地面积狭小、技术人才匮乏、资金投入不足的制约，很难进入生态农产品的生产、加工、销售领域，而农业专业合作组织按一定的章程把分散的农业生产者组织起来，选择新技术、新品种、新方式进行农业生产，并联系销售平台通过订单的方式购买农产品，对开拓市场、提高与对方的谈判地位、稳定市场价格起到至关重要的作用。

从阿克洛夫的市场不确定性理论[①]来看，农产品市场本身就是个不确定性市场，具有环境状态的不确定性、生产的不确定性、需求的不确定性和农产品产出的不确定性[②]。从委托—代理的角度看，生态农业事实上是消费者委托农业专业合作组织生产符合可持续性标准的农产品，农业专业合作组织又进一步委托单个农业生产者生产符合可持续性标准的农产品，因此为避免农业生产者生产行为上的机会主义，有必要对农业生产者进行分层的复合激励。以四川的低碳农业产业链为例，将农业专业合作组织、单个农业生产者、企业、研究所联合起来，实行利益捆绑，在保证成员有稳定收益的同时对售后利润进行再分配。四川省低碳农业产业化的三次分利制度具体如下，如图 5 - 4 所示：第一次是农业专业合作组织按照成本和市场平均价格加 20% 的保护价格，现金收购成员的低碳农产品，使成员稳定地获得第一次销售利润。第二次是农业专业合作组织将加工、流通环节利润的 60% 按照成员的交易额比例进行返利，计算公式：初级利润 ×60% ×交易额/户＝成员二次返还金。第三次是年终盈余按照成员持股比例

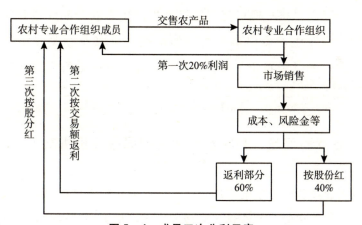

图 5 -4　成员三次分利示意

① George A Akerlof. *The Market for Lemons：Quality Uncertainty and the Market Mechanism* ［J］. The Quarterly Journal of Economics，1970 （84）：488 - 500.

② 孙捷，朱宝，韩福秋. 农民的农业生产行为选择研究述评 ［J］. 江西社会科学，2012（2）：71 - 76.

分红。这样，成员既是生产者又是最大的受益者，其收益无论横向比还是纵向比，都远远超过从前。由于利益驱动的关系，成员会努力维护农业专业合作组织的利益和低碳农业品牌，按技术要求进行生产，增强产品的生态品质，提高产品的国际市场竞争力[1]。

在此基础上，还可以引入期权激励，进一步消除农业生产者生产行为的机会主义倾向，严格确保生态农产品的生态质量。期权（Option）又称为选择权，是金融交易方式之一，指在将来某一特定时间内买卖某种特定金融资产（标的物）的权利[2]。期权常常被用来作为企业财务激励的重要手段，企业为了鼓励、引导员工创造良好的业绩，一般会建立经营绩效、财务绩效等方面远景目标以及配套的奖励协议，当员工在一定期限内完成预定目标时，就有权利按事先约定的价格购买一定数量的企业股份。在农业专业合作组织的资产股份制改造中引入期权激励机制，就可以进一步优化农业生产者的收入结构，在上述三次分利的年度收入制度基础上，构建长期激励机制：与农业生产者签订长期期权激励协议，当农业生产者长期严格按照可持续性标准生产生态农产品并达到既定目标时，可允许农业生产者以事先约定的价格购买农业专业合作组织的股份，这些股份来自于农业专业合作组织集体留置的股份以及从成员手中回购的股份。

三、以互助保险、稳定契约为主的风险分担机制

生态农业经营中面临的不确定性，会形成两种类型的风险，即系统性风险和非系统性风险。系统性风险成因于不可抗力或其他的外来冲击，如自然灾害、生态农产品市场价格整体波动等。非系统性风险大多是由个体性因素引起，其中一个主要方面是由缺乏信任、契约不稳定等造成的生态

---

① 李晓燕. 低碳农业发展研究——以四川为例 [M]. 北京：经济科学出版社，2010.
② 胡代光，高鸿业. 西方经济学大辞典 [M]. 北京：经济科学出版社，2000.

农产品市场交易受限、生态农产品供给不连续、生态环境保护难以维持。由于传统上农业生产者收入偏低、来源不确定，因此在对待风险的态度上他们普遍是风险规避者，有时不亏本甚至比赚钱更重要。而生态农业的生产者具有更强的风险规避偏好：一是在生态环境成本纳入到生产成本中后，生产生态农产品的边际成本比生产常规农产品的边际成本更高。二是为改善生态环境、优化生产条件，生态农业需要长期的巨大投入，由专项投入所形成的资产专用性进一步锁定了生态农业生产者的经营行为。三是生态农产品针对的是一个更为狭窄的细分市场，从供需双方的市场结构来说，生态农业生产者并没有额外的议价能力。一旦销售不成功，可能直接面临生态农产品的生产过剩，及其生鲜程度、无污染等可持续性品质不断随时间而退化。从风险偏好理论来说，风险并不会凭空消失，而是需要通过市场交易进行风险转移和风险分担。针对生态农业生产者的风险偏好特征，有必要建立以互助保险、稳定契约为主的风险分担机制。

农业保险是解决系统性风险的有力工具。在美国，农业保险是采用"双轨制"经营模式，其中美国农业部风险管理局主要负责相关法律法规的制定，并且提供必要的政策支持，而私营保险公司则在这些法律、政策的指导下负责具体业务经营[1]。除了完备的农业保险外，美国还使用多样的农产品期货套期保值方式来抵抗自然灾害等系统风险，确保农业生产者收入的稳定性[2]。20世纪90年代，风险管理局开始开发针对生态农业的保险，2008年被纳入农业法案。但是，由于生态农业严禁使用化学农药，对自然灾害更为敏感、损失更大，因此保费比常规农作物高5%，且按常规农作物价格补偿，生态农业保险的参保率偏低。2014年新法案对此进行了调整，规定以生态农产品价格作为灾后补偿依据，并且取消了附加保

① 高晓春. 比较分析美国和加拿大农业保险制度模式及其启示 [J]. 世界农业，2014 (9)：76－78.

② 董婉璐，杨军，程申，李明. 美国农业保险和农产品期货对农民收入的保障作用——以2012 年美国玉米遭受旱灾为例 [J]. 中国农村经济，2014 (9)：82－86.

费①。在我国，农业保险制度发展滞后，以政策性保险为主的保险形式单一，保费补贴过低，仅能提供基本的农业保险，生态农业保险的发展处于起步阶段，一般的生态农业生产者难以承受高昂的保费。因此，更可行的方式是在不同的农业专业合作组织之间、农业生产者群体间引入互助保险。互助保险是以自愿为原则，在专门的团体内部成员之间自筹资金、发起兴办的共济互助组织。相对于商业保险来说，互助保险能为生态农业生产者提供更专业、更对口、非营利的保障服务。此外，在社区支持农业等生态农业模式下，农业生产者和消费者有可能形成协作分享的关系，甚至直接就是农业专业合作组织的股东，事实上就形成了风险分担的机制。

按照新制度经济学的理论，稳定契约能有效化解非系统性风险。通过像"农场—机构"计划那样建立起长期的食品供应关系，或者像社区支持农业那样建立起信任与合作伙伴关系，在某种程度上就能实现契约的稳定性，即在签订长期购销合同时明确生态产品生产者和消费者的权利与责任，并完善契约实施中的监督机制。然而，现实中契约的稳定性常常受到因素的挑战，成为不完全契约：一是预见成本，即当事人由于某种程度的有限理性，不可能预见到所有的或然状态；二是缔约成本，即使当事人可以预见到或然状态，以一种双方没有争议的语言写入契约也很困难或者成本太高；三是证实成本，即关于契约的重要信息对双方是可观察的，但对第三方（如法庭）是不可证实的②。因此，在契约实施过程中，生态农业的生产者可能因长期的专用性投资而套牢，被"小众"的垄断需求方——生态农产品消费者"敲竹杠"；而消费者也有可能因长期购销合同中约定的价格而损失实际价格下降时带来的福利。以原奶契约为例，2006 年末起奶牛养殖经历了成本推动型价格上涨，而收购的公司拒绝提价收购，使奶农的牛奶收入低于养牛成本，最终导致契约破裂③。解决的办法是，生

① 郭玮. 美国发展有机农产品的经验做法与借鉴 [J]. 对外经贸实务, 2015 (3)：29 - 32.
② 杨瑞龙, 聂辉华. 不完全契约理论：一个综述 [J]. 经济研究, 2006 (2).
③ 贾愚. 再谈判与奶业契约稳定性分析 [J]. 财贸研究, 2009 (2).

态农业的生产者要具有再谈判的能力，一方面在维持现有交易合约的基础上，培育生态农产品的新兴消费市场，寻找更多的潜在消费者，扩大可交易对象；另一方面进一步提高生态农产品的可持续性标准，通过更严格的生态品牌认证，增加生态农产品的稀缺性，形成不可替代的优势。

第六章

政府主导型农业生态环境
补偿机制优化

——基于生态公共品的视角

由于农业生态环境的生态公共品属性，使其具有较强的外部性特征，加上补偿中存在信息不完全或不对称，导致市场在农业生态环境补偿中出现低效或无效配置资源，即市场失灵。正因如此，健全农业生态环境补偿制度、建立完善补偿机制势必要求政府作为公共管理者，充分发挥其主导作用，解决市场难以自发解决的农业生态环境保护问题。党中央国务院高度重视农业生态环境的公共产品属性以及政府在农业生态环境补偿中的主导作用。2013年，习近平总书记提出"良好生态环境是最公平的公共产品，是最普惠的民生福祉"。2014年，李克强总理再次强调，"把良好生态环境作为公共产品向全民提供"。这表示党中央国务院从国家层面要求把"人人平等消费、共同享用生态效益这一最基本的民生福利"，作为政府环境保护工作的首要任务。

本书结合前面所分析的农业生态环境补偿制度现状，按照新形势下健全农业生态环境补偿制度的新思路，即多中心治理下的机制协调，提出优化和完善政府主导型农业生态环境补偿机制的三个重点方向：一是建立完善环境友好型农业技术的研发推广机制，实现技术补偿，突破补偿中最薄弱的技术环节；二是建立完善农业生态系统服务价值的实现机制，实现受补偿地区生态效益、经济效益、社会效益的和谐统一；三是建立完善接续替代产业的区域差异化培育机制，因地制宜选择新型农业模式，增强受偿地区的自我发展能力，实现生态环境保护和农业经济可持续发展。

第一节　建立完善环境友好型农业技术的研发推广机制

技术补偿是农业生态环境补偿制度中的核心内容，同时也是目前农业生态环境补偿中最薄弱的环节之一。农民参与生态补偿项目，必然被要求采取环境友好型农业技术进行农业生产，比如保护性耕作技术、秸秆综合利用技术、测土配方施肥技术、畜禽粪便无害化处理技术等，这些技术一般由国家相关机构进行研发，然后再逐步推广、应用。由于一方面我国目前农技研发和推广存在农业科技创新能力较低，科技推广体系尚不完善，专业型人才大量缺失等问题，另一方面环境友好型农业技术从研发到推广、应用，具有难度大、周期长、风险大、收益不确定性大等特点，再加上农户具有强经济偏好和风险规避特征，对环境友好农业技术的需求具有较大的不确定性①，导致环境友好型农业技术在农业生态环境补偿项目中的实际使用情况并不理想，技术补偿方式受到强烈的现实约束。

农业生态环境具有公共产品属性，环境友好型农业技术既可以满足农业生产需要，又可以有效保护农业生态系统，政府无疑是研发推广环境友好型农业技术，实施技术补偿的主体。由此，建立完善环境友好型农业技术的研发推广机制，是政府主导型农业生态环境补偿机制优化的重要内容之一。

一、技术路线构建

建立完善环境友好型农业技术的研发推广机制，包括两个层次的含义：一是环境友好型农业技术的研究与开发，这是农业技术创新的源泉和

① 沈宇丹，杜自强. 环境友好型农业技术发展的难点和对策 [J]. 生态经济，2009 (2).

持续、稳定发展的基础；二是环境友好型农业技术的推广，这是联结农业科技与农业经济增长的桥梁，是实现农业科技成果转换为现实生产力的条件。[①]

从研发的角度，政府既要强调自主研发，又要鼓励各省区建立技术合作计划，联合开发或者直接使用已有的技术。从长远来看，自主研发是核心，但是从短期和中期来看，后者是较为可行的方案。因为国内很多省区在农业生态环境补偿的实践中，积极开展环境友好型农业技术并取得了突破，其他省区可以结合省情，近期选择一些适合的技术与其进行联合开发，或者通过购买等方式直接使用该技术，以降低农业生态环境补偿中的技术成本。如新疆维吾尔自治区采用的粮食作物免耕种植技术，黑龙江省采用的稻壳发电、秸秆固化和稻壳碳化技术，江苏省利用秸秆和畜禽粪便发展沼气、利用秸秆发展食用菌产业和生物质发电，福建省、浙江省采用的低碳型高效循环农业技术等。[②]

从推广的角度，政府应该在已有农业科技推广体系的基础上，建立健全环境友好型农业技术推广体系。

总体上看，建立完善环境友好型农业技术的研发推广机制，技术路线如图 6 - 1 所示。

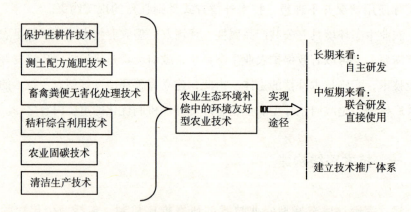

图 6 - 1　建立环境友好型农业技术研发推广机制的技术路线

---

①　李晓燕. 发展低碳农业四川如何突破两大瓶颈 [N]. 四川日报（理论版），2010 - 10 - 13.
②　李晓燕. 低碳转型，做强四川农业 [J]. 四川党的建设（城市版），2010 (6).

二、长期坚持自主研发

2015 年中央"1 号文件"把提升农业科技自主创新能力作为保护农业生态环境、防治农业面源污染的核心要素，提出在农业生态环境补偿中，"用现代科学技术改造农业"。我国政府应组织力量开展有关环境友好型农业关键技术的科技攻关，破解科学施肥用药、农业投入品高效利用、农业面源污染综合防治、农业废弃物循环利用、耕地重金属污染修复、生态友好型农业和农业机械化等关键技术问题[①]，并制定科学的发展规划，逐步建立多元化技术体系，为农民转变生产方式提供强有力的技术支撑。

（一）建立多元化主体研发体系

一般情况下，农业技术的推动主要依靠政府，因此，几乎所有的农业研究机构都是国有企事业单位，这也决定了农业技术研发体系是自上而下、多部门合作，包括农业厅在内的多个部门（如科技厅、林业厅等）都涉足农业研发，但以农业厅为主。一般情况下，我国地方政府农业研发机构体系的组织结构如图 6 - 2 所示。

目前我国研发环境友好型农业技术的绝对主体是政府，涉农企业规模小、资金少、研发能力很弱，民营研究机构更是少之又少。政府性质的农业技术研究机构着重研究重大技术攻关项目，科技部对项目进行验收，其成果具有广泛的社会福利性，往往不具商业营利性质。而涉农企业、民营研究机构在深入市场调查的基础上，针对特定的农业技术进行攻关，其成果经过中试可以直接投产，获得良好的经济效益。只有政府作为农业技术的研发主体，形式单一，负担很重，农业技术的创新能力较弱。根据熊彼

---

① 农业部新闻办公室. 农业部关于打好农业面源污染防治攻坚战的实施意见 [EB/OL]. 中国农业信息网 http://www.agri.cn/V20/ZX/nyyw/201504/t20150413_4524372.htm, 2015 - 4 - 13.

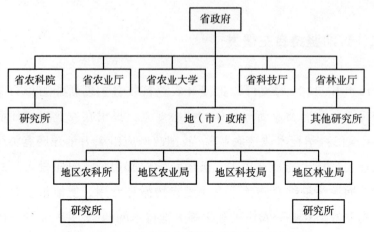

图 6-2　地方政府农业研发机构体系的组织结构

得（J. A. Schumpeter，1912）的创新理论，企业是技术创新的主体，企业家通过技术创新抓住潜在的盈利机会，以获取更多的商业利润。因此，我国政府应鼓励更多的经营主体参与到环境友好型技术研究中，整合有利于农业技术研发的政府和民间力量，建立多元化主体研发体系和联合研发机制。

（二）增加对环境友好型农业技术研发的资金投入

技术研发过程需要大量资金投入，技术创新更是要通过重大攻关项目、试验区等平台来实现，要花费大量的人力、财力、物力。在环境友好型农业技术研发中，农民、集体经济、国家都应该是技术研发的投入方。农民是技术进步的直接受益者，应该是投入方之一，然而现实情况却是，农民是属于收入最低的社会群体之一，"靠山吃山、靠水吃水"，现金收入仅能维持日常开销，根本没有投入农业技术开发的能力。同时，因为生态环境的公共产品属性和外部性特征，农民并没有研发、使用环境友好型农业技术的内生动力，完全可以不顾及环境成本继续传统农业生产方式，实现自给自足。农村集体经济虽然也是投资主体，但其微薄的财力维护村集体的农田水利基础设施都尚不够，遑论投资农业技术研发这样投资金额大、开发难度大、周期长、见效慢的类公益性项目。

可见，环境友好型农业技术可能的投资主体虽然包括农民、集体经济、国家，现实可行的投资主体只有国家。国家财力要分散使用于经济社会发展的各个领域，在没有新的投资主体和新的融资渠道出现的情况下，用于环境友好型农业技术研发的经费远远无法满足现实需求。我国政府应统筹安排对农业科技研发的财政支出，增加环境友好型农业技术的研发经费。此外，成立统一的环境友好型农业技术管理部门和机构，对财政厅、科技厅、农业厅等的农业生态环境补偿项目进行统一管理、监督和跟踪反馈。

（三）培养环境友好型农业科技人才

与传统农业形态不同，环境友好型农业是一个知识、技术密集型产业，发展的关键是人才。广大农村地区由于经济落后，农业效益低下，农业普遍采用粗放式经营方式，技术含量低，因此，难以吸引专业型科技人才从事农业科技研发工作。长期以来，我国在农业科技领域人才匮乏：一是具有农业专业知识领域的复合型人才缺乏；二是人才使用的效率不高。通过技术补偿、智力补偿的方式推进农业生态环境补偿项目，可以通过薪酬激励机制、人才引进计划等培养发展一批环境友好型农业科技人才，保证补偿项目的顺利进行。

三、近期加强合作与交流

开放和合作是我国地方政府开展日常工作的指导思想之一，我国在农业生态公共产品领域同样主张开放和合作的思路。农业污染是面源污染，在当前污染源中污染面积最大、治理难度最大。一方面，农业污染治理不是"点"问题而是"面"问题，因此补偿项目地点一般都会涉及多个地区，需要地区之间通过合作进行联合治理。例如，流域上下游之间的水生态补偿，参加项目的上游地区和下游地区基本都跨越省域，所以是省区合作中的利益补偿问题；又如水源保护地的生态补偿项目，大多也都关联几个中心城镇。另一方面，农业面源污染由于没有固定污染排放点、污染面积大、二次污染频发等特点，治理难度非常大，除了庞大的资金需求以外，还必须有先进的技术体系。而探索适合我国国情农情的农业清洁生产技术、农业面源污染防治技术等，需要强大的人力、财力、物力作支撑，单凭某一个地区不可能完成，应该由国家支持、区域合作联合开发。各省区应加强技术交流合作，引进消化国外先进的高效肥料实用化技术、无农药无化肥栽培技术、保护性耕作技术等；推进与其他省区的技术联合研发，积极探索多元主体参与的区域合作研发模式。

四、建立环境友好型农业技术推广体系

技术研发的成果必须经过推广才能转化成经济效益、社会效益，因此推广是技术市场化的关键环节。环境友好型农业技术是农业生态环境补偿中必不可少的要素，只有让农业生产者学会使用环境友好型农业技术，才能做到转变农业生产方式，才能真正减少农业污染和环境破坏。国外发达国家对农业科技推广非常重视，一般的经验是构建"国家—地方政府—企业"的技术推广组织，减少中间环节和成本；培养专业化的人才队伍，对农业项目进行技术指导、跟踪咨询、信息反馈和技术优化。我国的农业科技推广体系已经基本建成，是以政府的农技推广机构为主体，自上而下的具有行政层级特征的组织体系。[①] 这种体系的组织效能很高，可以在短时间内整合资源进行农业技术攻关，但机制灵活性不够，无法及时掌握市场信息、技术需求变化等细节，使得农业技术推广在农业生态环境补偿中面临很多问题。

---

① 陈永新，李晓燕. 重构农业科技推广体系积极发展四川现代农业 [J]. 西南民族大学学报（人文社科版），2007（5）.

我国一直重视农业科技推广对农业增产增效和农民持续增收的重要作用。2006 年，国务院发布《关于深化改革加强基层农业技术推广体系建设的意见》，提出"构建起以国家农业技术推广机构为主导，农村合作经济组织为基础，农业科研、教育等单位和涉农企业广泛参与，分工协作、服务到位、充满活力的多元化基层农业技术推广体系"①。自 2009 年起，中央财政安排资金支持基层农技推广体系改革与建设，截至 2015 年，已累计投入资金 127.7 亿元。从 2012 年起，实现了基层农技推广体系改革与建设项目基本覆盖全国所有农业县②。

我国建立环境友好型农业技术推广体系，应立足于整合、巩固、提升现有政府主导的农技推广体系资源，形成以公益性为取向的环境友好型农业技术推广基础网络。同时，积极调动涉农龙头企业、科研机构、合作组织等市场主体的积极性，发展环境友好型农业技术扩散载体中介机构，建立以经营性为取向、多元灵活的环境友好型农业技术推广体系。③

（一）整合原有农业科技推广资源

目前我国地方政府农业科技推广体系的组织结构见图 6-3，从图中不难发现，我国农业科技推广体系仍是以政府农业科技推广机构为主体，缺少市场型的技术中介组织。这种以政府农业科技推广机构为主体的、比较单一的推广体系，能较好地贯彻国家农业发展政策，执行农业总体发展计划。但是，随着社会主义市场经济的快速发展和农业体制改革的深入推进，这种农业科技推广机制不活的缺陷逐渐暴露。④

---

① 李晓燕. 创新农业科技推广体系：西部丘陵地区发展现代农业的必然选择——以四川省渠县发展现代农业为例 [J]. 农村经济，2007 (9).

② 中央财政 26 亿元支持农技推广体系改革与建设 [J]. 农业工程技术（农产品加工业），2014 (7).

③ 李晓燕，何晓玲. 四川发展低碳农业的基本思路——基于国内外经验借鉴与启示 [J]. 农村经济，2012 (11).

④ 李晓燕. 重构现代化条件下的农业科技推广体系 [J]. 四川省情，2008 (1).

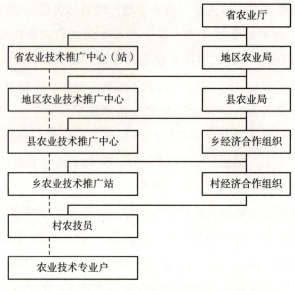

注：——— 行政关系　- - - - 业务关系

图6-3　省级农业科技推广体系的组织结构

资料来源：樊胜根等. 中国农业科研体系［M］. 中国农业出版社，1994.

我国政府应以理顺体制为重点，加快整合政府原有农技推广体系中的资源，改革以农业行政主管部门为主体的基层农技推广体系。

1. 理顺农技推广行政体制

政府主导型的农业科技推广体制越来越与市场经济体制不相适应，体系中正常的关系发生了颠倒，需要理顺才能发挥体制效应。[①]

一是精简机构，压缩非技术人员比重；通过考试与考核相结合的方法对农技人员进行资格认定，规范对农技推广人员的管理，确保农技推广队伍的稳定。二是根据区域和产业发展，县在乡镇设置跨乡镇的派出性推广机构——区域站。区域站工作人员主要由长期在生产一线的乡镇农技人员

---

① 姜太碧. 我国农业科技推广：体制障碍与改革思路［J］. 西南民族大学学报（人文社科版），2004（10）.

组成。三是把县农业技术推广中心（站）从县农业局中独立出来，直接挂靠在县农办下，并把农业局、畜牧局、农机局、水利局、林业局等部门涉及农业科技推广工作的权责交由县农业技术推广中心（站）负责。四是为了配合乡镇管理体制改革，乡镇机构内部设立农村经济发展办公室，负责农业技术推广工作，指导农业技术推广组织。①

2. 改革基层农技推广体系

重构农业科技推广体系，要改革原有的基层农技推广模式，建立起"部门服务型"基层农技推广体系。首先，农技推广部门的技术服务由产中服务向产前、产后服务延伸，农民可按照技术方案进行选择性生产，确保农田的效益。其次，农技推广部门创新服务方式，开展技术指导和经验交流，并通过信息化服务指导农民的产供销活动。最后，各级农技推广部门因地制宜，创办服务实体，如农业服务公司、植保公司、加工和流通企业，既造福了农民，又增强了自身的经济实力。②

（二）发展农业技术扩散载体中介机构

我国农业科技推广体系虽然已初步建立，在一定程度上解决了科研与生产相脱节的问题。但是推广体系以政府的农技推广机构为主体，具有自上而下的行政层级特征，推广的技术大多是"公共技术"，对最具有市场需求的"商品技术"研发、推广较弱，而这部分技术恰好是农业企业急需要的关键技术。从图6-3可以看出，我国农业科技推广体系最大的不足在于缺少民营研究机构和市场型的技术中介组织，农业科技研发与生产脱节问题不能从根本上得到解决，一方面农业科技成果转化率偏低，另一方面需要研发的技术又没有通过中介组织及时反映给政府研究机构。

环境友好型农业技术是农业生态环境补偿过程中所使用的核心技术，

国际国内对环境友好型农业技术的研发是当前农业科技最为关注的领域，已经蓬勃开展并取得了大量的技术成果。技术中介机构能够有效地联结技术需求方和供应方，提高科技成果转化率。解决农业生态环境补偿中的技术"瓶颈"，需要发展一批具有资质、专业人才、信息渠道、营销网络的农业技术中介机构。

第二节　建立完善农业生态系统服务价值的实现机制

——以低碳农业碳交易为例

低碳农业是低碳经济在农业发展中的实现形式，是应对气候变化下的农业发展之路，也是当前农业生态环境补偿实践中最新型的接续替代产业模式。近年来，美国、英国和澳大利亚等国家通过免耕和轮流放牧等农牧业方式对农业节能减排进行了探索，我国也于 2007 年 11 月在新疆、四川农村地区实施温室气体减排项目，开始探索低碳经济在农业发展的途径。[①]

2009 年 5 月，北京市政府发布的《关于促进生态涵养发展区协调发展的意见》中就提出要"在严格控制全市排放总量的前提下，探索建立城区和山区之间关于排放控制指标的碳交易制度。"这实质上是将生态环境作为资源，将碳排放作为一种经济权利，并通过市场交易机制，使碳排放高的城区向提供生态效益的山区进行生态补偿。尽管通过排放交易实现对农业的生态补偿还有很多问题需要进一步探讨，但其顺应了当前应对全球气候变化，通过改变农业生产方式增加农业碳汇的大趋势，对于开拓农业生态补偿渠道具有重要的实践价值。[②]

---

① 李晓燕，王彬彬. 低碳农业：应对气候变化下的农业发展之路［J］. 农村经济，2010（3）.
② 高尚宾，张克强，方放，周其文等. 农业可持续发展与生态补偿［M］. 北京：中国农业出版社，2011.

一、政府主导下低碳农业实现生态价值的经济途径

（一）低碳农业内涵辨析和多元功能

1. 低碳农业的内涵

低碳农业是低碳经济在农业发展中的实现形式，不同于生态农业和特色农业，低碳农业是为维护全球生态安全、改善全球气候条件而在农业领域推广节能减排技术、固碳技术、开发生物质能源和可再生能源的农业，是以"低能耗、低排放、低污染"为新特征，具备"农业生产、安全保障、气候调节、生态涵养、农村金融"多元功能的新型农业。[①]

2. 低碳农业与"高碳农业"的辨析[②]

目前，有些专家学者质疑低碳农业的提法，认为农业具有较大的固碳潜力，应当是"高碳农业"，关于农业是高碳还是低碳争论不休。本课题组认为，就农业应对气候变化，实现低碳排放来看，目前学术界和政界普遍使用的"低碳农业"概念较为合理。

争论农业是高碳还是低碳的原因在于混淆了碳源和碳汇的概念。高碳和低碳是针对碳源的碳减排来讲，如低碳生活、低碳城市、低碳交通等，而不是指高碳汇和低碳汇。通常，高碳和低碳这组概念是讲碳排放的多少，高碳汇和低碳汇这组概念是讲储碳、固碳能力的大小。农业既是碳源，又具有碳汇能力，应限制碳源，鼓励碳汇。农业是高碳汇的产业，具有较大的固碳潜力；但目前农业的温室气体排放量较大，应发展

---

① 李晓燕，王彬彬. 四川发展低碳农业的必然性和途径 [J]. 西南民族大学学报（人文社科版），2010（1）.

② 李晓燕. 四川农业低碳化发展的模式探索 [J]. 西南民族大学学报（人文社科版），2012（7）.

低碳农业。低碳农业的目的就在于通过一定的技术（CO_2 减排技术和固碳技术），来提高农业的高碳汇能力（即吸收和固定大气中的 CO_2 的能力），实现农业节能、减排、固碳。即通过低碳农业的发展来实现农业的高碳汇。

3. 低碳农业的多元功能[①]

（1）农业生产功能。农业是支撑国民经济建设与发展的基础产业，为国民经济其他部门提供粮食、副食品、工业原料、资金和出口物资，生产是农业最基本的功能。低碳农业是一种新型农业，它通过转变农业生产方式和调整农业结构等手段，既保证作物高产稳产，又不会对气候变化增添压力。可持续性的农业生产是低碳农业的基本功能。

（2）安全保障功能。农业安全是指采取有效措施确保农业在国民经济中的基础产业地位，确保农业可持续发展。农业在国民经济中的基础地位，决定了农业安全对国家经济安全具有极其重要的意义。从目前我国农业发展的现状来看，农业生态环境恶化、粮食安全已达警戒线、农业生产体系不适应农产品质量安全的需求增长等问题已危及我国农业安全。低碳农业采用的是资源节约、环境友好的农业生产体系，通过推广节能减排技术、发展生物质能源等手段改善农业生态环境，提升农产品国际竞争力，保障农业安全。

（3）气候调节功能。农业生产活动对全球气候变化产生重大影响。一方面，农业以动植物为主要劳动对象，毁林开荒、毁草开垦、发展养殖业和畜牧业等都会破坏森林和草场，造成植物通过光合作用吸收二氧化碳的数量减少，被毁坏林木通过燃烧或腐解而释放到大气中的二氧化碳数量增加[②]；另一方面，农业以土地为基本生产资料，土地排放的二氧化碳量

---

① 李晓燕，王彬彬. 低碳农业：应对气候变化下的农业发展之路 [J]. 农村经济, 2010 (3).

② 低碳经济的推手：农业生产的可持续发展 [J]. 绿色视野, 2008 (6).

仅次于化石燃料的燃烧，占人类活动向大气排放二氧化碳总量的 1/5。改善全球气候条件是低碳农业最核心的功能。低碳农业提倡发展农业生物燃料代替化石燃料，如生物燃料作物、作物秸秆等，提倡发展循环农业和立体农业，以减轻农业生产对气候变暖的压力。

（4）生态涵养功能。低碳农业的生态涵养功能主要体现在治理农业污染，改善农业生态环境、保护自然生态资源等方面。湿地有很强的固碳功能，并且能净化水源，减少污染，而且其本身也是一种生态景观。配合农业生产发展湿地，是低碳农业涵养生态的主要手段。比如，对于农业生产、农村生活所产生的污水，可以在农田附近污水集中的地方种植良性的水生植物，建立小型自然湿地，在村镇污水汇集处，根据地形特征，因地制宜地选择合适的水生植物建立中型生态湿地，既减少面源污染又能保护水资源。

（5）农业金融功能。低碳农业具有其他农业形态所不具备的资金融通功能，即发展低碳农业所减少的碳排放量可以在市场上进行交易，既做到了节能减排保护大气，又能获得不菲的收益。低碳农业有着巨大的碳交易市场潜力。据亚洲开发银行专家估计，中国每年将提供 1.5 亿 ~ 2.25 亿吨二氧化碳核定减排额度，意味着中国每年可能带来 2.25 亿美元的收入。[①] 中国农业碳排放量占中国碳排放总量的 20%，发展低碳农业减少的碳排放量每年可为农业获得 0.45 亿美元。

（二）低碳农业实现生态系统服务价值的经济途径

总体来看，由于我国低碳经济发展刚刚起步，低碳经济在农业中的实施尚在尝试阶段。2011 年国家发改委印发《关于开展碳排放权交易试点工作的通知》，选取了北京、上海、天津、重庆、湖北、广东和深圳等七个省市进行试点，到 2014 年年末，七个试点省市全部启动，交易试点运行平稳，全年交易额 1360.5 万吨，成交金额 44853 万元，平均交易价格

---

① 杜受祜. 环境经济学［M］. 北京：中国大百科全书出版社，2008.

32.97 元/吨，各试点省市的交易量、成交价和成交额见表 6-1[①]。

表 6-1　　　　　　　各试点省市的交易量、成交价和成交额

试点城市	成交量 （万吨）	成交价 （元/吨）	成交额 （万元）	最高价 （元/吨）	最低价 （元/吨）
深圳	195	60.21	12200	86	30
上海	133	49.9	2260	45.4	25
北京	106	59.29	6280	77	48
广东	126	44.28	56.9	77	21
天津	101	20.3	2048	50.1	17
湖北	685	23.4	16000	26.59	22
重庆	14.5	30.74	445.75		

资料来源：姜绍俊. 中国进入碳减排时代［EB/OL］. 中国电力网 http：//www. chinapower. com. cn/newsarticle/1228/new1228311. asp，2015-1-22.

截至 2014 年年末，我国年碳减排量将工业尤其是电力行业作为首要控制对象，尚不包括任何来自农业方面的贡献。而我国农业每年碳减排潜力约 2 亿吨，具有较大的碳交易市场。以 2006 年 10 月国家发改委发布的不得低于 9.5 美元/吨的 CDM 价格估算，如果我国农业碳减排量的 50% 能够上市交易，其总价值大约 10 亿美元。目前，我国很多省区开始开展低碳农业实践，试图通过发展低碳农业实现农业节能减排和清洁生产，同时通过碳交易实现农民增收。[②]

低碳农业实现生态系统服务价值的经济途径，就是利用政府和市场配置资源的手段，通过建立利益联结机制发挥激励效应，引导农民发展低碳

---

① 姜绍俊. 中国进入碳减排时代［EB/OL］. 中国电力网 http：//www. chinapower. com. cn/newsarticle/1228/new1228311. asp，2015-1-22.

② 李晓燕，何晓玲. 四川发展低碳农业的基本思路——基于国内外经验借鉴与启示［J］. 农村经济，2012（11）.

农业来实现增收。发展低碳农业实现农民增收有两种渠道：一是农民通过实施保护性耕作等措施减少碳排放，并把碳排放量通过碳交易平台向国内外企业销售，从而获得收益。这也是低碳农业金融功能的实现过程。二是低碳农业产业化，即低碳化生产、加工、销售农产品，并实施品牌战略，创建区域低碳农业品牌，将获得"绿色通行证"的低碳农产品推向国际市场，使农民获益。这两种渠道都需要建立相关的利益联结机制，才能将企业、碳交易机构、农村专业合作组织和农户联结起来，实现农民增收。

低碳农业实现生态系统服务价值的经济途径如图6-4所示，一方面形成"企业—碳交易机构—农村专业合作组织—农户"碳交易机制，农民通过销售碳减排量获取收益；另一方面形成区域低碳农业品牌机制，注重产业化发展，打造低碳农业品牌，提高农产品在国际国内市场的竞争力。

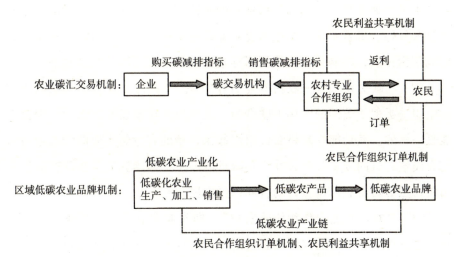

图6-4　低碳农业实现生态价值的经济途径

二、政府主导下建立农业碳汇交易机制

由二氧化碳排放引起的全球变暖引起了世人关注，面对气候变暖《京都议定书》引进了三种机制：联合履约机制（JI）、清洁发展机制（CDM）和排放交易机制（ET），[①] 农业可以通过碳汇和碳减排获得收入，这给低碳农业实现生态系统服务价值带来了机遇。

图6-4提供了建立"企业—碳交易机构—农村专业合作组织—农户"的农业碳交易机制的思路，农业碳交易机制包括农业碳交易3大主体（企业、农村专业合作组织和农民），碳交易机构和相关机制（农民利益共享机制和农民合作组织订单机制）。农业碳交易机制的作用机理有三个层次[②]：

（1）"企业—碳交易机构"。加入碳交易机构的企业自愿并从法律上联合承诺，通过减排或购买补偿项目的碳减排指标，完成其定量的温室气体排放目标。也就是说，企业通过农业碳汇等项目去弥补未完成的减排目标或超额排放，即购买农业碳汇指标达到应有的或更高的减排效果。

（2）"碳交易机构—农村专业合作组织"。农村专业合作组织属于民间组织，类似于美国的农场主联合会，虽然组织规模没有那么大，但其功能是一样的。其功能就是将农民组织起来，帮助有意愿实施低碳农业技术的农民签订合同或者订单，并将其减排的温室气体指标集合在碳交易机构出售，然后再将利润按签订的合同返给农民。

（3）"农村专业合作组织—农户"。即农业专业合作组织通过订单机制与愿意提供碳汇量的农民签署合同，再通过农民利益共享机制将碳交易收入返给农民。

---

① 李晓燕. 汶川地震灾区农业生态环境重建研究 [J]. 农村经济，2009 (3).
② 李晓燕. 发展低碳农业四川如何突破两大瓶颈 [N]. 四川日报（理论版），2010 - 10 - 13.

（一）筹建区域性碳交易机构

世界知名的摩根士丹利、美林、高盛等投资机构，美国银行、法国兴业银行、富通银行等金融机构都纷纷增设碳交易基金，扩展碳交易业务。全球最大的对冲基金服务提供商曼氏投资发布的《碳市场最新情况》报告称，碳交易正成为对冲基金最重要的投资新策略。2006 年 11 月至 2007 年 4 月全球以碳交易为投资标的基金规模达到 66%，有 118 亿美元。仅在伦敦一地跨州期货交易中的碳融资合同就占到欧盟通过交易所交割的碳交易量的 82%[①]。

目前，我国北京、上海、天津、成都、广州、深圳、青海等地区已经建立了环境能源交易所，积极推进碳排放交易，并搭建了碳交易所官方门户网站以供信息交流。2011 年 10 月，国家发改委为落实"十二五"规划关于逐步建立国内碳排放权交易市场的要求，同意北京、天津、上海、重庆、湖北、广东及深圳开展碳排放权交易试点。根据规划，我国将在 2016 年启动全国统一碳交易市场，2019 年以后碳交易市场将承担温室气体减排核心的作用。预计到 2020 年，每年碳排放许可市场价值将达到 600 亿~4000 亿元。[②]

（二）建立并完善农业碳汇交易市场

（1）培育参与农业碳交易市场的主体。购买农业碳汇的主体可以是企业、各类绿色碳基金和民间组织；提供或销售农业碳汇的主体一般是个体农户、农村集体经济组织和农村专业合作组织；此外，作为第三方的中介机构也是农业碳交易市场必需的参与者。培育农业碳交易市场的各类主体非常必要也非常重要，有了各方主体，才会有买方与卖方，才能实现农

---

① 杜受祜. 环境经济学［M］. 中国大百科全书出版社，2008（9）.

② 我国将在 2016 年启动全国统一碳交易市场［EB/OL］. 中国投资咨询网 http：//www. ocn. com. cn/chanye/201506/ajkqd15151328. shtml，2015 – 6 – 15.

业碳汇交易。农业碳交易市场是一个具有信用交易性质的市场，碳交易的各方主体都必须具备很强的专业知识，才能进入交易机构参与市场交易。此外，还需要有具备专业知识的咨询机构为农业碳汇买卖双方提供咨询。[①]

（2）降低农业碳汇市场的交易成本。我国政府可以采取以下措施降低农业碳汇市场的交易成本：一是构建符合现有市场条件的农业碳汇交易体系；二是推行标准化的农业碳汇交易合同；三是制定简化、标准化的农业碳汇交易程序；四是鼓励地方政府争取国际国内市场的 CDM 项目，扩大农业碳汇交易规模；五是协调各交易主体的利益关系。

（三）建立低碳农业的订单机制

碳汇项目在农业的推广与发展，大多是以订单农业，即合同农业的形式进行的。但从目前我国订单农业的发展现状来看，农民的市场主体地位还没有真正确立起来，如果以政府或龙头企业替代农民作为市场主体，往往出现农户因订单而为难，企业因订单而亏本的"双输"格局，同时，农业碳汇项目涉及国际国内交易市场，订单农业将面临更大的市场风险。为了更好地运用订单形式，发展碳汇经济，规避市场风险，农民需要通过合作组织来整合市场主体，聚集生产要素，优化资源配置，壮大经济实力。建立低碳农业的农民合作组织订单机制，就是利用农民专业合作经济组织，以订单的形式，搭建农业碳汇项目交易主体——农户、公司参与国际碳交易市场的桥梁；并通过组织化程度的不断提高，充分发挥低碳农业的金融功能，减少市场风险。[②]

（四）建立低碳农业的农民利益共享机制

低碳农业通过碳汇项目实现农民增收，而形成合理的农民利益共享机

---

① 李晓燕. 低碳农业发展研究——以四川为例 [M]. 北京：经济科学出版社，2010.

② 李晓燕，王彬彬. 四川发展低碳农业的必然性和途径 [J]. 西南民族大学学报（人文社科版），2010（1）.

制是促进农业碳汇项目顺利实施的重要保证。农民专业合作经济组织签订碳汇项目订单后，要通过利益共享机制对碳交易获取的直接利益进行一次或二次分配，确保农民的收益，提高农民参与的积极性。[①]

一般而言，农村专业合作组织与农民的利益共享形式有利益直接体现型、盈余返还型、利益保障型等。一是利益直接体现型。专业合作组织为成员提供产前、产中、产后服务，具体交易由农户和收购商直接完成、直接结账，这是我国农村专业合作组织最多的一种类型。二是多次返利型。成员按统一要求进行生产，产品交售给专合组织统一包装或加工外销，专合组织将包装、加工销售获得的部分利润向成员进行二次、三次返利。三是利益保障型。专合组织代表农户监督购销合同的履行，既保障了农户利益，同时也减少了龙头企业的管理成本。[②]

三、政府主导下建立区域低碳农业品牌机制

质量和品牌是产品进入国内、国际市场的根本保障。通过低碳农业产业化过程，创建区域低碳农业品牌，将获得"绿色通行证"的低碳农产品推向国内、国际市场，使生态产品实现其最大经济效益，是对农民保护生态环境最大的补偿。

（一）打造低碳农业产业链

在低碳农业产业化过程中，政府搭建招商平台，鼓励农村专业合作组织外联具有国际品牌和营销网络的企业，内带广大种植户、养殖户等，按照各自优势与功能划分，专合组织成员按出口标准产出产品，并按专合组织的章程和签订的低碳生产指标交售农产品；科研所提供农业低碳化技术

---

① 李晓燕，王彬彬．低碳农业：应对气候变化下的农业发展之路 ［J］．农村经济，2010 (3)．
② 李晓燕．低碳农业发展研究——以四川为例 ［M］．北京：经济科学出版社，2010．

服务；龙头企业负责生产管理，组织运输、包装、储藏、加工等商品化处理，并组织农资产品统一供应，这一过程也需要使用有利于节能减排、节约资源、保护环境的绿色技术，如选择绿色包装等；具有国际品牌和营销网络的企业负责获取国际市场订单，提供国际市场需求信息，发运产品与结算。据专家评估，与具有国际品牌和营销网络的企业嫁接，并利用其现成的销售平台，可以节省30年市场拓展时间和上千万资金。通过把种养殖基地（专合组织成员）、国际市场（品牌与份额）、科研（技术支撑）、龙头企业（商品化处理）等各项资源整合起来，就形成了完整的符合国际标准的产、供、销、研一条龙的低碳农业产业链①，如图6－5所示。

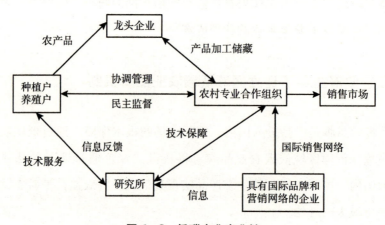

图6－5 低碳农业产业链

（二）实施低碳农业品牌战略

各省区可以学习江苏常熟蒋巷村、姜堰市沈高镇河横村获得亚太（国际）低碳农业奖的经验，实施低碳农业品牌战略，将低碳农产品推向国际市场，提高市场竞争优势。实施低碳农业品牌战略有以下几个方面②：

一是致力于低碳农业资源开发、低碳农产品基地建设、低碳农业科技

①②　李晓燕．发展低碳农业四川如何突破两大瓶颈［N］．四川日报（理论版），2010－10－13．

研发、低碳营销网络拓展等，构建独特的、自成品牌的"低碳产业链"。严格按照国际标准，开发低碳蔬菜、水果、茶叶、食用菌、大米等名优农产品，精选具有不可替代的区域气候与品种资源优势的优良果蔬品种等，建立低碳农产品基地。二是加强品牌建设。一方面争取获得中国绿色食品认证、有机食品认证，这将使产品具有较高公众美誉率，另一方面向中国村社发展促进会特色村工作委员会申请，争取获得亚太（国际）低碳农业奖或其他国际国内农业奖项。三是注重品牌宣传。通过参与各项公益活动和多方位的广告企划，将品牌系列农产品与低碳、环保、健康、清新联系在一起，凸显低碳农产品的环保、安全、营养功能，取得长期的市场购买认同，从而赢得市场、赢得声誉、赢得形象。

第三节　建立完善接续替代产业的区域差异化培育机制

——以四川为例

　　培育和发展受补偿地区的接续替代产业，需要因地制宜，体现区域差异化。对于受补偿方而言，没有因地制宜设计的补偿方案，其科学性、可行性并不强。这是因为不同农业生产地在生态公共产品存量总量、成本收益关系及发展水平上存在差异，其供给标准、贡献份额有所不同，[①] 产业生态基础、产业发展成本等也应有所不同。从区域经济学和产业经济学的视角，不同区域的农业布局、要素配置和传统发展模式不同，在农业生态环境补偿中选择替代产业的模式、发展途径也不同。因此，受补偿地区选择接续替代产业，实施农业生态环境补偿方案不能"一刀切"，应坚持因地制宜、统筹兼顾，建立区域差异化培育机制。

　　以四川为例，四川地形地貌复杂，具有平原、丘陵、山区、高原等多种地貌特征，不同地貌上农业发展态势、基础等都不同，接续替代产业发

---

① 陈静．找准生态公共产品有效供给的着力点［N］．人民日报，2013－11－6．

展的模式、重点、途径也不同。根据四川自然资源、生态环境实际以及县域经济的不同特点，全省农业和农村经济发展分为成都平原区、丘陵地区、盆周山区、攀西地区和川西北高山高原区 5 大区域。其中，成都平原区是全省城市化水平较高、经济较发达的地区，农业形态主要是依托城市集群发展都市型农业；丘陵地区是全省的粮食和经济作物主产区，农业形态主要是以商品粮基地为代表的基地型农业①。

下面将以成都平原近郊地区、丘陵粮食基地为研究空间，探索不同区域农业生态环境补偿中替代产业发展模式与途径，以及政府主导下区域差异化培育机制的形成。

一、平原近郊地区农业生态补偿中的接续替代产业培育

成都平原区是全省城市化水平较高、经济较发达的地区，农业形态主要是依托城市集群发展都市型农业。② 由于与城市关系密切，近郊地区农业具有维护城市生态环境和提供安全农副产品的功能，其农业环境、投放要素、产业技术特性、结构及功能有一定的要求或限制，农业生产经营的节能环保要求高。由于平原近郊地区土地平整而零散，土地价格高，并且其农业只需为城市及周边居民提供相应的农业服务，不用向粮食主产区那样承担粮食生产的功能，同时该区域没有攀西地区那样丰富的农业特色资源，因此，该区域无须也没有条件开展大规模农业生产和特色农业资源开发③。

结合四川平原近郊地区农业发展的情况，借鉴美国等发达国家近郊农业生态补偿的经验，平原近郊地区农业生态环境补偿中，选择、培育、发展接续替代产业，应本着"节约土地集约发展、依托城市发挥优势"的

---

①③ 李晓燕. 四川农业低碳化发展的模式探索 [J]. 西南民族大学学报（人文社会科学版），2012（7）.

② 刘茂恒. 论城郊型农业向都市型农业转变 [J]. 四川行政学院学报，2004（6）.

原则，实施保护性耕种，推广观光农业、循环农业，通过生态农产品、旅游服务、碳交易等实现增收。

（一）观光农业

观光农业是近郊地区替代农业的重要模式，通过在农业上发展旅游业来取代大量的农业生产，从而减少温室气体排放和农业面源污染问题，既促进城郊经济发展、满足城市居民休闲需求，又能增加城郊农民收入（旅游服务收入和碳减排收入）、保护城市和农村的生态环境。

四川省城乡旅游发展的重要特征是，利用城市和农村不同的资源，开发具有一定竞争力的观光农业旅游品牌，实行专业化、品牌化、规模化经营方式。目前，四川各市区县已经形成了专业化、系列化的观光农业品牌，农业与旅游市场实现了有机衔接，传统农业被赋予了自然生态、休闲观光、科普考察、采摘体验、教育培训等内容。根据开发内容不同，四川省在近郊农村实施了以下几种观光农业旅游开发模式。[①]

1. "农家乐" 旅游模式

"农家乐" 旅游模式是四川都市观光农业最主要的形式。该模式结合新农村建设，以都市近郊农村的生态优势、旅游景点或民俗风情为题材，打造以 "农家乐" 为主要形态的特色乡村。所谓 "农家乐"，就是充分利用农家庭院、农家生活和农家文化，积极开展以 "吃农家饭、住农家屋、干农家活、享农家乐" 为主题的集休闲、娱乐、体验为一体的活动，为游客提供住宿、避暑、赏花、品果、品茗、餐饮等多元服务。如郫县建成农科村 "国家 AAA 级景区"，并被命名为 "中国农家乐旅游发源地"；崇州市三郎镇九龙沟风景区凤栖山麓打造的 "清溪苑避暑山庄" 等。

---

① 李晓燕．四川农业低碳化发展的模式探索 ［J］．西南民族大学学报（人文社会科学版），2012（7）．

2. 自然生态旅游模式

该模式利用四川省丰富的自然资源，抓住全省开展生态省建设的契机，以"生态、和谐、健康、安全"为目标，在风景怡人的乡村地区打造农业观光园等。目前四川观光农业旅游示范点中，诸如崇州市的"花果山生态观光农业园区"、金堂县的"云顶山旅游养老生态农业观光园"和"观音山生态农业旅游观光园"等，均是以自然、生态为核心。

3. 乡村休闲娱乐模式

该模式借助都市近郊农村开阔的空间、丰富的生态资源、农（林）场规划建设配套设施等，开发高尔夫、网球、垂钓、骑马、狩猎、划船等中高档现代休闲娱乐、运动项目。如双流县公兴镇开发建设高档休闲渔业垂钓基地——"帽盒山垂钓中心"，集垂钓、划船、烧烤、温泉等休闲活动一体；锦江区三圣乡的"湖光山色"项目，提供农作、骑马等户外体验活动。

4. 农业体验模式

该模式把种植业、养殖业生产经营活动与农业生态环境、乡土文化资源结合起来，修建现代的、开放式的、环境优美的农业生产场地，增强游客对农业体验的兴趣。游客在观光、采果、摘菜、观摩农产品加工和药材制作等休闲娱乐中，体验农作、了解农民生活、享受乡土情趣。如双流县永安镇的"红提乐园"和"葡萄果园"，金堂县的"栖贤乡梨花沟生态旅游区"、"三溪国际脐橙产业观光园"和"隆盛中华药谷"，龙泉驿区枇杷沟的"大明农庄"等。

5. 民俗文化节庆模式

该模式主要依托近郊农村特有的民俗文化资源，如民间艺术、传统工艺、民俗风情、节庆文化以及川西民居、古建筑、文物古迹等，开展观光、考古等休闲旅游活动。如蒲江县发展集观光、美食、文化为一体的乡村主题旅游，成功举办了"成都石象湖郁金香（百合花）旅游节"、"成都光明樱桃节"、"成都乡村美食节"、"橘子红了"等乡土风味十足的乡村主题旅游活动。龙泉驿区每年5月举办的"成都枇杷节"开展枇杷美景婚纱秀、洛带古镇民俗文化表演、枇杷沟采摘大五星枇杷等各类活动，每年都吸引大批城市游客。

（二）循环农业

循环农业是平原近郊地区替代农业的另一种模式，循环农业与观光农业不同，后者强调减少对农业土地等资源的农业生产活动，前者是强调农业资源的高效利用和循环利用。提供优质的鲜活农产品以满足都市消费需求的城郊地区，和不具备发展观光农业条件的城郊地区，这些地区需要从事农业生产活动，可以把农业经济活动组织成一个"农业资源—农产品—再生资源"的循环模式，实现农业生产的低开采、高利用、低排放、低污染，既拓展农作物的生长空间，又增加了农产品产量①。

四川城郊地区发展循环农业的重点是农业废弃物的处理与利用。充分利用农业废弃物，可以采用两种常见的方法：一是秸秆直接还田和过腹还田，这需要发展社会化服务来推广使用先进适用的农业机械，以解决农户缺少农机而难以实施秸秆还田的困难；二是养殖场畜禽粪便的综合利用，可以在大型养殖场建设大中型沼气站，其沼气作为能源利用，而沼渣沼液可作为农田肥料。②

四川平原近郊农村按照"空中混长、地面混种、水下混养"③的原则发展循环农业，主要采用两种循环模式：一是养殖食物链型模式。即以家

---

① 李晓燕，王彬彬. 四川发展低碳农业的必然性和途径［J］. 西南民族大学学报（人文社科版），2010（1）.

② 李晓燕. 四川农业低碳化发展的模式探索［J］. 西南民族大学学报（人文社会科学版），2012（7）.

③ 曾宜华. 介绍几种立体种养模式［J］. 老区建设，2007（1）.

庭养殖业为主，利用各种畜禽的食物链来提高物质循环和能量转换的效率，从而取得最佳的综合效益。例如，饲养鸡→鸡粪喂猪→猪粪进入沼气池→用沼气照明、做饭、取暖→沼气肥液再喂猪，沼气肥放入大田做肥。二是空间型模式。即充分利用庭院空间来合理安排种养殖业，以达到美化环境、增加收入的目的。例如，上层空中饲养肉鸽，中层栽培葡萄，葡萄架下养兔或鱼。

二、丘陵粮食基地农业生态补偿中的接续替代产业培育

基地型农业，是指在国家计划的指导下，从当地自然优势和资源优势出发，因地制宜确定主导产业、发展区域经济，不断提高土地资源利用率和农业生产商品率，从而形成商品优势和规模效益的一种农业发展模式。基地型农业的生产对象有粮食作物、水果、蔬菜、家禽等。此处主要探讨以粮食作物为生产对象的基地型农业生态补偿问题。[①]

四川丘陵粮食基地以发展商品粮生产为目标，以取得规模效益为目的，基本实现了农业生产的社会化、专业化、商品化和现代化，为替代产业发展创造了条件。丘陵粮食基地因为要承担粮食安全，所以发展替代产业不能大规模实施保护性耕作，应转变农业发展方式，既要提高土地利用率、使用有机肥以保证粮食产量和质量，又要减少农药、化肥等使用以减少环境污染、提高土壤固碳能力，并在粮食生产过程中用清洁能源替代高碳能源以减少碳排放。

（一）节能模式

农业节能模式是在农业生产的各个环节充分使用农业节能减排技术，以实现农业可持续发展的模式。四川丘陵地区商品粮基地推广农业节能模

---

① 李晓燕. 四川农业低碳化发展的模式探索 [J]. 西南民族大学学报（人文社会科学版），2012（7）.

式，保护农业环境安全，可以通过以下几方面开展①：

1. 适度推广保护性耕作

保护性耕作，又称免耕栽培，是将少耕免耕、秸秆还田及机播、机收等技术综合在一起的配套技术体系，该体系的核心是推广不翻动表土，直接在茬地上播种的栽培耕作制度。四川丘区商品粮基地可采用的免耕栽培技术有：水稻免耕直播、水稻免耕抛秧、麦茬直播玉米、麦茬直播大豆等。

免耕栽培具有很多优点：一是固碳。与传统的耕作方式相比，免耕栽培减少了翻耕表土，可以使储存在土壤中，起到土壤碳汇的作用，减少温室气体排放，减缓全球变暖。二是节本节能、节水、节肥。除了增强土壤碳汇以外，免耕栽培还直接减少了机耕费用，降低了农业生产成本和能源消耗量，实现了节本节能；同时，利用农作物秸秆覆盖农田，可以避免土壤中的水分蒸发，从而增强农田的保水蓄水能力，实现了节水；再者，秸秆还田和水土流失的减少，使得农田土壤中的有机质含量提高，实现了节肥。以节本节能为例，采用保护性耕作后，每亩耕地可节省机耕费用 25 元左右，节省柴油约 1 公斤。② 如果四川省推广应用保护性耕作的耕地面积达 3000 万亩，则全省每年可节省机耕费用约 7.5 亿元，节省柴油约 1.5 万吨。

但是作为粮食产区的丘陵地区，其主要功能仍是在环保指标的约束下，提高粮食产量。而免耕栽培技术在不成熟的情况下，如果大力推广，可能会影响农田的粮食产出。因此，在现阶段，四川丘区基地型农业应当适度推广免耕栽培技术，或者进行一些试点，待技术成熟且不影响粮食产量的前提下，再在丘区大力推广。

2. 加强农田水利基础设施建设投入，提高灌溉用水效率

农业生产离不开水，而用水灌溉离不开电，一般每提 10 立方米水耗

---

① 李晓燕. 四川农业低碳化发展的模式探索 [J]. 西南民族大学学报（人文社会科学版），2012（7）.

② 农业节能减排要八面开花 [N]. 农民日报，2007 - 7 - 30.

费 1 度电，因此在农业生产中节约用水就是节省能源。目前，四川省丘陵地区的灌区中有 30% ~ 50% 的农田排灌基础设施损耗严重，灌溉用水效率低下，为了避免水资源的大量浪费，大规模地更新改造这些工程设施已刻不容缓。全省应该逐年增加农田水利基础设施建设的投入，改革灌溉方式，完善节水型灌溉制度并在灌区大力推广，为农户提供精确灌溉方面的专家指导，提高基地型农业灌溉用水的效率。[①]

四川丘陵地区基地型农业的节能减排潜力尚不能估量，相关技术也不配套，粮食基地土壤的最大碳库容量、氧化亚氮的排放机理与减排措施等问题均需要进一步研究。[②] 四川省可以在丘陵地区的商品粮基地中选择 1 ~ 2 个试点，成立基地农业节能减排技术研发中心，增加科技研发经费的投入，集中力量进行攻关。

（二）清洁能源模式

四川丘陵粮食基地发展替代产业除了推广节能模式外，还有一个重要模式，就是清洁能源模式，即在基地的粮食作物生产的各个环节，或者在基地的基础设施运行过程中，尽可能用清洁能源代替高碳能源，以减少碳排放。

四川丘区基地型农业推广清洁能源模式具体可以从以下几方面入手[③]：

1. 推广秸秆综合利用技术

秸秆综合利用技术有很多种类，考虑到区情和可行性，在四川省丘陵地区的商品粮基地可因地制宜地推广四种技术：一是利用农机把秸秆粉碎后直接用于还田，可以提高土壤的有机质含量，增加土壤养分，增强土壤固碳能力，这是秸秆综合利用中最简单也是最直接有效的方法，成本也最

---

①③ 李晓燕. 四川农业低碳化发展的模式探索 [J]. 西南民族大学学报（人文社会科学版），2012（7）.

② 黄鸿翔. 农业节能减排潜力巨大，加强工作五建议 [EB/OL]. 人民网，http：//scitech. people. com. cn/GB/7600143. html，2008 - 8 - 1.

低；二是把秸秆和菌渣等混合一起处理成饲料，用于发展畜牧业和养殖业，既实现了农业废弃物的循环利用，又节约了粮食饲料，据统计，每吨秸秆饲料相当于 270 千克粮食饲料的营养价值①；三是把秸秆粉碎后利用机械压缩成型，既容易存放又密实干燥，作为燃料直接燃烧非常方便；四是在粮食基地，由于秸秆数量巨大，可利用专门的机器将秸秆气化，得到高品位、易输送的气体燃料，供周边的居民生活生产使用。

秸秆综合利用技术的大力推广可以实现生态效益和经济效益的双赢。一方面，秸秆综合利用替代了传统的直接燃烧秸秆的方法，避免了因燃烧秸秆产生的二氧化碳排放，减少了大气污染；另一方面，为了获得更大的秸秆综合利用量，需要向粮食基地附近的农户收购大量秸秆，这样可以增加农民收入。据统计，四川省每年农作物播种面积为 5700 万亩，如果以 100 元/亩的价格向农民购买农作物秸秆，每年可实现农民增收 57 亿元。

2. 利用养殖业畜禽粪便生产沼气

养殖业畜禽粪便所带来的农村面源污染问题一直是农村环境保护面临的难题，利用养殖场尤其是大型养殖场的畜禽粪便产生沼气是解决这一难题的有效途径。利用畜禽粪便所产生的沼气是一种清洁能源，能够直接用于农民的生产生活，产生沼气后剩下的沼液、沼渣是优质的有机肥料，能够直接用于农田施肥。畜禽粪便产生沼气，既有效解决了畜禽粪便带来的农村面源污染问题，又为农民提供了清洁能源和有机肥料，降低了能源成本，提高了农产品品质，可谓一举多得。一个户用沼气池每年可节省薪材和秸秆 1.5 吨左右，其热值与 3.5 亩薪炭林或 6 亩林地年生长量相当。以 8 立方米的沼气池为例，每年产生沼气 350 立方米左右，可用于普通农户 10 个月的日常生活，如做饭、烧水、照明用能等，为农户节省薪柴 2000 公斤以上，提供有机肥料 20 吨左右。而大中型养殖场的沼气工程产生的清洁燃料、有机肥料远远超过户用沼气池，其生态效益和经济效益更显著。

---

① 农业节能减排要八面开花［N］.农民日报，2007 – 7 – 30.

第七章

健全农业生态环境补偿
制度的政策创新

　　政策创新、体制创新、科技创新和管理创新是健全农业生态环境补偿制度、防治农业面源污染、保护农业生态环境的强大动力，而其中政策创新是最基本的创新要素。我国农业生态环境补偿制度在制定、执行、监督、保障等环节都存在一些制度缺陷，需要拓宽思路，以政策创新弥补其不足。

　　本书认为缺少财政补偿资金绩效评价体系是补偿资金使用效率低下的主要原因之一，以"项目工程"为依托开展生态补偿导致政策缺乏长期性和稳定性①，这两方面正是健全农业生态环境补偿制度首先需要突破的"瓶颈"；并立足于在四川省内江市隆昌县响石镇、四川省成都市郫县唐昌镇先锋村、四川省南充市蓬安县河舒镇桃花村、四川省广元市旺苍县、四川省凉山州德昌县、浙江省杭州市萧山区浦阳镇、甘肃省庆阳市西峰区、甘肃省平凉市华亭县等地方展开的实地调研，提出两点支持农业生态环境多方治理和市场化补偿取向的政策创新方向。

---

　　① 王健，董小君. 构建西部地区生态补偿机制面临的问题和对策 [J]. 经济研究参考，2007 - 8 - 6.

第一节　创新财政补偿资金绩效评价体系

目前，我国农业生态环境补偿资金的来源主要是政府，包括中央政府和地方政府，补偿资金种类较多，一般以具体项目的形式拨付。中央政府的补偿资金项目主要包括中央补助地方环保专项资金项目，从 2010 年起，连续三年安排专项资金 120 亿元，逐渐加大投入力度；退耕还林补助政策，截至 2013 年，中央已累计投入 3542 亿元①；保护性耕作补偿政策，中央财政从 2002 年开始投入专项资金 3000 万元/年予以支持，至 2015 年中央共投入 4.1 亿元②；农业清洁生产技术运用补贴政策，包括农业科技推广补贴（中央财政 2015 年投入 26 亿元）、测土配方施肥专项资金（中央财政 2015 年安排 7 亿元）、农村沼气建设项目（2003～2014 年，国家累计安排中央投资 364 亿元）等。地方政府的补偿资金项目一部分是和中央配套完成，例如退耕还林补助政策、农村沼气建设项目等，另一部分是自行筹建，例如珠海市的市、区两级财政共同出资设立生态保护补偿专项资金，杭州市将现有财政补助资金，生态市建设、财政支农资金、环保补助、扶贫帮困等 10 项专项资金整合为生态补偿专项资金。

由于农业生态环境补偿在具体实践中的复杂性和不确定性，对于补偿资金的需求量很大，仅依靠政府财政投入远远不够，因此无论是中央政府还是地方政府，近年来都越来越重视多渠道筹措补偿资金的问题，社会各界关于这方面的研讨也逐渐增加。然而，多渠道筹措补偿资金只能解决资金的增量，农业生态环境补偿的财政资金在使用中还面临巨大的难题，即

---

① 中国 2015 年安排 1000 万亩退耕还林任务 ［EB/OL］. 财新网，http：//china. caixin. com/2015 - 06 - 08/100816918. html? utm_source = baidu&utm_medium = caixin. media. baidu. com&utm_campaign = Hezuo，2015 - 6 - 8.

② 保护性耕作发展、影响及今后方向 ［EB/OL］. 颍东区农机化信息网，http：//www. ah-njh. gov. cn/subarea/yd/Content. asp? LClass_ID = 2108&id = 82052，2015 - 6 - 11.

补偿资金使用不到位、资金使用效率低下，这也可以理解为没有科学合理使用补偿资金的存量。

财政补偿资金低效使用的原因有很多，一是农业生态补偿资金基本上由财政、农业、林业、水利、环保、国土等部门分管，这种多头管理的体制不利于资金的分配、使用、监督、管理；二是没有建立起后期的补偿资金绩效评价体系，虽然苏州、杭州等地陆续出台了生态补偿资金管理办法，但这些办法大多强调资金使用原则，如何判断资金使用效率没有行之有效的方案；并且，目前常见的评估方法是由第三方对项目资金进行财务审计，这种专业的财务审计方法主要是对资金使用的合法性、规范性进行评估，而资金使用的效果、受补偿方的满意度等信息无法通过财务审计反映出来。

因此，健全农业生态环境补偿制度亟须创新财政补偿资金绩效评价体系，以期科学、客观、全面、规范地评价农业生态环境补偿资金的使用绩效，及时总结经验，分析存在问题及原因，为相关部门决策、管理提供参考依据。

一、评价目的和流程

（一）评价目的

针对农业生态环境补偿项目，通过客观公正地评价专项资金预期目标实现度，综合评价专项资金支出效率和效果，同时总结经验，分析存在问题及原因，提出对策建议，为相关部门决策、管理提供参考依据，为财政补偿资金科学合理使用提供重要依据；同时根据绩效评价结果，制定补偿专项资金分配制度、监督管理制度、跟踪评级制度等，确保制度有效实施，促进补偿资金使用效率提高。

（二）评价流程

对财政补偿资金的评价不具有随意性，无论是政府机构评价还是第三方评价，都应该遵循一定的评价流程。结合农业生态环境的公共产品属性，考虑到补偿资金关乎农民切身利益和农业经济发展，本书课题组认为评价工作应当以"绩效自评＋书面评审＋现场评价"这样的复合形式开展，才能确保评价结果的真实有效，才能对财政补偿资金的规范合理使用起到促进作用。评价流程具体分为六个步骤，如图 7 - 1 所示。

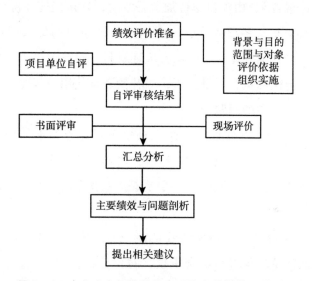

图 7 - 1　农业生态环境补偿专项资金的绩效评价流程

资料来源：部分参考新型农村社会养老保险补助资金使用绩效评价报告［R］. 百度文库，2012（9）.

（1）成立绩效评价小组。由农业部门牵头，邀请农业领域的专家学者建立专家咨询库，定期组织高校、科研机构的相关专家参与，联合成立绩效评价小组，负责绩效评价的组织管理和实施工作，组织开展收集评价基础数据、核实资料来源和依据等佐证材料，进行现场勘验检查等。

（2）确定绩效评价指标体系。财政补偿资金绩效评价需要分类量化，需要建立一个包含前期工作、实施过程、项目绩效在内的多维度的综合性评价指标体系。绩效评价指标体系可以作为农业生态环境补偿资金的长效管理工具之一，主要用于对资金使用效率进行综合评价，并可用于今后资金使用进度的动态跟踪和综合分析，对绩效评价工作起到很好的指导作用。

（3）绩效自评。各项目单位按照绩效评价小组提出的要求，认真准备真实、有效地反映补偿资金使用情况的佐证材料，客观评估本项目资金绩效，如实反映资金用途、财务凭证，按要求填写《自评表》，形成资金使用绩效自评报告①，由项目单位加盖公章后，抄送绩效评价小组。

（4）书面评审。各项目单位按照绩效评价小组的要求提供相关佐证材料和自评报告，绩效评价小组结合佐证材料，对自评报告进行总量分析和结构分析、定性分析和定量分析，以补偿资金使用的程序和重点环节为脉络，梳理可能存在的问题。

（5）现场评价。绩效评价小组在补偿项目地点开展访谈、座谈、入户问卷调查等多种形式的现场勘验检查，对预设的问题逐一盘查并提出结论，有针对性地进行真实性核查、专项资金专款专用审查、项目公共效益调查。

（6）总结评价结论。根据绩效自评、书面评审、现场评价分别得出的结论，绩效评价小组进行综合审议，对比分析，归纳问题，分析原因，提出对策，形成最后的评价报告。

二、评价指标设计

本书遵循"客观、公正、科学、规范"的原则，依据"绩效导向，突出结果"的评价思路，结合农业生态环境补偿专项资金特点及实施情

---

① 恩施州财政局课题组，刘国文，吴贤勇．2009～2012 年新型农村合作医疗基金绩效评价实证分析——基于对利川市柏杨坝镇卫生院的调查［J］．清江论坛，2014（6）．

况，经过查阅资料、深入研究等过程，制定了涵盖前期工作、实施过程、项目绩效等3项一级指标、10项二级指标、21项三级指标的绩效评价指标体系。

农业生态环境补偿专项资金的绩效评价指标体系分为三大部分，即项目的前期工作、实施过程和项目绩效，如表7-1所示，集中反映事前准备、事中执行、事后查核的重点考核内容。绩效得分采取百分制的计分方式，具体指标分值如下：

项目前期工作标准分20分，该部分反映项目立项、实施的依据，前期研究和准备的全面、科学、规范性，绩效目标设定，项目实现的保障等情况。

项目实施过程标准分30分，其中项目资金管理标准分17分，该部分反映项目资金在管理制度建设、投入、核算、支出方面的规范情况等；项目组织实施标准分13分，该部分反映项目组织机构、制度和实施的规范性等。

项目绩效表现标准分50分，该部分反映项目成本（预算）控制、实施（完成）的进度与质量情况、项目完成后综合效益，如生态效益、经济效益、社会效益、文化效益和可持续性发展等方面情况。项目单位自评、专家书面评审采用相同的绩效指标体系及其评分与评级规则。

三、存在问题和制度完善方向

由于获取农业生态环境补偿专项资金使用情况相关数据的难度较大（一方面行政职能交叉，收集数据无法确定具体部门或者遭遇推诿，另一方面一些数据有保密性质无法对外公开），本书没有就具体项目进行补偿资金绩效评价。但是，本书以访谈、座谈、入户咨询等形式，先后在四川省内江市隆昌县响石镇、四川省成都市郫县唐昌镇先锋村、四川省南充市蓬安县河舒镇桃花村、四川省广元市旺苍县、四川省凉山州德昌县、浙江省杭州市萧山区浦阳镇、甘肃省庆阳市西峰区、甘肃省平凉市华亭县等地

表7-1 农业生态环境补偿专项资金的绩效评价指标

一级指标	权重	二级指标	权重	三级指标	权重	指标解释或计算标准
前期工作	20	前期研究	4	论证决策	4	(1) 是否符合中央、省、市关于财政专项资金管理办法（1分）； (2) 是否符合农业生态环境保护的发展方向和农业生态补偿专项资金管理办法、决策程序是否规范、是否科学，依据充分（1分）；是否具备发现问题、确定目标，收集资料、制定方案、评估和优选方案、贯彻实施，反馈及追踪检查等七个过程（1分）； (4) 是否组织专家参与论证（1分）；
		目标设置	7	目标完整性	3	(1) 目标完成数量和质量是否清晰、明确（1分）； (2) 目标完成时间是否明确（1分）； (3) 目标是否科学、合理、量化、可衡量（1分）
				目标科学性	4	(1) 项目的可实现性、可操作性和严谨性（1分）； (2) 申报时是否对项目进行了预期绩效自评（1分）； (3) 对项目实施的风险是否做了评估及防范（1分）； (4) 项目必要的审批程序履行情况（1分）
		保障机制	9	组织机构	3.5	(1) 项目实施机构组织是否健全，是否明确了分工及职责，确定了分管领导、相关责任部门和责任人（1.5分）； (2) 项目相关人员是否充足，是否有专职工作人员（1分）； (3) 组织是否有效、能否及时、准确、完整地完成项目（1分）
				制度措施	5.5	(1) 项目管理制度和日常管理制度是否健全、完善（1.5分）； (2) 具体项目财务制度、会计制度是否健全和完善（1.5分）； (3) 是否建立奖惩制度，根据评价结果奖惩相关单位、责任人（1.5分）； (4) 是否建立公众满意度评价机制，即社会公众对项目实施过程、实施效果的满意程度（1分）

续表

一级指标	权重	二级指标	权重	三级指标	权重	指标解释或计算标准
实施过程	30	资金管理	10	资金到位	4	=4×资金实际到位金额/计划金额
				资金支付	4	=4×资金实际支出金额/实际拨付金额
				资金支付及时性	2	资金支出时间与项目规定的支出时间是否吻合
		财务管理	7	财务合规性	7	(1) 反映资金支出规范性，包括资金管理、费用支出等制度是否严格执行（3分）；(2) 会计核算是否规范反映，是否存在依据不合规，虚列项目支出的情况（4分）；是否存在超标准开支情况；是否存在挤占、挪用项目资金情况
		项目管理	13	绩效监控	9	(1) 是否应用绩效信息对项目绩效完成情况实施监控，是否根据发现的问题，及时对项目进行修正（3分）；(2) 是否建立有效的绩效信息的收集利用和反馈机制（2分）；(3) 是否有效利用绩效信息，采取激励、惩罚等措施进行奖惩，有效促进绩效实现（3分）；(4) 是否按要求定期向政府、财政部门提交预算绩效情况报告（1分）
				风险管理	4	(1) 是否对项目实施中可能存在影响绩效目标实现的风险因素（包括成本、技术、质量、组织等内在风险和自然、市场等外在风险）进行有效识别、评估（2分）；(2) 是否建立风险处置预案和风险管理措施（2分）
项目绩效	50	经济性	5	成本控制	5	项目成本预算控制、节约等情况
		效率性	15	项目进度	5	=5×项目是否按照计划的完成度
				项目质量	5	质量是否达到预期的目标
				项目安全	5	是否出现事故

续表

一级指标	权重	二级指标	权重	三级指标	权重	指标解释或计算标准
项目绩效	50	效果性	25	生态效益	5	=5×产品与服务的价值/环境消耗量。价值可表示成产能、产量、总经营额、获利率等。消耗量可表示成总耗能、总耗水、温室气体排放总量以受补偿地区的资源消耗环境生产力表示，包括每单位原料的产量（或者营业额、获利率）、每单位能耗的产量（或者营业额、获利率）、每单位二氧化碳排放量的产量（或者营业额、获利率）等
				经济效益	5	=5×项目实施后的直接或间接经济效益/实际使用资金。经济效益包括品牌价值增加值，项目实施后的直接或间接经济效益/实际使用资金≥1时，计为5分
				社会效益	5	=5×公众满意度（%）。补助、贴息等不直接服务公众的项目，用"专家评分（%）"替"公众满意度（%）"
				文化效益	5	是否在文化类有形资产或无形资产增值、场馆景点打造、平台建设、文化传播、产权改革与制度创新等有重要突破
				可持续发展	5	(1)项目完成后，是否计划有接续项目并入跟进（3分）；(2)项目实施是否有利于促进农业经济可持续发展（3分）
		公益性	5	公共属性	5	项目与项目实施增加社会公共利益、公共福利等方面的相关度程度
合计	100					

资料来源：本表格中的指标设计部分参考：(1)新型农村社会养老保险补助资金使用绩效评价报告[R].百度文库，2012（9）.
(2)恩施州财政局课题组，刘国文，吴贤勇.2009~2012年新型农村合作医疗基金绩效评价实证分析——基于对利川市柏杨坝镇卫生院的调查[J].清江论坛，2014（6）.
(3)周普.水利财政支出绩效评价分析[N].中国水利水电科学研究院学报，2012-3-15.
(4)省级预算部门（单位）财政支出项目绩效评价[R].百度文库，2012（11）.

方展开实地调研，同样发现农业生态环境补偿项目在补偿资金使用方面存在一些问题，其中普遍存在的问题有：一是项目论证不严密，前期准备工作不充分，部分项目的专项资金管理制度和项目运营管理制度不完善；二是个别项目存在资金使用不规范等问题，部分项目资金支出不及时，部分项目资金使用率不高；三是部分项目完成目标与专项资金投入有偏差，部分项目缺乏监理报告和工程结算审计报告。

为提高专项资金的使用绩效和农业生态补偿项目的管理绩效，针对调研发现的问题，结合财政补偿资金绩效评价体系的内容，提出如下建议：

（1）实施项目分类分级管理，加强项目立项论证研究。一是项目主管部门应进一步做好项目立项的前期准备工作，将专项资金项目分级分类管理，设立年度项目、应急项目、后期资助项目等；其中年度项目围绕年度中心工作出台申报指南，按项目重要程度和资助规模，分为重大项目、重点项目和一般项目；应急项目围绕领导临时布置的农业生态环境污染治理研究任务、应对突发性的农业生态环境污染事件等设立；后期资助项目围绕具有良好市场前景和社会效益的已建项目进行补助和贴息。二是加强项目申报单位的项目前期预研、可行性研究、可持续性前景研究，强化项目申报单位的资质审查和项目完成的保障条件约束。

（2）加强专项资金监管，提高资金支出绩效。一是根据评价发现的在资金使用管理存在的问题，项目主管部门需强化监管，规范项目单位资金使用管理，提高资金支出进度和项目实施进度，确保专项资金安全有效使用。二是推行资金使用及项目管理全过程绩效管理，提高专项资金使用效益。在专项资金分配环节，将项目绩效目标申报、审核作为项目安排的主要依据；在专项资金使用过程，通过依托信息系统，及时跟踪专项资金支出进度和使用效益，开展支出项目现场绩效督查，促进专项资金支付效率和使用效益的双提高；在专项资金支出结果环节，首先应着力完善主管部门、项目单位、财政部门三方评价管理机制；其次应完善绩效管理结果应用机制，建立与预算安排挂钩的办法，探索绩效管理结果通报、公开制度，探索建立绩效责任约束机制。[①]

（3）加强项目实施过程监管，实行"宽进严出"的结项制度。一是落实项目主体的责任。项目主管部门应明确项目申报单位为第一责任单位，单位负责人为第一责任人；在项目实施过程中，项目申报单位发生变更的，应作为重大事项上报项目主管部门批准；项目单位的归口管理部门也应履行监督、管理的职责。项目单位立项后一个月内应上报一套较为完善的项目实施规章制度和预算方案，应书面承诺专项资金专款专用。二是规范项目验收工作。认真组织项目验收，及时发现项目建设中存在的问题并督促落实整改，实现专项资金的最终效果。

第二节　创新"项目捆绑"补偿方式

——以广元旺苍县为例

我国农业生态环境补偿工作基本上是以"项目工程"为依托开展生态补偿，这种方式思路清晰、目标明确、便于操作，但是却容易导致生态政策缺乏长期性和稳定性。像退耕还林、退牧还草、生态公益林补偿金等政策大多是以项目、工程、计划的方式组织实施，而且有明确的时限，政策缺乏可持续性，给实施效果带来较大的变数和风险。[②] 在补偿期限内，农民因保护和改善农业生态环境造成的经济损失和发展权损失，能够得到一定的补偿，农民因此约束自己的生产行为，采用清洁生产技术，从而达到保护生态环境的目的。补偿期满以后，在接续替代产业尚未培育或者发展还不成熟的前提下，农民没有持续获得收入的渠道，原本经济贫困的农民为了生存和发展需要，只好再次选择成本最低、技术娴熟的传统农业生产方式，可能出现新一轮的农业生态破坏。

---

① 曾志权. 进一步健全预算绩效管理体系 [N]. 中国财经报，2013 – 11 – 26.
② 王健. 我国生态补偿机制的现状及管理体制创新 [J]. 中国行政管理，2007 (11).

本书课题组深入四川省广元市旺苍县、四川省内江市隆昌县、四川省南充市蓬安县等地进行调研，发现以"项目捆绑"的方式，将国家和地方政府的重点项目与农业生态环境补偿项目捆绑起来共同推进，可以使农业生态补偿更有力、更有效、更稳定，同时取得多个项目共赢的良好效益。

一、农业生态环境补偿项目实施情况

旺苍县位于川陕两省交界的米仓山南麓，隶属广元市，是革命老区、生态建设核心区、国家扶贫开发工作重点县。旺苍县的南北山区承担了非常重要的生态功能，是秦巴地区重要生态屏障、生物多样性保护区，对于四川省乃至长江中上游地区生态安全、经济可持续发展和生态文明建设都有重要的意义。但是，这一地区的生态环境非常脆弱，自然环境恶劣、地质灾害频发、水土流失加剧等生态问题日益严重，居住在山上的村民经常遭遇山体滑坡、泥石流等灾害的威胁。为了保护和恢复南北山区的生态环境，增强生态系统的生态功能，有必要对山区的农民实施生态补偿项目，改变他们传统的"靠山吃山、靠林吃林"生产方式，减少对生态环境的粗放式、掠夺式开发。

（一）取得的成效

通过实施退耕还林、测土配方施肥等农业生态环境补偿项目，旺苍县项目区的农业生态系统得到修复，环境承载力有所提高，农民的生产、生活条件得到改善。

2007 年，旺苍县开展巩固退耕还林成果工程项目试点[①]，该工程项目

---

① 该试点项目的具体补偿政策有三个方面：一是坡改梯 100 亩，每亩补助 600 元，主要实行坡地改造，将"三跑地"变为"三保地"，重点在于保持水土，促进土壤质地良性循环。二是改土培肥 300 亩，每亩补助 200 元，主要进行科学测土配方施肥，秸秆还田，种植绿肥等方式，坚持土地缺什么补什么，缺多少补多少的原则，以肥养地，以地养地、用养结合，增强土地肥力，确保作物高产稳产。三是新建沼气池 130 口，每口补助 1500 元。沼气项目对清洁城乡行动，节劳节能降耗，改善农村生态环境都有极大的促进作用。

实施面积 13.15 万亩，覆盖 35 个乡镇、256 个村，涉及 50993 户、200328 人，总投资 20527.7 万元，其中申请中央财政专项资金 10872.21 万元，包括基本粮田建设和后续产业两大项，建设内容涵盖改田改土、坡改梯、改土培肥、建沼气池、品种改良及改造等 13 个子项。截至 2010 年年底，实现每亩增加粮食 100 公斤，年增加粮食产量 56636 公斤。按每公斤 1.5 元计算，每年提高收入约 849.5 万元，年新增纯收入 283.2 万元。建一口沼气池单产生沼气 350 立方米，为农户提供 70% 以上的生活用能，可替代柴薪 2 吨，保护林地 3.5 万亩，减少水土流失 4.5 吨，减少二氧化碳排放 8 公斤。每年每户节约能源开支（与购煤炭和用电相比）约 500 元。[①] 2013 年，旺苍县已累计完成退耕还林面积 13.15 万亩、配套荒山造林 13.85 万亩、封山育林 3.8 万亩。涉及 35 各乡（镇）256 个村，退耕农户 50993 户、200328 人，退耕还林中生态林 12.5983 万亩、经济林 0.5517 万亩[②]。

2007 年，旺苍县成为国家级测土配方施肥资金补贴项目县，通过推广测土配方施肥技术，促进了粮食增产、农业增效和农民增收。2012 年，全县建成测土配方施肥万亩示范区 5 个，整建制推进乡镇 3 个，整村推进村 12 个；培训技术骨干 5150 人次；建成测土配方施肥县级专家咨询系统和普济镇远景村村级专家咨询系统，成为广元市最先建立村级测土配方施肥专家咨询系统的县[③]。

（二）存在的问题

2014 年，本书课题组前往旺苍县南北山区进行调研，从调研情况来看，旺苍县退耕还林、测土配方施肥等农业补偿项目在实施过程中存在很

---

① 旺苍县巩固退耕还林成果工程项目试点工作拉开序幕 ［EB/OL］. 旺苍农业信息网，ht-tp：//www. gywcnyw. gov. cn/a/nykx/wcny/2009/228. html，2009 - 7 - 29.

② 县林业和园林局退耕还林工程成效显著 ［EB/OL］. 旺苍党政公众网 ［EB/OL］. http：//www. wangcang. gov. cn/site/home/wcbm/d050927a6a6c446ea9df8ee21b3cf654，2013 - 11 - 18.

③ 黄议漫. 四川旺苍县测土配方施肥项目顺利推进 ［EB/OL］. 中国化肥网，http：//www. fert. cn/news/2014/7/10/201471013485936078. shtml，2014 - 7 - 10.

多问题，导致项目后期的实施效果并不理想，很多补偿项目已没有实质性内容。以退耕还林项目为例，存在以下主要问题：

（1）认识不到位影响工程质量。一是管理层认识不到位。不少乡镇领导认为退耕还林应归口林业部门管理，包括退耕还林的规划设计、施工作业、检查验收、政策兑现和确权发证等工作，都应是林业部门的管理职责，甚至个别乡镇领导把退耕还林政策理解为扶贫政策，因此乡镇政府在管理上只看指标不管施工，在政策兑现上只看平均不管差异，出现了"林粮间作，栽植不到位，不补植不管护"和"退少多兑，不退也兑"等现象[①]，许多农民觉得政策实施不公平，没有积极性去保证工程建设的质量。二是群众认识不到位。大部分群众不知道退耕还林兼顾环境保护和经济增收的目的，以为是群众出地、国家出钱的扶贫工程，对于植树造林基本上没有主动性、积极性，因此栽植、管护、补植都不到位。

（2）"重造轻管"、"退而不还，还而不退"现象普遍存在。一方面因为农户传统粗放式的经营观念在短期内无法改变，多数是放任林木自由生长而不去管理，另一方面也因为退耕后栽植的经济林需要修枝、锄草、施肥等专业技术，在政府农业技术推广体系还不成熟的情况下，退耕农户因缺乏技术支撑而无法成林，再加上作为微观经济主体，退耕农户始终追逐短期经济利益，在退耕林地上间种粮食或其他农作物，影响了林木质量。这些原因呈现出的结果是县乡政府与农户签订了退耕还林管护合同，而农户并没有认真履行管护职责，有些地块退而不还林，任由土地荒芜，有些地块还林不退耕，一边植树一边套种农作物，造林成活率和保存率较低，补植补造跟不上，退耕还林成效大幅度降低。

（3）农民缺少增收途径，工程运作经费缺口很大。旺苍县域内基础设施落后，生产方式落后，贫困人口多、贫困面大，县财政收入水平较低。作为国家扶贫开发工作重点县，2012 年农民年人均纯收入 5653 元，

---

① 退耕还林工程建设存在问题与对策［EB/OL］. 商南林业网，http：//www. snlyw. gov. cn/Article/ShowArticle. asp？ ArticleID = 183，2008 - 7 - 24.

农村贫困人口 9.1967 万人，贫困发生率 26.13%；地方财政一般预算收入 2.33 亿元。经济落后使得退耕农户迫切需要增收，政府管理方迫切需要增加项目运作经费。一方面，相对于贫困地区农民基本生活保障而言，生态补偿资金标准过低。除了退耕还林本来的补偿经费，以巩固退耕还林成果工程项目为例，坡改梯每亩补助 600 元、改土培肥每亩补助 200 元、新建沼气池每口补助 1500 元。而家庭消费中仅能源一项，3~4 口之家全年能源消费为 1000~1400 元，占家庭收入的 1/8 左右，随着煤炭价格不断上涨，农户生活成本进一步加大。后续产业发展滞后，缺少增收途径，补偿标准又偏低，退耕农户迫于生活和发展需求很可能再次破坏生态环境。另一方面，生态补偿项目各个环节都需要大量经费，而国家要求地方财政自行承担，就旺苍县这样的贫困县而言，拿出一定份额用于生态补偿项目日常运行，对于原本就低的财政收入而言相当吃力。

二、生态补偿项目与易地扶贫项目"有效结合、捆绑推进"

由于地处重要生态功能区承担着生态安全责任，旺苍县政府高度重视农业生态环境保护及其生态补偿问题。2014 年 5 月，旺苍县联合多部门出台意见首次确立生态补偿机制，县检察院牵头与县法院、县公安局、县森林公安局、县林业和园林局、县环保局等 10 家单位联合会签《保护生态环境资源意见》，为生态环保提供了制度保障。[①]

此外，旺苍县还大胆创新，将国家级贫苦县的易地扶贫项目和农业生态环境补偿项目"有效结合、捆绑推进"，很好地解决了农业生态环境保护和农民增加收入、改善生活条件的矛盾，实现了生态效益、经济效益、社会效益统一，创新了贫困地区实施农业生态环境补偿项目的新模式。

---

① 四川旺苍：联合多部门出台意见首次确立生态补偿机制 [EB/OL]. 正义网，http://www.jcrb.com/procuratorate/jckx/201405/t20140519_1397130.html，2014-5-19.

（一）基本设想

易地扶贫指将生活在缺乏生存条件地区的贫困人口搬迁安置到其他地区，并通过改善安置区的生产生活条件、调整经济结构和拓展增收渠道，帮助搬迁人口逐步脱贫致富。① 对生存环境恶劣地区的农村贫困人口实施易地扶贫搬迁，是我国在贫困地区组织实施的一项重要专项扶贫工程。通过改善安置区的生产生活条件，帮助搬迁群众拓展发展空间，拓宽增收渠道，改善当地生态环境，达到消除贫困和保护生态的双重目标。

旺苍县农业生态环境补偿的项目地点集中在南北山区，尤其是退耕还林项目，最困难的山腰至山顶的退耕农户，由于山道的基础设施非常不完善，很多地方都没通路，这些农户下山一次最长要花费 3～4 个小时，如果天气恶劣花费时间更多。这些地方没有基本的交通、通信、水利等设施，根本不可能发展后续产业，农户除了"靠山吃山"完全没有其他增收途径，让他们参与生态补偿项目其效果可想而知。而且，这些农户还面临山体滑坡、泥石流等重大地质灾害，生命受到威胁。在这样的条件下，巩固退耕还林成果生态移民显得尤为重要。

旺苍县把易地扶贫搬迁和巩固退耕还林成果生态移民有效结合起来，作为解决南北山区贫困问题和生态问题的有效载体和重要途径，因地制宜，创新举措，梯次推进易地扶贫搬迁工程，有序的组织贫困人口向外转移，切实改善了生存条件恶劣地区贫困群众生存发展环境，增强了生态系统生态功能。

旺苍县将补偿项目与扶贫项目"有效结合、捆绑推进"取得了显著成效。不仅降低了县政府对自然环境恶劣的南北山区基础设施建设的投入，避免了对不具备人类生存条件地区的重复投资，改善了安置地基础设施条件，培育和发展后续产业，为贫困群众增产增收，加快脱贫致富步伐，而

---

① 金璟，起建凌，李永前. 新形势下的扶贫开发模式创新探讨 [J]. 农村经济与科技，2014（2）.

且有效地促进了迁出区域即南北山区的生态系统恢复和环境承载力提高，实现了贫困地区经济、社会和人口、生态协调发展。

（二）制度安排

旺苍县主要做法有①②：

1. 组织保障，机制创新

（1）确定组织保障。旺苍县成立了以县委、县政府主要领导任组长，分管领导为副组长，县财政、审计、监察及县级农口部门负责人为成员的易地扶贫搬迁工程项目领导小组，各项目乡镇建立了"一把手"负总责的项目实施工作机构。同时将易地扶贫搬迁工程项目工作纳入"以事论管、选贤任能"目标考核体系，相关部门、乡镇和村社逐级进行项目承诺，确保全县易地扶贫搬迁工作有条不紊地顺利开展。

（2）倡导机制创新。按农业生态环境补偿工作和扶贫工作要求，旺苍县不断探索完善在易地扶贫搬迁工程项目建设中总结出来的"村民做主制"、"承诺问责制"、"三级公示制"、"四级验收制"、"跟踪督查制"、"县级报账制"和"自主管护制"等七大机制，规范易地扶贫搬迁项目的实施和管理。

2. 统筹规划，梯次推进

（1）制定搬迁目标。结合旺苍实际，确定了全县"十二五"易地扶贫搬迁总体目标：易地扶贫搬迁 207 个村 4970 户、2 万人。通过易地扶贫搬迁工程的实施，以较低的扶贫成本改善贫困群众的生产生活条件和区域生态环境，促进县域社会经济协调发展，实现搬迁农民脱贫致富奔小康

---

① 旺苍县人民政府以工代赈办公室．关于我县易地扶贫搬迁项目建设情况的汇报［R］．2014.

② 旺苍县县委办，县以工代赈办．因地制宜，梯次推进，实施易地扶贫搬迁加快脱贫致富步伐［R］．2013 - 5 - 24.

的目标。

（2）确立安置方式。立足新型城镇化、新型工业化、农业产业化发展，结合新型城镇和新农村建设，确立了"梯次搬迁、灵活安置、城乡统筹、产居结合"的总体思路，以市场调节方式，在"两化"互动过程中，有序引导有条件的农民到城镇定居；以政府主导方式，把居住环境分散、生态条件恶劣、基础设施落后、生产生活状况较差的农村人口，搬迁安置到交通便利、资源相对较好的区域。

3. 跟踪监管，确保质量

（1）制定管理办法。根据国家和省上关于易地扶贫搬迁的总体要求，结合旺苍实际，通过实践总结，制定和完善了项目资金县级报账制度、农户建房补助"一折通"管理制度、基础设施分阶段报账制度和项目县、乡（镇）、村三级验收制度，规范了项目实施流程，确保了项目的有序实施。

（2）完善责任机制。成立了以县长任组长，16个县级部门为成员的易地扶贫搬迁工作领导小组，明确了各级各部门的具体职责，县上与项目乡（镇）签订了项目实施责任书，纳入相关部门和乡镇的承诺目标，形成了"县负总责、乡抓实施、落实到村、责任到户、搬迁到人"的责任机制。

（3）充分尊重受偿方意愿。首先，掌握生存状况。通过调查摸底，准确掌握农业生态环境受补偿方的分布状况及生存状态，了解受偿方的搬迁意愿，建立易地搬迁项目库，制定梯次推进易地扶贫搬迁工程项目规划。其次，了解搬迁意愿。通过乡镇、村社进村入户，了解受偿方的居住环境、家庭情况，经济收入和致贫根源，掌握这一贫困群体搬迁安置的准备情况，储备易地扶贫搬迁农户。再次，核报搬迁对象。及时、准确核报搬迁对象，并在政务或村务公开栏予以公示，年度内不能完成搬迁任务的要由农户本人说明情况，补报的搬迁户也要提供本人表达意愿的依据。最后，确定建设内容。易地扶贫搬迁工程的公共设施建设，是为搬迁安置农户提供服务的，一般选址集中安置点或安置户较为集中的区域，建设内容由搬迁安置的群众"一事一议"确定后报批。

4. 注重帮扶，长效致富

（1）改善生存环境。按照新型城镇、新型农村社区建设标准，加强安置点的基础设施和水、电、路、气、讯等配套建设，彻底改善搬迁群众的生存条件，改变搬迁户的生活方式，提升搬迁户的生活质量，不断增强搬迁户的致富积极性。

（2）发展特色产业。属于村、社内搬迁安置的，将高山、中高山的贫困户搬至山下农业生产条件较好的河谷地带，由当地村社统筹协调，重新调整农田分配，保障搬迁户的基本生产要素；加强项目倾斜，对安置区周边农田进行集中整理开发，打造高产稳产农田。属于跨村、跨镇搬迁安排的，搬迁农民原有的地权、林权不改变，继续落实耕地、林木等补贴，保障搬迁户的基本就业；加强实用技术培训，加大科技帮扶力度，帮助搬迁户在原有土地、山林上发展各具特色、长效致富的种养殖业；积极引进农业开发企业，引导搬迁户流转耕地、山林，获得稳定的财产性收入。

（3）拓宽致富渠道。大力开展科技服务、就业培训、劳动力转移等工作，积极搭建企业优先招聘搬迁群众服务平台，组织搬迁户劳动力进厂务工、异地输出，鼓励和支持搬迁群众从事建筑、运输、手工制作等工作。在城镇集中安置点，利用街市门面，支持搬迁户自主办店经商，自谋职业，自主创业。大力发展第二、第三产业，加强就业援助，增加搬迁群众就业机会。

三、生态补偿项目与易地扶贫项目实现共赢

（一）受偿方生产生活环境得到改善

2010 年以来，旺苍县易地扶贫搬迁工程项目累计完成投资 5480 万元，其中国家易地扶贫搬迁资金 2340 万元，撬动农业生态环境补偿专项资金等其他涉农资金和带动群众自筹 3140 万元，对 25 个乡镇生态环境恶劣的 1115户 4234 人实施了易地搬迁安置。新建乡村公路 80 公里（其中硬化水泥路

25 公里），建住房 13 万平方米、附属设施 3.4 万平方米，建集中供水工程 3 处 300 立方米，铺设引水渠（管）15 公里，建成麻英、天星等集中安置点 8 个。生态补偿项目与易地扶贫项目"有效结合、捆绑推进"，明显改善了南北山区参与农业生态环境补偿项目的贫困群众的生产生活环境。

（二）农业生态环保成果得到国家认可

旺苍县创新地将生态补偿项目与易地扶贫项目捆绑推进，在一定程度上解决了传统农业生态环境补偿中，生态保护与农民增收、农业经济发展之间的矛盾，大大提高了农业生态环境质量。在迁出地共拆除老旧房屋 7 万余平方米，腾出宅基地用于植树和复耕，为提升全县森林覆盖率贡献了 0.5 个百分点。通过在安置地新（改）建乡村公路、兴建水利设施、改造基本农田，全面改善了农村农业基础设施，安置地交通便捷，环境洁净。

2014 年，国家环保部会同财政部通过日常监测、卫星遥测、技术审核、现场核查、无人机高分辨率遥感抽查等综合手段，对旺苍县生态环境质量进行了全面监测、评价与考核，其结果显示，旺苍县 2013 年生态环境状况属良好，生态环境状况指数变化值基本稳定，[①] 为此，国家环保部、财政部奖励旺苍县国家重点生态功能区转移支付资金近 3000 万元。

（三）受偿方脱贫致富能力得到提升

通过易地扶贫搬迁、优惠政策扶持，从南北山区搬迁下来的生态环境受偿方自主发展的积极性不断提高，想方设法就业致富，经济收入不断增加。据统计，1115 户搬迁户均有 1~2 个增收致富项目，其中：自主创业经商 158 户，从事运输业 26 户，发展特色产业 471 户，从事畜牧养殖 118 户，进厂务工 342 户。搬迁户年人均纯收入增加 850 元，四年消除贫困人口 3600 余人。

---

① 陈彦. 旺苍生态环境质量获国家奖励近 3000 万元［EB/OL］. 广元新闻网，http：//www. gyxww. cn/GY/SMGZ/201409/205642. html，2014－9－22.

参 考 文 献

[1] Ana R. Rios. , Pagiola Stefano. Poor household participation in payments for environmental services in Nicaragua and Colombia [R]. World Bank, MPRA Paper No. 13727, 2009 (2).

[2] Anantha Kumar Duraiappah. Markets for Ecosystem Services: A Potential Tool for Multilateral Environmental Agreements [R]. International Institute for Sustainable Development, 2006.

[3] Andrew Balmford, Brendan Fisher, Rhys E. Green, Robin Naidoo, Bernardo Strassburg, R. Kerry Turner, Ana S. L. Rodrigues. Bringing ecosystem services into the real world: an operational framework for assessing the economic consequences of losing wild nature [J]. Environmental and Resource Economics, 2011 (48): 161 - 175.

[4] Anthea Coggan, Edwin Buitelaar, Stuart M. Whitten, Jeff Bennett. Intermediaries in environmental offset markets: Actions and incentives [J]. Land Use Policy, 2013 (32): 145 - 154.

[5] Arild Vatn. An institutional analysis of payments for environmental services [J]. Ecological Economics, 2010 (69): 1245 - 1252.

[6] Beria Leimona, Laxman Joshi, Meine Van Noordwijk. Can rewards for environmental services benefit the poor? Lessons from Asia [J]. International Journal of the Commons, 2009: 82 - 107.

[7] Bettina Matzdorf, Claudia Sattler, Stefanie Engel. Institutional frameworks and governance structures of PES schemes [J]. Forest Policy and Econom-

ics, 2013 (37): 57 – 64.

[8] Brendan Fisher, R. Kerry Turner. Ecosystem services: Classification for valuation [J]. Biological Conservation, 2008 (141): 1167 – 1169.

[9] Claudia Sattler, Bettina Matzdorf. PES in a nutshell: From definitions and origins to PES in practice——Approaches, design process and innovative aspects [J]. Ecosystem Services, 2013 (6): 2 – 11.

[10] Claudia Sattler, Susanne Trampnau, Sarah Schomers, Claas Meyer, Bettina Matzdorf. Multi-classification of payments for ecosystem services: How do classification characteristics relate to overall PES success? [J]. Ecosystem Services, 2013 (6): 31 – 45.

[11] Daniel W. Bromley. Environment and Economy: Property Rights and Public Policy [M]. Oxford: Blackwell, 1991.

[12] Dargusch Paul, Griffiths Andrew. Introduction to special issue: a typology of environmental markets [J]. Australasian Journal of Environmental Management, 2008 (15): 70 – 75.

[13] David Pimentel, Anne Wilson. World Population, Agriculture, and Malnutrition [J]. World Watch, 2004 (17): 22 – 25.

[14] Dixon John, Xie Jian. Promoting market-oriented ecological compensation mechanisms: payment for ecosystem services in China [R]. World Bank, 2007 (12): 1 – 28.

[15] D. Kleijn, R. A. Baquero, Y. Clough, M. Díaz, J. De Esteban, F. Fernández, D. Gabriel, F. Herzog, A. Holzschuh, R. Jöhl, E. Knop, A. Kruess, E. J. P. Marshall, I. Steffan – Dewenter, T. Tscharntke, J. Verhulst, T. M. West, J. L. Yela. Mixed biodiversity benefits of agri-environment schemes in five European countries [J]. Ecology Letters, 2006 (9): 243 – 254.

[16] Elmar Schlich, Ulla Fleissner. The Ecology of Scale: Assessment of Regional Energy Turnover and Comparison with Global Food [J]. The International Journal of Life Cycle Assessment, 2005 (10): 219 – 223.

[17] Erik Gómez – Baggethun, Rudolf de Groot, Pedro L. Lomas, Carlos Montes. The history of ecosystem services in economic theory and practice: From early notions to markets and payment schemes [J]. Ecological Economics, 2010 (69): 1209 – 1218.

[18] Erin M. Tegtmeier, Michael D. Duffy. External Costs of Agricultural Production in the United States [J]. International Journal of Agricultural Sustainability, 2004 (2): 1 – 20.

[19] Esteve Corbera, Carmen González Soberanis, Katrina Brown. Institutional dimensions of Payments for Ecosystem Services: An analysis of Mexico's carbon forestry programme [J]. Ecological Economics, 2009 (68): 743 – 761.

[20] Evy Mettepenningen, Ann Verspecht, Guido Van Huylenbroeck. Measuring private transaction costs of European agri-environmental schemes [J]. Journal of Environmental Planning and Management, 2009 (52): 649 – 667.

[21] George A Akerlof. The Market for Lemons: Quality Uncertainty and the Market Mechanism [J]. The Quarterly Journal of Economics, 1970 (84): 488 – 500.

[22] Giovanni Federico. Feeding the World: An Economic History of Agriculture, 1800 – 2000 [M]. Princeton: Princeton University Press, 2005.

[23] Gretchen Daily, John Peterson Myers, Joshua Reichert, Sandra Postel, Kamaljit Bawa, Les Kaufman, Charles H. Peterson, Stephen Carpenter, David Tillman, Paul Dayton, Susan Alexander, Kalen Lagerquist, Larry Goulder, Pamela A. Matson, Harold A. Mooney, Rosamond Naylor, Peter Vitousek, John Harte, Stephen G. D. Garrod, K. G. Willis. Valuing the benefits of the South Downs environmentally sensitive area [J]. Journal of Agricultural Economics, 1995 (46): 160 – 173.

[24] Géraldine Ducos, Pierre Dupraz, François Bonnieux. Agri-environ-

ment contract adoption under fixed and variable compliance costs ［J］. Journal of Environmental Planning and Management, 2009 (52): 669 - 687.

［25］ Haixia Zheng, Lubiao Zhang. Chinese Practices of Ecological Compensation and Payments for Ecological and Environmental Services and its Policies in River Basins ［R］. World Bank, 2006 (8): 11.

［26］ Harpinder S. Sandhu, Neville D. Crossman, F. Patrick Smith. Ecosystem services and Australian agricultural enterprises ［J］. Ecological Economics, 2012 (74): 19 - 26.

［27］ Harpinder S. Sandhu, Stephen D. Wratten, Ross Cullen. From poachers to gamekeepers: perceptions of farmers towards ecosystem services on arable farmland ［J］. 2007 (5): 39 - 50.

［28］ H. Schneider, Stephen L. Buchmann. Nature's Services: Societal Dependence on Natural Ecosystems ［M］. Washington DC: Island Press, 1997.

［29］ James Boyd, Spencer Banzhaf. What are ecosystem services? ［J］. Ecological Economics, 2007 (63): 616 - 626.

［30］ John Porter, Robert Costanza, Harpinder Sandhu, Lene Sigsgaard, Steve Wratten. The Value of Producing Food, Energy, and Ecosystem Services within an Agro - Ecosystem ［J］. Ambio, 2009 (38): 186 - 193.

［31］ Joshua Farley, Robert Costanza. Payments for ecosystem services: From local to global ［J］. Ecological Economics, 2010 (69): 2060 - 2068.

［32］ Katherine Falconer, Pierre Dupraz, Martin Whitb. An Investigation of Policy Administrative Costs Using Panel Data for the English Environmentally Sensitive Areas ［J］. Journal of Agricultural Economics, 2001 (52): 83 - 103.

［33］ Kathy Baylis, Stephen Peplow, Gordon Rausser, Leo Simon. Agrienvironmental policies in the EU and United States: A comparison ［J］. Ecological Economics, 2008 (65): 753 - 764.

[34] Keith Douglass Warner. Extending agroecology: Grower participation in partnerships is key to social learning [J]. Renewable Agriculture and Food Systems, 2006 (21): 84 - 94.

[35] Ken J. Wallace. Classification of ecosystemservices: problems and solutions [J]. Biological Conservation, 2007 (139): 235 - 246.

[36] Kuperan, K., Abdullah, Nik Mustapha Raja, Pomeroy, Robert, Genio, E. L., Salamanca, A. M.. Measuring Transaction Costs of Fisheries Co - Management [J]. Coastal Management, 2008 (36): 225 - 240.

[37] Laura McCann, Bonnie Colby, K. William Easter, Alexander Kasterine, K. V. Kuperan. Transaction cost measurement for evaluating environmental policies [J]. Ecological Economics, 2005 (52): 527 - 542.

[38] Leon C. Braat, Rudolf de Groot. The ecosystem service agenda: bridging the worlds of natural science and economics, conservation and development, and public and private policy [J]. Ecosystem Services, 2012 (1): 4 - 15.

[39] Local farm-to-institution pipeline has great potential [EB/OL]. 2014 - 12 - 1, http://www.lvb.com/article/20141201/LVB01/311269993/Local-farm-to-institution-pipeline-has-great-potential.

[40] Loren McClenachan, Benjamin P. Neal, Dalal Al - Abdulrazzak, Taylor Witkin, Kara Fisher, John N. Kittinger. Do community supported fisheries (CSFs) improve sustainability? [J]. Fisheries Research, 2014 (157): 62 - 69.

[41] Luca Tacconi. Redefining payments for environmental services [J]. Ecological Economics, 2012 (73): 29 - 36.

[42] Luis C. Rodríguez, Unai Pascual, Roldan Muradian, Nathalie Pazmino, Stuart Whitten, Towards a unified scheme for environmental and social protection: Learning from PES and CCT experiences in developing countries [J]. Ecological Economics, 2011 (70): 2163 - 2174.

［43］ Mark Sagoff. The quantification and valuation of ecosystem services ［J］. Ecological Economics, 2011 (70): 497 – 502.

［44］ Mats Nilsson, Thomas Sundqvist. Using the market at a cost: How the introduction of green certificates in Sweden led to market inefficiencies ［J］. Utilities Policy, 2007 (15): 49 – 59.

［45］ McCauley, D. J. . Selling out on nature ［J］. Nature, 2006 (443): 27 – 28.

［46］ Milder Jeffrey C. , Scherr Sara J. , Bracer Carina. Trends and Future Potential of Payment for Ecosystem Services to Alleviate Rural Poverty in Developing Countries ［J］. Ecology & Society, 2010 (15): 1.

［47］ Millennium Ecosystem Assessment. Ecosystems and Human Well – Being: Synthesis ［M］. Washington, D. C. : Island Press, 2005.

［48］ Milne, Markus J. Accounting, Environmental Resource Values, and Non-market Valuation Techniques for Environmental Resources: A Review ［J］. Accounting, Auditing & Accountability Journal, 1991 (4): 52 – 67.

［49］ Morgan M. Robertson. The neoliberalization of ecosystem services: wetland mitigation banking and problems in environmental governance ［J］. Geoforum, 2004 (35): 361 – 373.

［50］ Munawir, Sonja Vermeulen. Fair deals for watershed services in Indonesia ［R］. International Institute for Environment and Development, IIED code: 13539IIED, London, 2007 (7).

［51］ Murtough Greg, Aretino Barbara, Matysek Anna. Creating Markets for Ecosystem Services ［R］. Canberra: Productivity Commission Staff Research Paper, Ausinfo, 2002.

［52］ NMBIPP 2004. Managing our Natural Resources: Can Markets Help? ［R］. National Action Plan for Salinity and Water Quality – National Market Based Instruments Pilots Program, Australian Federal Government, Canberra, 2004.

［53］ Olga Chkanikova, Matthias Lehner. Private eco-brands and green market development: towards new forms of sustainability governance in the food retailing ［J］. Journal of Cleaner Production, 2014: 1 – 11.

［54］ Paul Fieldhouse. Community shared agriculture ［J］. Agriculture and Human Values, 1996 (13): 43 – 47.

［55］ Paul J. Ferraro. Asymmetric information and contract design for payments for environmental services ［J］. Ecological Economics, 2008 (65): 810 – 821.

［56］ Paul Portney, Robert Stavins. Market-based Environmental Policies ［EB/OL］. http: //belfercenter. hks. harvard. edu/files/disc _paper_98 _02. pdf, 1998.

［57］ Porter J, Costanza R, Sandhu H, Sigsgaard L, Wratten S. The value of producing food, energy, and ecosystem services within an agro-ecosystem ［J］. Ambio, 2009 (38): 186 – 193.

［58］ Richard B. Norgaard. Ecosystem services: From eye-opening metaphor to complexity blinder ［J］. Ecological Economics, 2010 (69): 1219 – 1227.

［59］ Robert Costanza, Ralph d'Arge, Rudolf de Groot, Stephen Farberk, Monica Grasso, Bruce Hannon, Karin Limburg, Shahid Naeem, Robert V. O'Neill, Jose Paruelo, Robert G. Raskin, Paul Sutton, Marjan van den Belt. The value of the world's ecosystem services and natural capital ［J］. Nature, 1997 (387): 253 – 260.

［60］ Robertson, G. P. , Swinton, S. M. . Reconciling agricultural productivity and environmental integrity: a grand challenge for agriculture ［J］. Frontiers in Ecology and the Environment, 2005 (3): 38 – 46.

［61］ Rohit Jindal, Brent Swallow, John Kerr. Forestry-based carbon sequestration projects in Africa: Potential benefits and challenges ［J］. Natural Resources Forum, 2008 (32): 116 – 130.

［62］ Roldan Muradian, Esteve Corbera, Unai Pascual, Nicolás Kosoy,

Peter H. May. Reconciling theory and practice: An alternative conceptual framework for understanding payments for environmental services [J]. Ecological Economics, 2010 (69): 1202 - 1208.

[63] Ronald H. Coase. The problem of social cost [J]. Journal of Law and Economics, 1960 (3): 1 - 44.

[64] Rudolf S. De Groot, Matthew A. Wilson, Roelof M. J Boumans. A typology for the classification, description and valuation of ecosystem functions, goods and services [J]. Ecological Economics, 2002 (41): 393 - 408.

[65] R. Kerry Turner, David W. Pearce, Ian Bateman. Environmental Economics: An Elementary Introduction [M]. Baltimore: Johns Hopkins University Press, 1994.

[66] Sarah N. Heiss, Noelle K. Sevoian, David S. Conner, Linda Berlin. Farm to institution programs: organizing practices that enable and constrain Vermont's alternative food supply chains [J]. Agriculture and Human Values, 2015 (32): 87 - 97.

[67] Sarah Schomers, Bettina Matzdorf. Payments for ecosystem services: A review and comparison of developing and industrialized countries [J]. Ecosystem Services, 2013 (12): 16 - 30.

[68] Stefanie Engel, Stefano Pagiola, Sven Wunder. Designing payments for environmental services in theory and practice: An overview of the issues [J]. Ecological Economics, 2008 (65): 663 - 674.

[69] Stefano Pagiola, Agustin Arcenas, Gunars Platais. Can Payments for Environmental Services Help Reduce Poverty? An Exploration of the Issues and the Evidence to Date from Latin America [J]. World Development, 2005 (33): 237 - 253.

[70] Stefano Pagiola. Guidelines for "Pro - Poor" Payments for Environmental Services [R]. World Bank, 2007.

[71] Stefano Pagiola. Payments for environmental services in Costa Rica

[J]. Ecological Economics, 2008 (65): 712 – 724.

[72] Steven McFadden. Community Farms in the 21st Century: Poised for Another Wave of Growth? [EB/OL]. http: //www. newfarm. org/features/0104/csa-history/part1. shtml.

[73] Stuart M. Whitten, Anthea Coggan, Andrew Reeson, Russell Gorddard. Putting theory into practice: market failure & market based instrument design [A]. Australian Agricultural and Resource Economics Society 2007 Conference (51st), pp. 1 – 21., Queenstown, New Zealand, 2007.

[74] Sven Wunder, Montserrat Albán. Decentralized payments for environmental services: The cases of Pimampiro and PROFAFOR in Ecuador [J]. Ecological Economics, 2008 (65): 685 – 698.

[75] Sven Wunder, Stefanie Engel, Stefano Pagiola. Taking stock: A comparative analysis of payments for environmental services programs in developed and developing countries [J]. Ecological Economics, 2008 (65): 834 – 852.

[76] Sven Wunder. Payments for Environmental Services: Some Nuts and Bolts [A]. CIFOR Occational Paper no. 42, pp. 1 – 24., Bogor, Indonesia, 2005.

[77] Tom Clements, Ashish John, Karen Nielsen, Dara An, Setha Tan, E. J. Milner – Gulland. Payments for biodiversity conservation in the context of weak institutions: Comparison of three programs from Cambodia [J]. Ecological Economics, 2010 (69): 1283 – 1291.

[78] Unai Pascual, Roldan Muradian, Luis C. Rodríguez, Anantha Duraiappah. Exploring the links between equity and efficiency in payments for environmental services: A conceptual approach [J]. Ecological Economics, 2010 (69): 1237 – 1244.

[79] United Nations. Millennium Development Goals: Report 2005 [M]. New York: United Nations, 2005.

［80］ U. Pascual, C. Perrings. Developing incentives and economic mecha-nisms for in situ biodiversity conservation in agricultural landscapes ［J］. Agricul-tural Ecosystems and Environment, 2007 （121）: 256 – 268.

［81］ Valérie Boisvert, Philippe Méral, Géraldine Froger. Market – Based Instruments for Ecosystem Services: Institutional Innovation or Renovation? ［J］. Society & Natural Resources, 2013 （26）: 1122 – 1136.

［82］ Virgílio M. Viana. Bolsa Floresta （Forest Conservation Allowance）: An innovative mechanism to promote health in traditional communities in the Am-azon ［EB/OL］. http: //www. scielo. br/pdf/ea/v22n64/en_a09v2264. pdf.

［83］ Walters Nsoh, Colin T. Reid. Privatisation of Biodiversity: Who Can Sell Ecosystem Services? ［J］. Environmental Law and Management, 2013 （25）: 12 – 20.

［84］ World Bank. Kenya Wildlife Conservation Leasing Demonstration Pro-ject ［R］. GEF Project Brief Report 37471, 2008.

［85］ 2013 年全国耕地面积净减少 120 万亩 ［EB/OL］. 中研网, ht-tp: //www. chinairn. com/news/20140606/140303360. shtml, 2014 – 6 – 6.

［86］ ［美］ 阿兰·V·尼斯, 詹姆斯·L·斯威尼. 自然资源与能源经济学手册 ［M］. 北京: 经济科学出版社, 2007.

［87］ ［美］ 保罗. 霍肯. 商业经济学——可持续发展的宣言 ［M］. 上海: 上海译文出版社, 2007.

［88］ 柏振忠, 王红玲. 新阶段我国基层农业科技推广服务模式分析 ［J］. 湖北大学学报 （哲学社会科学版）, 2006 （9）.

［89］ 陈钢, 姜雪城, 朱国亮. 治沙大户为何成为欠债大户 ［EB/OL］. 新华网, http: //news. xinhuanet. com/focus/2004 – 07/06/content_1576842. htm, 2006 – 6 – 10.

［90］ 陈家骥. 我国农业生态与环境 ［J］. 调研世界, 1998 （11）.

［91］ 陈静. 找准生态公共产品有效供给的着力点 ［N］. 人民日报, 2013 – 11 – 6.

[92] 陈挺. 生态补偿中市场环境主义与非市场环境主义的争论——基于科斯定理的质疑 [J]. 财政研究, 2013 (11).

[93] 陈叶兰. 论我国农业生态补偿立法的困境 [J]. 求索, 2010 (10).

[94] 陈永新, 李晓燕. 重构农业科技推广体系, 积极发展四川现代农业 [J]. 西南民族大学学报 (人文社会科学版), 2007 (5).

[95] 程德明, 唐亚平. 怎样理解制度、体制和机制的内涵及相互关系 [N]. 解放军报, 2006 - 12 - 19.

[96] 低碳经济的推手: 农业生产的可持续发展 [J]. 绿色视野, 2008 (6).

[97] 丁兴业, 田志娟. 论市场失灵的类型、原因及对策 [J]. 武汉科技学院学报, 2006 (8).

[98] 董宏. 我国农业生态补偿制度探析 [J]. 西北农林科技大学学报 (社会科学版), 2015 (1).

[99] 董婉璐, 杨军, 程申, 李明. 美国农业保险和农产品期货对农民收入的保障作用——以 2012 年美国玉米遭受旱灾为例 [J]. 中国农村经济, 2014 (9).

[100] 杜受祜. 环境经济学 [M]. 北京: 中国大百科全书出版社, 2008.

[101] 恩施州财政局课题组, 刘国文, 吴贤勇. 2009~2012 年新型农村合作医疗基金绩效评价实证分析——基于对利川市柏杨坝镇卫生院的调查 [J]. 清江论坛, 2014 (6).

[102] 发展绿色生态经济, 促进农民增收 [N]. 丽水日报, 2014 - 5 - 20.

[103] 樊万选. 河南应加快建立生态补偿机制 [J]. 河南国土资源, 2005 (12).

[104] 高佰民. 城镇化建设是统筹城乡关系的有效途径 [J]. 今日科苑, 2007 (24).

[105] 高焕文. 保护性耕作是一种增产技术 [N]. 中国农机化导报，2008 - 5 - 5.

[106] 高尚宾，张克强，方放，周其文等. 农业可持续发展与生态补偿 [M]. 北京：中国农业出版社，2011.

[107] 高晓春. 比较分析美国和加拿大农业保险制度模式及其启示 [J]. 世界农业，2014 (9).

[108] 谷中原. 多功能农业发展的内在冲突与化解机制 [J]. 农业经济问题，2009 (8).

[109] 关于加强农村环境保护工作的意见 [EB/OL]. 中华人民共和国中央人民政府网站，http：//www. gov. cn/zwgk/2007 - 11/20/content_810780. htm，2007 - 11 - 20.

[110] 关于全面深化农村改革加快推进农业现代化的若干意见 [M]. 北京：人民出版社，2013.

[111] 规模化畜禽养殖污染成最主要农业污染源 [EB/OL]. 经济观察网 http：//www. eeo. com. cn/2013/0411/242434. shtml，2013 - 4 - 11.

[112] 郭碧鋆，李双凤. 农业生态补偿机制初探——基于外部性理论的视角 [J]. 福州党校学报，2010 (4).

[113] 郭玮. 美国发展有机农产品的经验做法与借鉴 [J]. 对外经贸实务，2015 (3).

[114] 国家环保部. 2013 中国环境状况公报 [EB/OL]. 国家环保部，http：//jcs. mep. gov. cn/hjzl/zkgb/2013zkgb/201406/t20140605_276534. htm，2014 - 6 - 5.

[115] 国家环保部. 关于开展生态补偿试点工作的指导意见 [EB/OL]. http：//www. zhb. gov. cn/gkml/zj/wj/200910/t20091022_172471. htm，2007 - 8 - 24.

[116] 国家环境保护"十二五"规划 [M]. 北京：中国环境科学出版社，2012.

[117] 国家林业局. 第八次全国森林资源清查主要结果（2009 -

2013 年）［EB/OL］. 中国林业网，http：//www. forestry. gov. cn/main/65/content－659670. html，2014－2－25.

［118］国务院关于落实科学发展观加强环境保护的决定［EB/OL］. 新华网，http：//news. xinhuanet. com/politics/2006－02/14/content＿4179931. htm，2006－2－14.

［119］国务院关于生态补偿机制建设工作情况的报告［EB/OL］. 中国人大网，http：//www. npc. gov. cn/npc/xinwen/2013－04/26/content＿1793568. htm，2013－4－26.

［120］何承耕. 多时空尺度视野下的生态补偿理论与应用研究［D］. 福建师范大学学位论文，2007.

［121］何忠伟. 现代农业技术的经济分析［M］. 北京：中国农业出版社，2005（4）.

［122］胡代光，高鸿业. 西方经济学大辞典［M］. 北京：经济科学出版社，2000：489.

［123］湖北省农业生态环境保护条例［EB/OL］. 中国人大网，2006－12－5，http：//www. npc. gov. cn/npc/xinwen/dfrd/hubei/2006－12/05/content_354747. htm.

［124］黄鸿翔. 农业节能减排潜力巨大，加强工作五建议［EB/OL］. 人民网，http：//scitech. people. com. cn/GB/7600143. html，2008－8－1.

［125］黄翊华. 全国首例水稻生态价值调查出炉，一亩水稻生态价值3126［N］. 姑苏晚报，2008－10－30.

［126］贾愚. 再谈判与奶业契约稳定性分析［J］. 财贸研究，2009（2）.

［127］坚定不移沿着中国特色社会主义道路前进为全面建成小康社会而奋斗——在中国共产党第十八次全国代表大会上的报告［M］. 北京：人民出版社，2012.

［128］姜太碧. 我国农业科技推广：体制障碍与改革思路［J］. 西南民族大学学报（人文社科版），2004（10）.

[129] 金京淑. 中国农业生态补偿研究 [D]. 吉林大学学位论文, 2011.

[130] 李环. 新农业科技革命的思考 [J]. 安徽农业科学, 2006 (7).

[131] 李克国. 中国的生态补偿政策 [C]. 生态补偿机制与政策设计国际研讨会论文集. 北京: 中国环境科学出版社, 2006.

[132] 李平. 我国农业生态环境补偿制度建设可行性研究 [J]. 宁夏社会科学, 2010 (11).

[133] 李小云, 靳乐山, 左停. 生态补偿机制: 市场与政府的作用 [M]. 北京: 社会科学文献出版社, 2007.

[134] 李晓燕, 蔡军. 生态文明理念下西部地区自然资源有偿化开发——基于构建资源开发补偿机制的视角 [J]. 西南民族大学学报 (人文社科版), 2014 (3).

[135] 李晓燕, 何晓玲. 四川发展低碳农业的基本思路——基于国内外经验借鉴与启示 [J]. 农村经济, 2012 (11).

[136] 李晓燕, 王彬彬. 低碳农业: 应对气候变化下的农业发展之路 [J]. 农村经济, 2010 (3).

[137] 李晓燕, 王彬彬. 四川发展低碳农业的必然性和途径 [J]. 西南民族大学学报 (人文社科版), 2010 (1).

[138] 李晓燕. 低碳农业发展研究——以四川为例 [M]. 北京: 经济科学出版社, 2010.

[139] 李晓燕. 低碳转型, 做强四川农业 [J]. 四川党的建设 (城市版), 2010 (6).

[140] 李晓燕. 发展低碳农业四川如何突破两大瓶颈 [N]. 四川日报 (理论版), 2010 - 10 - 13.

[141] 李晓燕. 生态文明理念下西部地区自然资源有偿化开发 [J]. 西南民族大学学报 (人文社科版), 2014 (3).

[142] 李晓燕. 四川农业低碳化发展的模式探索 [J]. 西南民族大学

学报（人文社会科学版），2012（7）.

[143] 李亚红. "政府失灵"与现代环境管理模式的构建 [J]. 河南科技大学学报（社会科学版），2008（4）.

[144] 李中. 生态涵养区农民增收问题研究 [N]. 农民日报，2014 - 11 - 26.

[145] 李忠将，浦超. 保护生态付出温饱代价：西部农民渴望生态补偿 [N]. 经济参考报，2006 - 10 - 17.

[146] 林农富起来，成都巩固退耕还林成果见成效 [N]. 成都日报，2012 - 12 - 11.

[147] 刘洁. 健全农业生态环境补偿制度初探 [J]. 辽宁工程技术大学学报（社会科学版），2009（7）.

[148] 刘茂恒. 论城郊型农业向都市型农业转变 [J]. 四川行政学院学报，2004（6）.

[149] 刘树成. 现代经济词典 [M]. 南京：江苏人民出版社，2005：764.

[150] 刘向华. 我国农业生态系统核心服务功能体系构建 [J]. 当代经济管理，2010（12）.

[151] 刘晓燕. 黔东南州生态建设中建立农业生态补偿机制的实践探索 [J]. 贵州农业科学，2012（9）.

[152] 刘尊梅. 我国农业生态补偿政策的框架构建及运行路径研究 [J]. 生态经济，2014（5）.

[153] 刘尊梅. 中国农业生态补偿机制路径选择与制度保障研究 [M]. 北京：中国农业出版社，2012.

[154] 鲁春霞，谢高地，成升魁，马蓓蓓，冯跃. 中国草地资源利用：生产功能与生态功能的冲突与协调 [J]. 自然资源学报，2009（10）.

[155] 鲁可荣，朱启臻. 对农业性质和功能的重新认识 [J]. 华南农业大学学报（社会科学版），2011（1）.

[156] 陆晓华. 鼓励农业"环保"苏州的尝试很好 [N]. 苏州日报，

2011 - 3 - 24.

［157］栾敬东. 适度发展可持续社区支持农业［N］. 农民日报，
2014 - 8 - 9：3.

［158］马友华. 巢湖流域农业面源污染控制生态补偿探讨［J］. 中国
农学通报，2008（24）.

［159］美国国际集团将购买新疆四川农村减排指标. 中国环境报
［N］，2007 - 11 - 2.

［160］孟国才，王士革等. 我国西部山区农业生态环境现状与恢复对
策［J］. 农业现代化研究，2005（5）.

［161］农业部：当前中国农业面源污染问题比较严重［EB/OL］. 中
国新闻网，http：//www. chinanews. com/gn/2012/07 - 30/4068541. shtml，
2012 - 7 - 30.

［162］农业部：农业已超工业成最大面源污染产业［EB/OL］. 凤凰
财经网，http：//finance. ifeng. com/a/20150415/13634084_0. shtml，2015 -
4 - 15.

［163］农业部：我国实施保护性耕作开始迈入新的时期［J］. 农民致
富之友，2007（5）.

［164］农业部办公厅关于进一步加强重点流域农业面源污染防治工
作的意见［EB/OL］. 中华人民共和国农业部网站，2010 - 6 - 1，http：//
www. moa. gov. cn/govpublic/KJJYS/201006/t20100606_1534017. htm.

［165］农业部农村经济研究中心分析研究小组.“十二五”时期农业
和农村发展挑战与选择［EB/OL］. 三农在线网站，2010 - 11 - 8，http：//
www. farmer. com. cn/szb/nmrb/3b/201011/t20101108_591729. htm.

［166］农业部新闻办公室. 农业部关于打好农业面源污染防治攻坚战
的实施意见［EB/OL］. 中国农业信息网，2015 - 4 - 13，http：//www.
agri. cn/V20/ZX/nyyw/201504/t20150413_4524372. htm.

［167］农业节能减排要八面开花［N］. 农民日报，2007 - 7 - 30.

［168］农业面源污染［N］. 重庆晨报，2015 - 4 - 15.

[169] 裴永辉, 尹昌斌, 程磊磊. 农业面源污染控制的生态补偿机制研究 [J]. 安徽农业科学, 2009 (10).

[170] 青木昌彦, 凯文·穆尔多克, 奥野 (藤原) 正宽. 东亚经济发展中政府作用的新诠释: 市场增进论 (上篇) [J]. 经济社会体制比较, 1996 (5).

[171] 青木昌彦, 凯文·穆尔多克, 奥野 (藤原) 正宽. 东亚经济发展中政府作用的新诠释: 市场增进论 (下篇) [J]. 经济社会体制比较, 1996 (6).

[172] 曲环. 农业面源污染控制的补偿理论与途径研究 [D]. 中国农业科学院学位论文, 2007.

[173] 全国十大水系水质污染超五成, 扭曲义利观成主因 [EB/OL]. 人民网, http://politics. people. com. cn/n/2014/1119/c70731 - 26049938. html, 2014 - 11 - 19.

[174] 全球主要碳金融衍生品分析 [N]. 期货日报, 2014 - 6 - 24.

[175] 任翀. "预售制" 推动订单农业发展 [N]. 解放日报, 2014 - 11 - 9.

[176] 萨缪尔森, 诺德豪斯. 经济学 [M]. 高鸿业等译. 北京: 中国发展出版社, 1992.

[177] 沈满洪, 杨天. 生态补偿机制的三大理论基石 [N]. 中国环境报, 2004 - 3 - 2.

[178] 沈满洪. 论环境经济手段 [J]. 经济研究, 1997 (10).

[179] 沈宇丹, 杜自强. 环境友好型农业技术发展的难点和对策 [J]. 生态经济, 2009 (2).

[180] 十七届三中全会决定解读: 为什么要健全农业生态环境补偿制度? [EB/OL]. 新华网, 2008 - 11 - 22, http://news. xinhuanet. com/ newscenter/2008 - 11/22/content_10395156_1. htm.

[181] 水土流失现状摸清——专家呼吁继续严守水土保持 "红线" [N]. 人民日报, 2008 - 11 - 21.

［182］孙驰．我国农业生态环境补偿的现状、难点与对策研究［J］.淮海工学院学报，2012（3）．

［183］孙捷，朱宝，韩福秋．农民的农业生产行为选择研究述评［J］．江西社会科学，2012（2）．

［184］覃正爱．论建立健全有利于科学发展的体制机制［J］．湖湘论坛，2010（11）．

［185］田苗，严立冬，邓远建，袁浩．绿色农业生态补偿居民支付意愿影响因素研究——以湖北省武汉市为例［J］．南方农业学报，2012（11）．

［186］托马斯·思德纳（著）.张蔚文，黄祖辉（译）.环境与自然资源管理的政策工具［M］.上海：上海人民出版社，2005.

［187］万宝瑞．提高农业竞争力，积极应对新挑战［N］.人民日报，2005－1－7.

［188］王彬彬，蔡军．论西部地区资源利用方式转变［J］.西南民族大学学报（人文社科版），2013（6）．

［189］王国敏．西部农村生态环境重建的补偿机制研究［J］.四川大学学报（哲学社会科学版），2007（5）．

［190］王海滨．在新农村建设的宏观背景下重新审视我国农业经济结构的变化趋势［J］.经济问题探索，2007（5）．

［191］王辉民．环境影响评价中引入生态补偿机制研究［D］.中国地质大学学位论文，2008.

［192］王健．我国生态补偿机制的现状及管理体制创新［J］.中国行政管理，2007（11）．

［193］王金南，万军，张惠远等．生态补偿机制与政策设计国际研讨会论文集［C］.北京：中国环境科学出版社，2006.

［194］王清军．论农业生态补偿法律制度［J］.中国地质大学学报，2008（11）．

［195］王燕．水源地生态补偿理论与管理政策研究［D］.山东农业

大学学位论文, 2011.

[196] 吴文希. 现在及未来不可或缺的农业品牌 [J]. 世界农业, 2013 (11).

[197] 吴亚东, 李钊. 对体系、制度、机制、体制相关概念的辨析与理解 [J]. 现代商贸工业, 2010 (2).

[198] 武瑞杰, 生态系统服务、产权与生态补偿市场工具的选择 [J]. 人民论坛, 2013 (8).

[199] 习近平. 人民对美好生活的向往, 就是我们的奋斗目标 [Z]. 新华社, 2012 – 11 – 15.

[200] 夏征农, 陈至立. 辞海 [M]. 上海: 上海辞书出版社, 2011.

[201] 徐晋涛, 陶然, 徐志刚. 退耕还林: 成本有效性、结构调整效应与经济可持续性——基于西部三省农户调查的实证分析 [J]. 经济学 (季刊), 2004 (10).

[202] 许军, 毛占峰. 西部开发中的补偿机制问题 [J]. 合作经济与科技, 2007 (7).

[203] 薛惠锋. 我国矿产资源开发的生态补偿机制研究 [EB/OL]. 中国人大网, http: //www. npc. gov. cn/npc/bmzz/huanjing/2006 – 10/25/content_1384011. htm, 2007 – 1 – 29.

[204] 鄢紫奕. 黑龙江农业生态经济系统的结构和功能分析 [J]. 现代商业, 2010 (6).

[205] 严立冬, 谭波, 刘加林. 生态资本化: 生态资源的价值实现 [J]. 中南财经政法大学学报, 2009 (2).

[206] 杨刚强. 我国农业多种功能供给的财政激励政策研究 [J]. 武汉大学学报 (哲学社会科学版), 2012 (11).

[207] 杨瑞龙, 聂辉华. 不完全契约理论: 一个综述 [J]. 经济研究, 2006 (2).

[208] 曾培炎. 中国西部开发报告 [M]. 北京: 中国水利水电出版社, 2003.

［209］曾宜华. 介绍几种立体种养模式［J］. 老区建设，2007（1）.

［210］张宝文. 保护性耕作：保障粮食安全和生态文明的重要措施——在 2008 中国保护性耕作论坛上的讲话［J］. 农机市场，2008（5）.

［211］张锋，曹俊. 我国农业生态补偿的制度性困境与利益和谐机制的建构［J］. 农业现代化研究，2010（5）.

［212］张国斌，盛付祥，董海潮. "休闲农业"用地管理"休闲"不得——关于浙江省"休闲农业"土地使用现状及管理的调查［J］. 国土资源通讯，2007（8）.

［213］张金硕. 外部性与环境的关系［J］. 内蒙古科技与经济，2008（6）.

［214］张劲松. 生态治理中的市场失灵及其纠补［J］. 河南社会科学，2014（12）.

［215］张琳. 环境污染问题的经济学分析——基于市场失灵与政府失灵的考察［J］. 山东财政学院学报，2008（5）.

［216］赵新宇，张人戈. 论资源枯竭型地区接续替代产业的选择原则［J］. 当代经济研究，2009（7）.

［217］赵雪雁，李巍，王学良. 生态补偿研究中的几个关键问题［J］. 中国人口·资源与环境，2012（2）.

［218］浙江省政协人口资源环境委员会.（2005 年 96 号）尽快建立生态补偿机制、加快生态省建设步伐［EB/OL］. 中国人民政治协商会议浙江省委员会网站，http：//www. zjzx. gov. cn/Item. aspx？id＝11238，2005.

［219］甄鸣涛，王军. 河北省农业水资源生态补偿政策的阶段特征［J］. 江苏农业科技，2014（7）.

［220］郑新业，李芳华，李夕璐，郭琎. 水价提升是有效的政策工具吗？［J］. 管理世界，2012（4）.

［221］中共中央关于全面深化改革若干重大问题的决定［M］. 北京：人民出版社，2013.

［222］中共中央国务院关于 2009 年促进农业稳定发展农民持续增收

的若干意见 [M]. 北京: 人民出版社, 2008.

[223] 中国林业科学研究院. 良好生态环境是最公平的公共产品和最普惠的民生福祉——深入学习贯彻习近平总书记关于生态文明建设重大战略思想 [N]. 中国绿色时报, 2014 - 10 - 9.

[224] 中华人民共和国环境保护法 [M]. 北京: 中国法制出版社, 2014.

[225] 朱俊林. 基于空间统计的湖北省农业功能分析与分区研究 [D]. 华中农业大学学位论文, 2011.

[226] 祝宏辉, 尹小君. 订单农业生产方式对生态环境的影响分析 [J]. 生态经济, 2007 (8).

后　记

2009 年，我作为课题负责人申报的第一个国家社会科学基金项目《健全农业生态环境补偿制度研究——基于生产功能与生态功能的视角》得以立项（项目批准号：09XJY006），本书是在该项目研究报告的基础上形成的专著。本书能够顺利出版，要感谢太多太多人的关心、支持和帮助。

首先要感谢我的工作单位四川省社会科学院，感谢院、所领导对青年科研工作者的支持、关心和培养，我院提供的良好科研条件、营造的浓厚学术氛围坚定了我完成本书的信心。

衷心感谢我的博士生导师、四川大学经济学院邓玲教授，是她把我带入区域经济发展研究的殿堂，是她引领我走过我人生中最为重要的一段求索历程，是她鼓励我在繁杂的工作和生活压力中保留一处清明心境，是她开启了我的幸福人生。邓玲教授是区域经济学、人口资源环境经济学方面的著名专家，有很深的理论造诣和丰硕的研究成果；她严谨的治学精神、开阔的学术视野、拳拳的关爱品格让我受益终生。

特别感谢我的老师、四川省社会科学院原副院长、博士生导师杜受祜研究员给予我真诚无私的关心、支持和帮助，是他带领我从事资源经济学、环境经济学研究，鼓励我继续深入研究低碳经济发展、应对气候变化下的城市转型等前沿领域。他严谨细致的科研精神、大公无私的助人品格、谦和待人的长者之风值得我终身学习。

感谢我的老师、四川大学原副校长、博士生导师杜肯堂教授。先生儒雅超群、文采飞扬、宽厚待人、虚怀若谷，常在细微处中探究学问、启迪智慧、点拨人生，在学业、家业、事业上对我多有启迪和帮助，教导我做人、做事、做学问的人生哲理，使我一生受益匪浅。

感谢我的两位亦师亦友的老师，我的硕士生导师、四川大学经济学院陈永新教授和我的忘年交同事、四川省社会科学院农村发展研究所丁一研究员，两位彼此为同乡挚友，又同为我的老师，多年来对我关怀备至，给予我悉心指导和无私帮助。

感谢四川省社科院诸多同事的热忱帮助，感谢同窗好友的相互勉励，感谢你们对本书提出的宝贵意见。感谢经济科学出版社李雪老师为本书出版付出的大量心血。

谨以此书献给我的家人。感谢我挚爱的父亲李清明和母亲李瑛，你们无私的爱赐予我莫大的勇气与力量，使我披荆斩棘、勇敢前行；感谢你们在我调研和写作期间全心全意地照顾我、包容我，使我没有后顾之忧。感谢我的公公王国良和婆婆胡桂芬，远在杭州的你们对我的默默支持和鼓励，为我减轻压力的体贴和关怀，化为我坚实的后盾。感谢我最亲密的爱人和最默契的学术伙伴王彬彬，感谢你对我一如既往的支持和理解，帮我承担工作压力让我全身心地投入本书写作，陪伴我走过这一段艰苦奋斗的岁月。感谢我最心爱的儿子王宇琨，4岁的你伶牙俐齿、活泼可爱，谢谢你小小年纪懂得关心和体贴父母，感谢你对妈妈说的每一句鼓励、贴心的话，暖如阳光，熨烫我心。感谢我挚爱的亲人们，你们的爱给予了我完成本书的勇气和信心。

在本书的写作过程中，我参阅了国内外学者的著作和文章，我要诚挚感谢学者们为我的研究所铺下的坚实基础。尽管我严格遵循学术规范，但难免百密一疏，如果我引用了您的观点而疏忽了注释，深表歉意，恳请您的谅解并请批评指正。

李晓燕

2016年9月15日于四川省社会科学院